ईमाइल दुर्खीम

ईमाइल दुर्खीम

समाजशास्त्रीय अध्ययन

शम्भु लाल दोषी
प्रकाश चन्द्र जैन

रावत पब्लिकेशन्स
जयपुर • नई दिल्ली • बैंगलोर • गुवाहाटी • कोलकाता

ISBN 978-81-7033-296-1 (HB)
ISBN 978-81-7033-227-5 (PB)

Reprinted, 2019

Published by
Prem Rawat for **Rawat Publications**
Satyam Apts., Sector 3, Jawahar Nagar, Jaipur - 302 004 (India)
Phone: 0141 265 1748 / 7006 Fax: 0141 265 1748
E-mail : info@rawatbooks.com
Website: rawatbooks.com

New Delhi Office
4858/24, Ansari Road, Daryaganj, New Delhi 110 002
Phone: 011-23263290

Also at *Bangalore*, *Guwahati* and *Kolkata*

Typeset by Rawat Computers, Jaipur

Printed at Nice Printing Press, New Delhi

अनुक्रमणिका
Contents

प्राक्कथन
(Preface)

सामाजिक विचारकों के अध्ययन की श्रृंखला में, यह हमारी दूसरी पुस्तक है। इसमें हमने ईमाइल दुर्खीम (दुर्खाइम) के व्यक्तित्व और कृतित्व को प्रस्तुत किया है। निश्चित रूप से यह पुस्तक स्नातकोत्तर समाजविज्ञान के विद्यार्थियों के लिये, एवं इस स्तर के अध्यापन से जुड़े हुए प्राध्यापकों के लिये भी यह पुस्तक उपयोगी है। जब हमने सामाजिक विचारकों की सीरीज पर लिखने की योजना बनायी तब हम भयभीत थे, इसलिये कि कहीं हम ऐसी पाठ्य पुस्तकें तो तैयार नहीं कर रहें हैं जिसका स्तर *पास बुक* की श्रेणी तक पहुँच जायेगा। ज्यों-ज्यों लेखन कार्य आगे बढ़ा, हमने इस भय से अपने आप को मुक्त कर लिया। हमने सोचा कि जब चिकित्सा क्षेत्र में *ग्रे* की *एनाटोमी* जैसी पाठ्य पुस्तकें विद्यार्थियों की कई पीढ़ियों के साथ जुड़ी रह सकती है तो क्या हिन्दी में समाजशास्त्र में आज इतनी परिपक्वता नहीं आयी है कि हम कुछ ऐसी पाठ्य पुस्तकों की रचना कर सकें जो *एनाटोमी* के स्तर तक पहुँच सकें। पाठ्य पुस्तक लेखन के इस आदर्श ने हमें अपने पूर्ण लेखन कार्य में प्रोत्साहित किया है। प्रस्तुत लेखन के इस आदर्श ने हमें अपने पूर्ण लेखन कार्य में प्रोत्साहित किया है। प्रस्तुत विचारकों की कड़ी कहाँ तक इस आदर्श तक पहुँच पायी है, इसका निर्णय तो विद्यार्थी और प्राध्यापक करेंगें। हमारा निवेदन तो यही है, हमने अपनी बात इस पुस्तक में अवश्य की है।

एक बात और है। जैसा कि हमने अपने पिछले अध्ययन–कार्ल मार्क्स में कहा है कि इस पुस्तक में हमारी ओर से मौलिक कुछ भी नहीं है। हमारा यदि कुछ योगदान है तो वह यह कि हमने विचारक को अपने तरीके से अपनी, शैली में विद्यार्थियों और

प्राध्यापकों के सम्मुख रखा है। स्पष्ट है, किसी भी लेखक की तरह, हमारा अपना एक निजी तरीका है, और उसी के अनुरूप हमने दुर्खीम को यहाँ प्रस्तुत किया है।

शम्भुलाल दोषी
प्रकाश चन्द्र जैन

अध्याय 1

भूमिका
(Introduction)

समय की छलनी बराबर काम करती रहती है। जो इस छलनी की कसौटी पर खरा उतरता है, समाज विज्ञानों में वही विचारक का दर्जा पाता है। वास्तव में समाजशास्त्रीय सिद्धान्त का आधार, समाजशास्त्र के विचारक हैं। किसी भी विचारक की अध्ययन पद्धति, तथ्य सामग्री और सैद्धान्तिक अवधारणा युग दर युग संचयी होते है और इसी से समाज विज्ञान का भण्डार भरता है। यद्यपि एक विचारक अपने विशेष युग की उपज होता है, लेकिन कालान्तर में चलकर इस विचारक द्वारा उठाये गये मुद्दे सार्वकालिक और सार्वभौमिक हो जाते हैं। समाजशास्त्र को एक प्रतिष्ठित समाज विज्ञान का दर्जा पाने के लिये, अपने संस्थापक विचारकों की धरोहर को विश्लेषणात्मक रूप में स्वीकार करना चाहिये।

रोबर्ट मर्टन ने एक स्थान पर बड़ी रोचक बात कही है। वे कहते हैं कि हमें अपने पूर्वज समाजशास्त्रियों की कृतियों को मार्गदर्शक रूप में लेना चाहिये। ऐसा करने से समाजशास्त्रीय विज्ञान की परम्परा बनी रहती है, इसकी मुख्यधारा सशक्त होती जाती है। अपने इस कथन के प्रमाण में वे दो उद्धरण प्रस्तुत करते हैं : एक उद्धरण वैज्ञानिक *अल्फ्रेड नोर्थ वाइटहेड* (Alfred North Whitehead) का है :

> वह विज्ञान जो अपने संस्थापकों को भुलाने में
> हिचकिचाता है, समाप्त हो जाता है।

मर्टन द्वारा दिया गया दूसरा उद्धरण जो *नेल्स एबेल* (Neils Abel) का है, इस तरह है :

मुझे ऐसा लगता है कि यदि कोई गणितशास्त्र में विकास करना चाहता है तो उसे अपने शास्त्र के गुरुओं का अध्ययन करना चाहिये, न कि इन गुरुओं के शिष्यों का।

मर्टन इन दोनों उद्धरणों का विश्लेषण करते हैं। पहली निगाह से देखे तो ये दोनों कथन विषम हैं–एक दूसरे के विरोधी हैं। वाइटहेड शायद यह कहना चाहते हैं कि हमें अपने संस्थापकों को हाशिये में रख देना चाहिये, उनकी कृतियों को उपेक्षा से देखना चाहिये और जो कुछ इन संस्थापकों के बारे में हमें जानकारी है उसे ताजा रखने की कोई आवश्यकता नहीं है। इधर एबेल स्पष्ट रूप से इस तथ्य की वकालत करते हैं कि हमें यदि वास्तव में विज्ञान के पहियों को गति देनी है, उसके भण्डार को भरना है तो संस्थापकों को अपना गुरु मानकर चलना पड़ेगा।

यहाँ आकर मर्टन अपनी टिप्पणी देते हैं। इन उद्धरणों की इस तरह की व्याख्या सतही है। इनको हम उचित संदर्भ में नहीं देखते हैं। जिस संदर्भ में *वाइटहेड* ने अपना बयान दिया है वह महत्वपूर्ण है, सतही व्याख्या बेमतलब है। वाइटहेड जो कि इतिहास में निहित विचारों के प्रति बराबर प्रतिबद्ध रहा है, कभी भी ऐतिहासिक ज्ञान को नकार नहीं सकता। वास्तव में, वाइटहेड का उपर्युक्त बयान हम सबके लिये खतरे की एक घण्टी है। जब हम अपने संस्थापक पूर्वजों पर चापलूसी से भरी हुई टिप्पणी करते हैं, उनकी वाह-वाही करते हैं, तो इस प्रकार का संस्थापकों का अध्ययन, कोई मतलब नहीं रखता। यह इस संदर्भ में है जिसमें वाइटहेड ने संस्थापकों के अध्ययन को उपेक्षा से देखने का निर्देश दिया है। वास्तव में, किसी विज्ञान के विचारकों का योगदान संचयी होता है और इस प्रकार का अध्ययन अर्वाचीन समाज की समस्याओं के निदान में सहायक होता है। जब हम ईमाइल दुर्खीम (दुर्खाइम) या इसी तरह अन्य विचारकों की कृतियों का विश्लेषण करते हैं तो हमारा उद्देश्य बहुत साफ हो जाता है : पहला इन विचारकों ने तत्कालीन समाज की समस्याओं का निदान खोजने में कौन से विकल्प रखे हैं और दूसरा इन विचारकों की कृतियों का आधुनिक समाज की समस्याओं से कितना और कैसा सरोकार है। अपने देश के संदर्भ में हम यह देखें कि क्या ये विचारक आज हमारे लिये किसी तरह का संदर्भ या सरोकार रखते हैं।

दुर्खीम कालीन यूरोपीय समाज
(European Society During the Times of Durkheim)

यह कैसी रोचक बात है कि यूरोपीय समाज के 19वीं शताब्दी के विचारकों का सोच लगभग एक जैसा ही था। इटली निवासी *विल्फ्रेडो पेरेटो* (Vilfredo Pareto), फ्रान्सीसी *ईमाइल दुर्खीम* (Emile Durkheim), जर्मन निवासी *कार्ल मार्क्स* (Karl

Marx) और *मेक्स वेबर* (Max Weber) यूरोप की एक ही पीढ़ी में पैदा हुए थे। पेरेटो का जन्म 1883 ई. में, दुर्खीम का 1864 ई. में हुआ था। मार्क्स का देहान्त 1883 ई. में, दुर्खीम का 1917 ई. में, मेक्स वेबर का 1920 ई. में और पेरेटो का 1923 ई. में हुआ। ये सभी विचारक समकालीन थे, एक ही पीढ़ी के थे। ये विचारक 19वीं शताब्दी के मध्य में आये और 20वीं शताब्दी के प्रारम्भ में चले गये । इन विचारकों का सरोकार इस तरह 20वीं शताब्दी के यूरोपीय समाज से था। इन चारों विचारकों ने प्रथम विश्व युद्ध प्रारम्भ होने से पहले अपनी अधिकांश कृतियाँ प्रकाशित कर दी थी। इस युग को यूरोप में *प्रीविलेज्ड एज* (Priviledged Age) के नाम से जाना जाता है। *स्पेंग्लर* ने इस युग की विशेषता बताते हुए कहा है कि यूरोप के इतिहास में 19वीं शताब्दी का अंतिम दशक ऐसा था जिसमें युद्ध होने की कोई संभावना नहीं थी। सापेक्षिक रूप से यूरोपीय समाज का यह युग शान्तिप्रिय था। लोग 1815 ई. के युद्ध को भूल चुके थे।

19वीं शताब्दी के यूरोप में लोग आशावादी थे। इतिहासकारों को इस युग के बारे में जो संभावनाएँ थी, वस्तुतः गलत थी। इन चारों विचारकों का, इतिहास की सोच के विपरीत, यह विचार था कि यूरोपीय समाज संकट के गहन दौर से गुजर रहा था। 16वीं शताब्दी से लेकर बराबर 19वीं शताब्दी की यूरोप की पीढ़ियों को यह लग रहा था कि उनका समाज स्थायी है और उसमें कोई उतार-चढ़ाव नहीं है। आम जन भावना के विपरीत ये चारों सामाजिक विचारक *इस तथ्य से एक बारगी सहमत थे कि यूरोप का समाज तीव्रता से बदल रहा था*। यद्यपि इस युग की आम पीढ़ियों का विचार था कि उनका समाज एक बंधी-बंधायी लीक पर चल रहा था जबकि विचारक इन पीढ़ियों के विचारों से एकदम असहमत थे।

हमारा यह आग्रह है कि सामाजिक विचारक अपने काल में दर्पण का प्रतिबिम्ब होते हैं। वे समाज में आने वाले संकट और खतरे का पूर्वानुमान रखते हैं। शायद इसी कारण वे विचारक भी कहलाते हैं। यद्यपि परेटो या मार्क्स या इसी अर्थ में दुर्खीम व मेक्सवेबर ने अपनी सोच के अनुसार अपना दर्शन या सिद्धान्त रखा है, सभी विचारकों की अध्ययन पद्धतियाँ जुदा-जुदा रही है, निष्कर्ष भी अलग-अलग रहे हैं, फिर भी सभी ने मिलते-जुलते समाज विषयों पर अपने विचारों को केन्द्रीत किया है। पेरेटो ने धर्म को एक अलग परिप्रेक्ष्य में रखा है, दुर्खीम इसे *पवित्र* और *प्रोफेन* (Sacred and Profane) की अवधारणाओं में रखते हैं, वेबर दुनिया के 6 बड़े धर्मों का तुलनात्मक अध्ययन प्रस्तुत करते हैं और मार्क्स धर्म को सर्वहारा या जनता का अफीम मात्र कहते हैं। रोचक बात यह है कि विचारकों की इस पीढ़ी ने धर्म के प्रति अपने विचार अवश्य व्यक्त किये हैं। वास्तविकता यह है कि तत्कालीन यूरोपीय समाज की कुछ ज्वलन्त

समस्याएं थी और इनके प्रति विचारकों ने अपना विश्लेषण दिया है, निदान रखा है।

विज्ञान का विकास

17वीं और 18वीं शताब्दी में विज्ञान का विकास हुआ। जेम्स वॉट ने भाप का आविष्कार किया और इसके परिणाम चौंकाने वाले निकले। देखते-देखते समाज में नये कल-कारखाने काम करने लगे। छोटे-मोटे आविष्कारों की एक बाढ़ सी आ गयी। वैज्ञानिक आविष्कारों ने समाज के दृष्टिकोण को बदल दिया। वैज्ञानिक का मापदण्ड बदल गया। सम्पूर्ण समाज किसी भी वैज्ञानिक को आदर और सम्मान की दृष्टि से देखने लगा। आम आदमी की यह धारणा बन गयी कि वैज्ञानिक जो कुछ कहता है, वह तर्क संगत है। वैज्ञानिक के पास प्रमाण है, उसकी अपनी प्रयोगशाला है। इस तरह की विचारधारा ने वैज्ञानिक के प्रति सामान्य व्यक्ति के विश्वास को बढ़ा दिया।

आखिर, विज्ञान क्या है ? किसी विवाद में न पड़े तो यही कहना होगा कि यह एक पद्धति है जो प्रयोगशाला द्वारा प्रमाणित तथ्य को तर्क की कसौटी पर प्रस्तुत करता है। ज्ञान प्राप्त करने का यह एक व्यवस्थित तरीका है। इस वैज्ञानिक पद्धति का प्रभाव समाज विज्ञानों पर भी पड़ा। अब समाज वैज्ञानिक भी अपनी हैसियत प्राकृतिक वैज्ञानिक के समकक्ष समझने लगे। जैसे ही कोई लेखक या विचारक वैज्ञानिक बन जाता है तो स्वाभाविक रूप से जहाँ एक ओर उसकी सामाजिक प्रतिष्ठा बढ़ जाती है वहीं उसके कथन में विश्वसनीयता आ जाती है।

19वीं शताब्दी के विचारकों की पीढ़ी ने भी अपने आप को एक वैज्ञानिक ही समझा। उन्होंने यह माना कि *जीवन का तर्क अपने आप में एक नैतिक प्रतिबद्धता है*। जिस प्रकार कोई भी आविष्कार व्यावहारिक जीवन में उपयोगी सिद्ध नहीं होता, बेमतलब है। कुछ इसी तरह एक सामाजिक वैज्ञानिक की भाँति दुर्खीम ने भी कहा कि *यदि समाजशास्त्र की समाज के लिये कोई व्यावहारिक उपयोगिता नहीं है, तो ऐसे समाजशास्त्र को एक क्षण भी जीवित रहने का अधिकार नहीं है*।

दुर्खीम की पीढ़ी के प्रबुद्ध विचारक पेरेटो सम्पूर्ण रूप से वैज्ञानिक पद्धति के समर्थक थे। उनकी पृष्ठभूमि यह है कि वे मूल में एक भौतिक वैज्ञानिक थे। इंजीनियरिंग करते थे। बाद में अर्थशास्त्री हुए और अन्तत्वोगत्वा एक समाजशास्त्री बने। मार्शल भी अर्थशास्त्र में प्रशिक्षित थे। यद्यपि दुर्खीम का भौतिक विज्ञान के प्रति न कोई रुझान था और न प्रशिक्षण, पर वे सिद्धान्त निर्माण में पूरी तरह *प्रत्यक्षवादी* (Positivist) थे। पेरेटो ने तो समाजशास्त्र को *तार्किक-प्रयोगात्मक* (Logico-Experimental) कहा है। इस बात के कई दृष्टान्त दिये जा सकते हैं कि 20 वीं सदी के प्रारम्भ में आकर लगभग सभी विचारकों ने अपने आप को एक

सामाजिक वैज्ञानिक की तरह स्थापित किया। शायद किसी भी विचारक के लिये वैज्ञानिक होना, उस युग की माँग थी।

विज्ञान और धर्म : संकट के मोड़ पर

आविष्कारों का बराबर बढ़ना और वैज्ञानिक दौर के, एक तार्किक दृष्टिकोण का मानव जीवन में प्रवेश, यूरोप के इस समाज की बहुत बड़ी त्रासदी थी। तत्कालीन समाज रूढ़िग्रस्त था। लोगों की धर्म के प्रति आस्था प्रगाढ़ थी। इंग्लैण्ड का इतिहास बताता है कि वहाँ सिहांसनों का उलट-फेर केवल चर्च की एक दृष्टि से हुआ है। किसी भी राजा का सिंहासन पर बैठना चर्च की स्वीकृति पर निर्भर था। पीढ़ी दर पीढ़ी चले आ रहे यूरोप के धर्म के इस विश्वास में गहरा आघात तब पड़ा जब विज्ञान के चरण जनजीवन में प्रवेश कर गये। जैसी विज्ञान की प्रकृति है, उसने विश्वास के आधार की चूलों को हिला दिया, झकझोर दिया।

ठीक भारतीय समाज की तरह 19 वीं शताब्दी का यूरोप भी धार्मिक विश्वासों और परम्पराओं के ताने-बाने में बंधा हुआ था। जिस तरह भारतीय समाज की उपनिवेशवादी और सामन्तवादी व्यवस्था के एक सूत्र में बंधे रहने का कारण हमारा धर्म और जाति की परम्पराएँ थी, वैसे ही यूरोप का समाज भी धार्मिक विश्वासों और रूढ़ियों में बंधा था। उसकी एकता में एक ऐसा स्थायित्व था जो कभी डगमगाया नहीं था। लेकिन जब विज्ञान प्रभावशाली होने लगा और इसके परिणामस्वरूप समाज के विश्वास और परम्पराएँ एक के बाद एक ढहने लगे तो समाज के सामने एकता का संकट पैदा हो गया।

19 वीं शताब्दी के विचारकों की पीढ़ी ने इस ज्वलन्त समस्या का सामना किया। संक्षेप में, समस्या थी : *जब धार्मिक विश्वास, मान्यताएँ और परम्पराएँ टूटने लगी तब समाज की एकता को बांधे रखने का काम कौन से तत्व करेंगे* ? हुआ यह कि इस शताब्दी में समाज को बांधे रखने वाले विश्वास और धार्मिक आस्थाएँ जब चूर-चूर हो गयी तब उसका स्थान लेने के लिये कोई वैकल्पिक संरचनाएँ नहीं थी। विचारकों को लगा कि यूरोप के समाज का ढाँचा टूट जायेगा। यह चुनौती या संकट सामान्य नहीं था। दुर्खीम, पेरेटो और मेक्स वेबर सभी ने समाज की समस्या के प्रति अपनी प्रतिक्रिया व्यक्त की।

पेरेटो और सामाजिक एकता

हमारा तर्क है कि किसी भी विचारक को अन्य विचारकों से पृथक करके नहीं समझा जा सकता। किसी भी विचारक का सबसे पहला उत्तरदायित्व अपने समाज और देश

काल की परिस्थितियों के सापेक्षिक होता है। इसी कारण जब हम दुर्खीम के कृतित्व की व्याख्या करते हैं तब हमें दुर्खीम को ही गहराई से समझने के लिये पेरेटो, मेक्स वेबर और कार्ल मार्क्स के कृतित्व की तुलना में ही देखना चाहिये।

पेरेटो ने *माइण्ड एण्ड सोसाइटी* (Mind and Society) पुस्तक में समाज की एकता के संकट पर विशद विवेचन किया है। वे कहते हैं कि समाज को एक सूत्र में बांधे रखने का काम लोगों की एक दूसरे के प्रति भावना या *अनुभूति* (Feeling) है। इसी को वे *अ-तार्किक क्रिया* (Non-Logical Action) कहते हैं। जब हम अपने भाई-बहिनों के पीछे सम्पूर्ण सुविधाएं जुटाते हैं, जमीन-आसमान एक करते हैं तो ये सब क्रियाएं किसी आर्थिक कारण से नहीं होती। इसमें तो केवल हमारी भावनाओं और अनुभूतियों का ही तुष्टिकरण होता है। ये अ-तार्किक क्रियाएं वस्तुतः संवेगात्मक और भावनात्मक है और यही सब क्रियाएं समाज को एक सूत्र में बांधती है।

पेरेटो की दृष्टि में जब समाज का धार्मिक आधार—विश्वास और आस्था का संबल ढहने लगता है तो समाज को बांधे रखने का काम समाज के सदस्यों में पायी जाने वाली भावनाएं और संवेग हैं। पेरेटो ने 20 वीं शताब्दी की पीढ़ियों को यह संदेश दिया कि विज्ञान के हाथों धर्म और विश्वास के कटाव को देखते हुए भावनाओं और संवेगों को विकल्प के रूप में विकसित करना चाहिये।

दुर्खीम और सामाजिक सुदृढ़ता

यह बहुत कम लोग जानते हैं कि दुर्खीम एक विचारक और समाजशास्त्री होने के अतिरिक्त, बहुत बड़े *नीतिज्ञ* (Moralist) भी थे। प्रथम विश्व युद्ध में उन्हें फ्रांस की सरकार ने नैतिक अधिकारी के रूप में प्रस्थापित किया था। उनका काम यह था कि वे युद्ध की विभीषिका से गुजरते हुए समाज के मनोबल को बनाये रखे। दुर्खीम ने फ्रान्सीसी समाज की एकता के धार्मिक आधार को चरमराते देखकर नैतिकता का विकल्प दिया। *नैतिकता को धर्मनिरपेक्ष और विज्ञानपरक होना चाहिये। दूसरे शब्दों में दुर्खीम ने वैज्ञानिक नैतिकता (Scientific Morality) को समाज की एकता का आधार प्रस्तावित किया*। नैतिकता ऐसा बड़ा दर्शन है जो धर्म का स्थान ले सकता है, यह विज्ञान द्वारा सम्भव हो सकता है।

सामाजिक एकता के प्रति मेक्स वेबर का दृष्टिकोण

अपनी पीढ़ी के अन्य विचारकों की तरह मेक्स वेबर ने भी यह स्वीकार किया कि यूरोप के समाज के लड़खड़ाने का कारण विज्ञान का बढ़ता हुआ विकास था। विज्ञान ने लोगों की आस्थाओं, विश्वासों और परम्पराओं के प्रति एक तार्किक प्रश्न चिन्ह खड़ा

कर दिया। ईश्वर क्या है ? कहाँ हैं ? कैसा है ? इन सब प्रश्नों के प्रमाण धर्म के पास नहीं है। धर्म का विशाल महल, उसके गगन चुंबी कंगुरे विश्वास की भूमि पर खड़े हैं। जब विज्ञान ने इसकी नींव को ही हिला दिया तो महल का क्या होगा। इस तरह की स्थिति से मेक्स वेबर पूरी तरह से अवगत थे।

वेबर की प्रतिक्रिया अन्य विचारकों की तुलना में भिन्न थी। उन्होंने विज्ञान को यानी तर्क को अपना आधार बनाया। उनकी दृष्टि में 19वीं शताब्दी के अन्त का यूरोप का समाज, वैज्ञानिक और औद्योगिक था। बहुत बड़े उद्योग के संचालन के लिये *दफ्तरशाही* कर्मचारीतन्त्र (Bureaucracy) का होना आवश्यक है। अतः उनके अनुसार समाज *दफ्तरशाही और विवेकी* (Bureaucratic and Rational) हैं। यहाँ मेक्स वेबर अपने युग के *टोकियाविली* (Tocqueville) के समकक्ष आ जाते हैं। बात यह है कि ज्यों-ज्यों आधुनिकता विकसित होती है, त्यों-त्यों समाज अधिक विवेकी बनता जाता है। आधुनिक समाज की नियति, *टोकियाविली और मेक्स वेबर के अनुसार, विवेकी संगठन में निहित है।* वास्तव में, मेक्स वेबर का परिवार और परिवार की सम्पूर्ण परम्परा धार्मिक थी। वे एक बार में धार्मिक विश्वास और मान्यताओं से छुटकारा नहीं ले पाये और इसलिये उन्होंने दबी जबान से कहा कि *आधुनिक समाजों का परिवर्तन संवेग और विवेक से परिपूर्ण होना चाहिये।* सम्पूर्ण विवेक उन्हें स्वीकार नहीं है। इसके साथ में भावनाओं और संवेगों का भी समावेश होना चाहिये। वास्तव में, यूरोप के समाज की समस्या ने वेबर को सांसत में डाल दिया। वे पेरेटो की तरह न तो धार्मिक विश्वासों की खिल्ली उड़ा सकते थे, व्यंग्य कस सकते थे और न दुर्खीम की तरह किसी वैज्ञानिक नैतिकता का उपदेश ही दे सकते थे। *सब मिलाकर वे चाहते थे कि यूरोप की प्रकृति का वैज्ञानिक अध्ययन किया जाना चाहिये।* वेबर के इस दृष्टिकोण की व्याख्या करते हुए *रेमण्ड एरॉ* (Raymond Aron) कहते हैं कि वस्तुतः वेबर एक दार्शनिक थे और दार्शनिकों की श्रेणी में उन्हें *अस्तित्ववादी दार्शनिक* (Existential Philosopher) कहा जा सकता हैं।

यूरोपीय समाज के प्रति विचारकों की पीढ़ी का समग्र दृष्टिकोण

19वीं शताब्दी के अन्त में यूरोप के समाज विज्ञानों में व्यवहारवाद को एक विश्वसनीय विधि के रूप में काम लिया जाता था। इसी तरह सम्पूर्ण सामाजिक वास्तविकता का विवेचन भी आर्थिक परिप्रेक्ष्य में किया जाता था। पेरेटो और दुर्खीम की पीढ़ी ने इस प्रकार की अध्ययन पद्धति को एकदम नकार दिया। यद्यपि पेरेटो का रूझान अर्थशास्त्र की ओर था, फिर भी उन्होंने प्रघटनाओं के विश्लेषणों में आर्थिक विधि को स्वीकार नहीं किया।

तीनों ही विचारक—पेरेटो, दुर्खीम व वेबर—अपने-अपने मिज़ाज और धर्मावलम्बन में एक दूसरे के प्रतिकूल थे। उदाहरण के लिये दुर्खीम धार्मिक दृष्टि से यहूदी थे, पेरेटो कैथोलिक थे और वेबर प्रोटेस्टेन्ट थे, फिर भी तीनों ने अपनी कृतियों के अध्ययन का केन्द्र विज्ञान और धर्म को बनाया और यह भी सत्य है कि इन विचारकों ने यह स्वीकार नहीं किया कि तत्कालीन यूरोपीय समाज में धर्म की भूमिका समाज को जोड़ने की हो सकती है। जब इस प्रकार का निष्कर्ष इन विचारकों ने निकाला तब सम्पूर्ण यूरोप में धर्म सुधार आंदोलन चल रहा था। प्रगतिशील धर्मावलम्बी इंग्लैण्ड और जर्मनी में कैथोलिक धर्म की आलोचना कर रहे थे। इन सब घटनाओं के आधार पर ही इन विचारकों का निष्कर्ष था कि धर्म, समुदाय को जोड़ नहीं सकता, इसके समाज को तोड़ने की संभावना अवश्य है।

धर्म और विज्ञान के मुद्दे के इस विवाद को आगे बढ़ाते हुए इन विचारकों की आम राय थी कि समाज के बदलते हुए संदर्भ में जब धर्म एकता स्थापित करने का आधार नही रहता, तब डगमगाते हुए समाज को एक सूत्र में बांधने का काम कुछ और तत्व कर सकते हैं। ये तत्व कौन से हैं, इस पर ये विचारक एक मत नहीं है। उदाहरण के लिये दुर्खीम का कहना है कि समाज को बांधने का काम सिक्युलर नैतिकता की कर सकती है। उनका आग्रह है कि लोगों का नैतिक बल, आचरण और व्यवहार, सामाजीकरण द्वारा इस तरह विकसित किया जाये कि यह धर्म का स्थान ले ले। प्रथम विश्व युद्ध में नैतिकता की इस शक्ति का प्रयोग दुर्खीम ने स्वयं किया। समाज को एक सूत्र में बांधने का काम पेरेटो के अनुसार जन भावनाएं और संवेग करते हैं। पेरेटो बार-बार कहते हैं कि लोगों के सामाजिक जीवन में भावनाएं, संवेग, उद्‌गार आदि का महत्वपूर्ण योगदान है। यद्यपि ये भावनाएं विज्ञान की कसौटी पर खरी नहीं उतरती फिर भी समाज पर इनका प्रभाव बहुत अधिक होता है। *अतः पेरेटो के अनुसार समाज की सुदृढ़ता और एकता को बनाये रखने में धर्म के स्थान पर भावनाओं और संवेगों को विकसित करना चाहिये।*

मेक्स वेबर कुछ और तरह के विचारक थे। धर्म सुधार आंदोलन में उन्होंने कैथोलिक धर्म का विरोध किया था। उनका कहना था कि यह धर्म रूढ़िग्रस्त हो गया है और आडम्बर की जाल में फंस गया है। इसी कारण प्रोटेस्टेन्ट सम्प्रदाय को अपनाया। अपनी कृतियों में उन्होंने समाज की एकता को बनाये रखने में धर्म के विकल्प की खोज की है। वे इस तथ्य से आश्वस्त हैं कि धर्म समाज को एकता के सूत्र में बांधकर नहीं रख सकता। इसका विकल्प *विवेक* (Rationality) है। मनुष्य के जीवन में कार्य कारण तार्किक रूप में बंधे होते हैं। यह तर्क ही विवेक की आधार शिला है। दूसरी ओर यूरोप के बदलते हुए औद्योगिकीय संदर्भ में औपचारिक संगठनो

का होना अनिवार्य है। इसी कारण उन्होंने सुझाव दिया कि *यूरोप के समाज की एकता, सुदृढ़ता, विवेक और दफ्तरशाही के माध्यम से ही हो सकती है।*

हमने देखा कि यूरोप के विचारकों की यह पीढ़ी विभिन्न राष्ट्रों के नागरिक होते हुए भी, विभिन्न धर्मावलम्बी होते हुए भी, तत्कालीन समाज की समस्या से प्रभावित थी। इन विचारकों को यह स्पष्ट था कि सामाजिक जीवन में विज्ञान के बढ़ते हुए चरण समाज की चूलों को हिला देंगे। ऐसी अवस्था में उनके लिये यह स्वाभाविक था कि गिरते हुए धार्मिक विश्वासों और आस्थाओं का स्थान कोई नयी संरचनाएँ ग्रहण करें। अपनी-अपनी दृष्टि से *इन विचारकों ने सिक्यूलर नैतिकता, मनोभावना और विवेक की संरचनाओं को धर्म का स्थान ग्रहण करने की संभावना व्यक्त की।*

यूरोपीय समाज में औद्योगिक क्रान्ति
(Industrial Revolution in European Society)

हम इस तथ्य को दोहरायेंगे कि सामाजिक विचारकों का कोई भी अध्ययन तब तक छिछला रहेगा जब तक हम इन विचारकों को उनके ऐतिहासिक और सामाजिक-सांस्कृतिक संदर्भ में नहीं देखते। ये विचारक चाहे जर्मनी के हों या फ्रान्स के, चाहे यहूदी हो या ईसाई, सभी पर अपने समय की मार बराबर पड़ती है। अतः अध्याय के इस भाग में हम एक और घटना का उल्लेख करना आवश्यक समझते हैं जिसने यूरोप के सम्पूर्ण समाज को 18 वीं और 19 वीं शताब्दी में झकझोर दिया। पहली घटना का उल्लेख हमने किया है। यह घटना वैज्ञानिक आविष्कार और तकनीकी विकास की है। हमने देखा विज्ञान और तकनीकी शक्तियों ने धार्मिक विश्वासों को हिला दिया।

यूरोप की यह दूसरी घटना औद्योगिक क्रान्ति की है। औद्योगिक क्रान्ति के कई आयाम हैं। यूरोप के इतिहासकारों ने इस क्रान्ति पर बहुत कुछ लिखा है। *सब मिलाकर औद्योगिक क्रान्ति वह है जिसमें भाप के इंजिन का प्रयोग किया गया और परिणामस्वरूप कारखानों में थोक माल का उत्पादन हुआ।* इस क्रान्ति ने यूरोप के समाज को दो भंयकर झटके दिये। पहला तो यह कि इस क्रान्ति से सामन्तवाद सम्पूर्ण यूरोप में कमजोर हो गया और आखिर में इसे पूंजीवाद के सामने अपने घुटने टेकने पड़े। दूसरा प्रभाव कुटीर उद्योग पर पड़ा। दस्तकारी और शिल्पकला संकट के कगार पर खड़े हो गये।

यूरोप में सामन्तवाद 18 वीं शताब्दी तक अपने चरम उत्कर्ष में था। सामन्त का जोर-जुल्म प्रजा पर बहुत अधिक था। कहीं भी प्रजातन्त्र लाने के लिये किये गये आन्दोलन सफल नहीं हो रहे थे। इधर दस्तकारी और शिल्पकला ऐसे व्यावसायिक

स्रोत थे जिनके माध्यम से छोटे कारीगर अपने जीवन-यापन का जुगाड़ ठीक-ठाक तरीके से कर लेते थे। उनके लिये अपना छोटा बाजार था जिसमें उत्पादित वस्तुओं को बेच लेते थे। लेकिन भीमकाय कारखानों के विशाल उत्पादन ने कारीगरों और शिल्पियों को अर्थव्यवस्था के हाशिये पर खड़ा कर दिया। उन्हें लगा जैसे वे कहीं के नहीं रहे।

18 वीं शताब्दी के यूरोप में एक नया वर्ग पैदा हुआ। यह वर्ग पूंजीपतियों का था। यानी अब यूरोप में वर्ग समाज की स्थापना हो गयी। पूंजीपति वर्ग ने एक दूसरा वर्ग पैदा किया और यह वर्ग कारखानों में काम करने वाले मजदूरों का था। तकनीकी विकास के इस युग से किसान भी अछूते नहीं रहे। बड़े किसानों ने यंत्रीकरण अपनाया, कृषि की नयी तकनीकी का लाभ लिया और छोटे किसान बदतर हालत में आ गये। 18 वीं शताब्दी का यूरोपीय समाज गहन संकट के दोर से गुजर रहा था। लगता था वह एक ऐसी अंधेरी गली में आ गया था जहाँ प्रकाश की कोई किरण दिखायी नहीं देती थी। एक तरफ सामन्तवाद की जड़े हिल रही थी और दूसरी तरफ मजदूर और छोटे किसान किसी तरह जीवनयापन के साधन जुटाने के लिये नयी चुनौतीं के साथ जूझ रहे थे।

विचारकों की जो पीढ़ी 19 वीं शताब्दी में विकसित हुई उसे स्पष्ट दिखायी दिया कि यदि यूरोप के समाज को समुचित दिशा नहीं दी गयी तो समाज विघटित हो जायेगा। इस संकट को सभी विचारकों ने समझा और इसी कारण इन्होंने इसके प्रति अपना प्रत्युत्तर दिया। उदाहरण के लिये दुर्खीम ने कहा कि यह सत्य है कि यूरोप का समाज दो भागों में बँट गया था। एक भाग को वे *यांत्रिक* (Mechanical) समाज कहते हैं और दूसरा भाग उनके हिसाब से *सावयवी* (Organic) था। यांत्रिक समाज तो पिछड़ा हुआ समाज था, दूर-दराज के क्षेत्रों का समाज था। औद्योगिक क्रान्ति के दौर में उनका मानना था कि यह समाज टूटेगा नहीं। इसकी सुदृढ़ता बनाये रखने वाले कारकों में *सामूहिक चेतना* (Collective Conscience) और *दमनात्मक कानून* (Repressive Law) मुख्य हैं। दूसरी ओर सावयवी समाज यद्यपि औद्योगिकरण से बिखर गया था फिर भी उसे बांधे रखने में, दुर्खीम का विचार था कि कई नये कारण हैं जिनमें *अनुबन्ध ठेका* (Contract), *प्रकार्यात्मक अन्तर्निर्भरता* (Functional inter dependence) तथा *सामूहिक प्रतिनिधित्व* (Collective Representations) मुख्य हैं। दुर्खीम का आग्रह है कि सावयवी समाज *विशिष्टीकरण* (Specialisation) का समाज है। कोई स्कूटर की गिरी बनाता है तो कोई दांता, कोई टायर-ट्यूब और कोई पहिये। ये सब काम विशिष्ट हैं। कामों में ढेर सारी विभिन्नता हैं फिर भी ये काम समाज की एकता को पारस्परिक निर्भरता के कारण एक सूत्र में बांध देते हैं। जितना

श्रम विभाजन होगा, उतनी ही अन्तर्निर्भरता बढ़ेगी और उसी अनुपात में समाज सुदृढ़ होगा। दुर्खीम का संदेश सुनहला है: औद्योगिकरण या औद्योगिक क्रान्ति समाज की एकता को तोड़ेगी नहीं उसे और अधिक सशक्त करेगी।

मेक्स वेबर औद्योगिक क्रान्ति द्वारा उत्पन्न संकट से नहीं घबराते। वे स्वीकार करते हैं कि वर्ग का बनना ऐसी स्थितियों का निश्चित परिणाम है। लेकिन उद्योग वर्गों में प्रतिस्पर्धा पैदा करते हैं और इसके परिणामस्वरूप जीवन पद्धति में सुधार आता है। उद्योग जनित समाज में विवेक और दफ्तरशाही प्रभव शक्ति बन जाते हैं और इन्हीं के कारण समाज की एकता बनी रहती है। पेरेटो औद्योगिक समाज को तर्क और भावना दोनों स्तरों पर देखते हैं। वे अर्थशास्त्र के सिद्धान्तों के जनक थे और यह तर्क दिया कि समाज की एकता जहाँ एक ओर तर्क पर निर्भर होती है, वहीं उसमें भावना और संवेग भी होते हैं।

इसी युग के एक और विचारक कार्ल मार्क्स हैं। वे यहूदी थे। जर्मनी में पैदा हुए थे। उनका विचार था कि औद्योगिक क्रान्ति जहाँ विकास को नयी दिशा देती है, वहीं पूंजीवाद को भी विकसित करती है। ऐतिहासिक विश्लेषण द्वारा उन्होंने प्रमाणित किया कि यूरोप के समाज को उद्योग और पूंजीवाद से भयभीत नहीं होना चाहिये। यह इसलिये की पूंजीवाद की कोख में ही उसके पतन के कीटाणु विद्यमान हैं।

उपसंहार
(Conclusion)

19 वीं शताब्दी के यूरोप के समाज को यदि कोई इतिहासकार सतही दृष्टि से देखता है तो उसे लगेगा कि समाज में सब कुछ कुशल है, ठीक-ठाक है। थोड़ी गहराई का अध्ययन यह बतायेगा कि यह समाज उन दिनों दो तरह की त्रासदियों से घिरा था। एक त्रासदी तो विज्ञान ने पैदा कर दी थी। इसने धार्मिक विश्वासों, मान्यताओं और परम्पराओं के सामने प्रमाणीकरण और विवेक का एक ऐसा प्रश्न चिन्ह उपस्थित कर दिया जिससे लगा कि समाज टूट जायेगा।

दूसरी त्रासदी औद्योगिक क्रान्ति के कारण पैदा हुई। इसने सामन्तवादी व्यवस्था को झकझोर दिया। कुटीर उद्योग को खस्ता स्थिति में खड़ा कर दिया और देखते ही देखते पूँजीपति और मजदूर वर्गों को उत्पन्न कर दिया। उस समय हर तरह से यूरोप के समाज की विघटित अवस्था भयावह थी।

19 वीं और 20 वीं शताब्दी के विचारकों ने अपने समाज की इन समस्याओं का सामना किया। उदाहरण के लिये दुर्खीम ने अपनी कृतियों में यह स्थापित करने का

भरपूर प्रयास किया कि व्यक्ति और समाज के सम्बन्धों में, समाज सर्वोपरि है। समाज ईश्वर है। हम जिसे पंच परमेश्वर कहते हैं या जनता जर्नादन, इसका मतलब यही है कि समाज सबसे ऊपर है। प्रजातान्त्रिक व्यवस्था में जिसे जनमत कहते हैं वहीं समाज की प्रभुत्व सत्ता है। अपने जीवन पर्यन्त दुर्खीम *आम राय* (Consensus) के पक्षधर थे।

विज्ञान और धर्म के सम्बन्धों की जो मीमांसा दुर्खीम, मार्क्स या वेबर ने की, उसने कई पीढ़ियों तक यूरोप, अमेरीका और तीसरी दुनियाँ के बुद्धिजीवियों को प्रभावित किया। हमारे देश में तो यही कोई तीन दशक पहले इस मुद्दे पर गोष्ठियाँ हुई हैं कि जब प्रोटेस्टेन्ट धर्म के आचारों ने पूँजीवाद को जन्म दिया तो क्या हमारे यहाँ हिन्दू धर्म के आचारों ने ऐसा कुछ किया। हमारे कथन का बिन्दु यह है कि *विज्ञान और धर्म की जिस बहस को 19 वीं शताब्दी के विचारकों ने उठाया, वह आज भी एक जीवन्त समस्या है।* हमारा देश इस मुद्दे पर अब भी जूझ रहा है कि धर्म और राजनीति में किस तरह के सम्बन्ध होने चाहिये।

पेरेटो, दुर्खीम की तरह दार्शनिक नहीं थे। न वे अगस्ट कॉम्ट से प्रभावित थे। उनके बौद्धिक स्रोत तो मेकियावेली थे। इनके सामने समस्या का एक और पहूल था। एक ओर तो वह अर्थशास्त्र के विवेक को देखते हैं और दूसरी ओर मनुष्य व्यवहार की *अविवेकशीलता* (Irrationality) की बात करते हैं। यद्यपि अविवेकी व्यवहार वैज्ञानिक नहीं है, फिर भी पेरेटो उसे मनुष्य व्यवहार का आधार मानते हैं।

मेक्स वेबर तीसरे प्रकार के विचारक हैं, न तो वे दुर्खीम की तरह दार्शनिक हैं और न पेरेटो की तरह किसी तरह के इंजीनियर। वेबर तो एक विधिवेता और इतिहासकार थे। विश्वविद्यालय में तो उन्होंने केवल कानून ही पढ़ा था। किसी तरह अध्ययन और प्रशिक्षण से उन्होंने राजनीति का ज्ञान भी प्राप्त कर लिया। यूरोपीय समाज की तत्कालीन समस्याओं को उन्होंने दो रूपों में देखाः (1) विज्ञान और व्यवहारिक गतिविधि, तथा (2) समाजशास्त्र और राजनीति। उनका पक्का विचार था कि समाजशास्त्र को एक *तटस्थ विज्ञान* (Neutral Science) होना चाहिए। इससे उनका मतलब यह है कि विज्ञान के प्रति समाजशास्त्र को उदासीनता ही बरतनी चाहिये।

अपने कुछ इस तरह के विचारों के कारण मेक्स वेबर की ऐतिहासिक दृष्टि न तो दुर्खीम की तरह प्रगतिशील है और न पेरेटो की तरह *चक्रीय* (Cyclical)। अपने विचारों में वे टोकियाविली के अधिक निकट है। इसी कारण उनकी दृष्टि में यूरोप के समाज की नियति दफ्तरशाही और विवेकशीलता में ही निहित है।

निष्कर्षतः यह अवश्य कहना चाहिये कि 19 वीं शताब्दी के ये विचारक जो कुछ

भी थे, यूरोप की तत्कालीन दुनियाँ की उपज थे। लेकिन इस सीमा के होते हुए भी इन्होंने अपनी कृतियों में जहाँ-जहाँ संभव हुआ है, यूरोप के बाहर भी दुनियाँ को झाँक कर देखा है। दुर्खीम यूरोप के समाज की तुलना ठीक कॉम्ट की तरह प्राचीन समाजों से करते है। दूसरी और पेरेटो की पृष्ठभूमि ही ऐतिहासिक है जिसमें वे प्राचीन और आधुनिक दुनियाँ को देखते हैं। वे फ्रान्स, जर्मनी, इंग्लैण्ड, रोम आदि का तुलनात्मक अध्ययन प्रस्तुत करते हैं। वेबर अपनी कृतियों में बराबर पश्चिमी सभ्यता को मौलिक और बुनियादी सभ्यता मानकर चलते हैं। अपने धर्म के अध्ययन में वे दुनियाँ के महान समझे जाने वाले सभी धर्मों का तुलनात्मक अध्ययन करते हैं। किसी भी विचारक का कोई भी विश्लेषण देश और काल की सीमाओं में बंधा होता है। इस सीमा की कसौटी पर जो विचारक सही उतरता है, समाज और बौद्धिकता उसी को खरा मानती है।

अध्याय 2

ईमाइल दुर्खीमः व्यक्तित्व एवं कृतित्व

(Emile Durkheim: Man and his Works)

टाल्कट पारसंस ने दुर्खीम की जीवनी और कृतियों पर लिखते हुए एक स्थान पर कहा है कि आधुनिक समाजशास्त्रीय सिद्धान्त के जनक रूप में दुर्खीम अग्रणी हैं। इस सोपान में वे मेक्स वेवर को दूसरे स्थान पर रखते हैं। दुर्खीम ने मुख्य रूप से चार पुस्तकें लिखी हैं। इनके अतिरिक्त उनके कई फुटकर निबन्ध हैं, मोनोग्राफ हैं, और कई लिपिबद्ध व्याख्यान हैं जिन्हें समय-समय पर उन्होंने दिया है। दुर्खीम ने अपने जीवन काल में सामाजिक व्यवस्था के विश्लेषण के लिये एक विशद् रूपरेखा तैयार की थी। समाजशास्त्र के अतिरिक्त उन्होंने मानवशास्त्र में भी बहुत कुछ लिखा है। वे विचारक और विद्वान, जो दुर्खीम से बुनियादी रूप में असहमत है, वे भी दुर्खीम के संदर्भ के बिना नहीं चल सकते। स्वंय दुर्खीम के जीवन काल में उन्होंने जो रूपरेखा बनायी थी उसमें संशोधन हुआ है। इसके होते हुए भी बराबर दुर्खीम का यह प्रयास था कि वे सामाजिक व्यवस्था की प्रकृति की मीमांसा करें और इस व्यवस्था से व्यक्ति कितना जुड़ा हुआ है, उसकी व्याख्या करें।

दुर्खीम का विशिष्ट रुझान

दुर्खीम मूल रूप से मानवतावादी थे। शायद इसी कारण जीवन पर्यन्त उनकी सोच में निरन्तरता बनी रही। उन्होंने अपनी सैद्धान्तिक मान्यताओं को कभी नहीं छोड़ा। समाज और व्यक्ति के बीच के सम्बन्ध दुर्खीम के लिये केन्द्रीय थे। वे आग्रहपूर्वक कहते थे कि यदि व्यक्ति समाज के प्रभुत्व को स्वीकार कर ले तो कभी भी समाज का विघटन नहीं हो सकता। उन्होंने जो भी सिद्धान्त रखे उनमें एक तथ्य बराबर देखने को मिलता

है। यही तथ्य *रूपान्तरण* (Reductionism) का है। उदहारण के लिये वे कहते हैं कि जब हम किसी सामाजिक प्रघटना का विश्लेषण करते हैं तो यह विश्लेषण मनोवैज्ञानिक, जैविकीय, भौगोलिक आदि तत्वों के रूपान्तरण से नहीं होना चाहिये। *प्रघटना का विश्लेषण प्रघटना में निहित कारकों से ही होना चाहिये।* जब वे आत्महत्या की सामाजिक प्रघटना का विश्लेषण करते हैं तो बहुत स्पष्ट रूप से कहते हैं कि इसकी व्याख्या भौगोलिक, मनोवैज्ञानिक आदि बाहरी शक्तियों द्वारा नहीं की जा सकती। आत्महत्या तो सामाजिक है और इसलिये मनोवैज्ञानिक, भौगोलिक रूपान्तरण को छोड़कर हमें समाज में निहित तत्वों द्वारा ही इसकी व्याख्या करनी चाहिये। *सब तरह से, दुर्खीम अपने सिद्धान्तिक निरूपण में गैर-रूपान्तरणवादी (Anti reductionism) थे। उनकी सभी कृतियों में यह सैद्धान्तिक दबाव देखने को मिलता है।* इसका कारण यह है कि जब दुर्खीम समाज की व्याख्या करते हैं तो वे समाज में निहित कारकों के माध्यम से ही समस्या का निदान खोजते हैं।

कभी भी दुर्खीम ने समाज की मूलभूत समस्याओं के विश्लेषण से अपना मुँह नहीं मोड़ा। उनके लेखन का बहुत बड़ा आधार उनकी अनुभूति थी। यद्यपि उन्होंने अपने कन्धे पर आधुनिक मानवशास्त्री की तरह झोला लटकाकर कोई क्षेत्रीय कार्य नहीं किया फिर भी उन्होंने जो कुछ लिखा है वह उनके व्यक्तिगत अनुभव का परिणाम है। उनकी रचनाओं में कहीं भी लफ्फाज़ी देखने को नहीं मिलती। वे मोहित करने वाले शब्द जाल को छोड़कर अपनी बात बड़े ही स्पष्ट और संक्षिप्त रूप में रखते हैं। साफग़ोई में उनका विश्वास है। इसी तरह का उपागम हमें कॉम्ट और स्पेन्सर की कृतियों में देखने को मिलता है। दुर्खीम कॉम्ट के अनुयायी थे और शायद इसी कारण उनकी लिखावट में भी यही स्पष्टवादिता देखने को मिलती है। दुर्खीम के समाजशास्त्रीय सिद्धान्त के रूझान में एक और बात कहनी चाहिये। उनकी यह कतई रुचि नहीं थी कि वे समाजशास्त्र को एक विज्ञान की तरह विकसित करें, पल्लवित करें। उनका उद्देश्य तो समाजशास्त्र की विधि को, उसके अध्ययन के नियमों को, अधिक से अधिक धारदार बनाना था। वे चाहते थे कि समाजशास्त्र की अध्ययन विधियाँ इतनी तार्किक और असरदार हों कि अन्य सामाजिक विज्ञान भी इन्हें अपनायें।

दुर्खीम दार्शनिक तो थे ही, एक आनुभविक वैज्ञानिक भी थे

कई आलोचकों का आरोप है कि दुर्खीम बुनियादी रूप से दार्शनिक थे और समाजशास्त्र से उनका सरोकार केवल सतही था। हाल में फ्री प्रेस अमेरीका द्वारा प्रकाशित एक पुस्तक में इस बहस को उठाया है और निष्कर्ष में कहा है कि दुर्खीम वस्तुतः दार्शनिक थे और उन्होंने अपनी कृतियों में नैतिकता और उससे जुड़े हुए तथ्यों

को उजागर किया है। यह भी सत्य है कि जब हम यानी समाजशास्त्री दुर्खीम के दार्शनिक रूप को देखते है तो लगता है कि वे बहुत क्लिष्ट और अगम्य हैं।

समाजशास्त्रीय विद्वानों का दृष्टिकोण कुछ दूसरा है। उनका कहना है कि दुर्खीम की गहराई में दर्शन तो है लेकिन वे हर तरह से आनुभविक विश्लेषण के कायल हैं। इसी कारण वे बराबर यह कहते हैं कि समाजशास्त्र आराम कुर्सी का समाजशास्त्र नहीं है। इसकी उपयोगिता व्यावहारिक जीवन में है। आत्महत्या और श्रम-विभाजन में जिस तरह का विश्लेषण उन्होंने प्रस्तुत किया है, इससे बहुत स्पष्ट है कि वे अपने ठेठ रूप में आनुभविकतावादी हैं। पारसंस ने *स्ट्रक्चर ऑफ सोशल एक्शन* में इस बात को स्थापित करने का प्रयास किया है कि दुर्खीम अपने युग के एक अग्रणी आनुभविक वैज्ञानिक थे। कभी भी दुर्खीम ने अपनी व्याख्या शून्य में प्रस्तुत नहीं की। उन्होंने कभी भी किसी तरह की मनमौजी अटकलबाजी नहीं की। अपने समय के आनुभविक समस्याओं का निदान उन्होंने कसी कसाई वैज्ञानिक विधि द्वारा किया। इस कारण दुर्खीम को एक दार्शनिक मात्र कह देना उनकी कृतियों और प्रतिबद्धता का अनादर है। वे हर अर्थ में प्रत्यक्षवादी (Positivist) थे।

दुर्खीम का जीवन

दुर्खीम का जन्म 15 अप्रेल, 1858 यानी जब भारत में 1857 में सशस्त्र क्रान्ति हुई थी, ठीक इसके एक वर्ष बाद हुआ था। उनका जन्म स्थान फ्रान्स के पहाड़ी प्रदेश में स्थित *एपीनल* (Epinal) कस्बे में हुआ था। धर्म से वे यहूदी थे। एपीनल फ्रान्स के बोसजेस पहाड़ी की तलहटी पर है, जो लोरने के मैदानी भाग का एक अंग है। फ्रान्स का यह मैदानी भाग राजनीतिक दृष्टि से बराबर विवादास्पद रहा है। फ्रान्स के राजनैतिक और सांस्कृतिक विकास में इस सम्पूर्ण पहाड़ी क्षेत्र का महत्वपूर्ण योगदान समझा जाता है। दुर्खीम में, जो समाजवादी विचारधारा थी, उसका जन्म भी इसी पहाड़ी इलाके की राजनैतिक सरगर्मी का परिणाम था। फ्रान्स की यह तलहटी इसलिये भी उल्लेखनीय है कि यहाँ कई महापुरुषों का जन्म हुआ है।

फ्रान्स के इतिहास में दुर्खीम पहले समाजशास्त्री थे। उनके सम्पूर्ण जीवन में उन्होंने फ्रान्स की राजनैतिक और बौद्धिक गतिविधियों के साथ अपने आपको जोड़ा था। फ्रान्स और यूरोप के कई ऐसे तत्कालीन विचारक थे, जिनसे दुर्खीम असहमत थे। यह भी सही है कि कहीं-कहीं दुर्खीम की असहमति एक खप्ती आदमी का रूप भी ले लेती थी। यहाँ यह भी कहना चाहिये की यह दुर्खीम ही थे जिन्होंने समाजशास्त्र को एक नये समाज विज्ञान की वैधता प्रदान की। रास्ते में कई अड़चने भी आयी। यह सब होने पर भी समाजशास्त्र की एक पृथक् विधा की तरह स्थापित करने में दुर्खीम का

योगदान महत्वपूर्ण है।

शिक्षा-दीक्षा

दुर्खीम ने अपनी स्नातक परीक्षा एपीनल महाविद्यालय से उत्तीर्ण की। इसके बाद वे आगे पढ़ाई करने के लिये पेरिस विश्वविद्यालय (Ecolenormale Academy) चले गये। विश्वविद्यालय स्तर पर उन्हें एक कुशाग्र बुद्धि विद्यार्थी समझा जाता था। यह वही विश्वविद्यालय है जहाँ उनका सम्पर्क कुछ ऐसे युवाओं के साथ हुआ जो बाद में चल कर फ्रान्स के बौद्धिक जगत में छा गये। इस बौद्धिक विद्यार्थियों में *हेनरी बर्गसन* भी थे जो बाद में चलकर एक ख्याति प्राप्त दार्शनिक हुए। यहीं पर उनका सम्पर्क *जिन जोरेस* से हुआ जो कालान्तर में फ्रान्स के समाजवादी नेता बने। इसी विश्वविद्यालय में दुर्खीम के चले जाने के कोई दो वर्ष बाद *रॉह और ब्लोण्डेल* जैसे युवा आये, जिन्होंने कालान्तर में प्रख्यात दार्शनिक की तरह सारे यूरोप में नाम कमाया। दुर्खीम के सहपाठियों में *पेरेजनट* और *गॅबलोट* जैसे मनोवैज्ञानिक भी थे।

उन दिनों पेरिस के इस विश्वविद्यालय में प्रवेश प्राप्त करना अपने आप में एक बहुत बड़ी उपलब्धि थी। किसी तरह दुर्खीम इस विश्वविद्यालय में पहुंच तो गये पर उन्हें यह रास नहीं आया। इस विश्वविद्यालय में कला और साहित्य पर अत्यधिक दबाव था, और यह दुर्खीम को पसन्द नहीं था। एक पाठ्यक्रम के विरोध में तो दुर्खीम ने अपनी आवाज प्रखर कर दी। इस पाठ्यक्रम में ग्रीक तथा लेटिन गद्य को पढ़ना अनिवार्य था जबकि विज्ञान की नवीनतम उपलब्धियों और दर्शनशास्त्र के आधुनिक सिद्धान्तों के प्रति यह पाठ्यक्रम उदासीन था। सम्पूर्ण विश्वविद्यालय में नयी खोज के प्रति एक धुंध छाया हुआ था और ऐसे विद्यार्थी जो आधुनिकता के प्रति अग्रसर थे, उदासीन था।

दुर्खीम अपने विश्वविद्यालय के प्रति इस प्रकार का असंतोषजनक रवैया अपनाकर अधिक दिनों तक प्रसन्न नहीं रह सके। उनके प्रोफेसर धीरे-धीरे उनसे नाराज हो गये, और इसका परिणाम यह हुआ कि परीक्षा में दुर्खीम का स्थान निम्न स्तर पर पहुंच गया। इस विश्वविद्यालय में दुर्खीम कोई तीन वर्ष रहे। इस अविध में, ऐसा नहीं था, कि विश्वविद्यालय का कोई प्रभाव उन पर न पड़ा हो। इसे छोड़कर आने के बाद उन्हें बराबर विश्वविद्यालय की याद सालती रही। जब कभी वे अपने अध्ययन के दिनों की याद करते उनकी आँखे नम हो जाती थी। जिन प्रोफेसरों ने दुर्खीम के साथ कड़ा रूख अपनाया था, दुर्खीम अपने आपको उनका ऋणी मानते थे। ऐसे प्रोफेसर में इतिहासकार *फुस्टेल डि कोलेन्जेस* और *ईमाइल बोट्रोक्स* भी थे। जब दुर्खीम ने अपनी पुस्तक *श्रम विभाजन* पर प्रस्तुत की तो उसका समर्पण उन्होंने *बोट्रोक्स* को किया। दुर्खीम कहते हैं

कि यह इन प्रोफेसरों के कारण ही था कि वे अपने युग की बौद्धिक ऊंचाइयों तक पहुंच सके।

स्नातक उपाधि प्राप्त करने के बाद दुर्खीम ने यह निश्चित कर लिया था कि वे अपने जीवन को कौन सी दिशा देगें। उनका दृढ़ निश्चय था कि वे किसी रूढ़िगत दार्शनिक की तरह अपना जीवन नहीं बितायेगें। उन दिनों पेरिस तथा यूरोप के अन्य देशों में जिस तरह का दर्शनशास्त्र पढ़ाया जाता था, वह दिन प्रतिदिन की समस्याओं के कोसो दूर था। ऐसा लग्ता था कि दर्शनशास्त्र का एक मात्र काम बाल की खाल निकालना था—बेमतलब बातों पर तर्क मात्र करना था। वे एक ऐसी ज्ञान शाखा को अपने आपको समर्पित करना चाहते थे जो उस युग और समाज के नैतिक प्रश्नों के साथ जूझे और कोई व्यावहारिक निदान निकाले। उनका विचार था कि ऐसा विज्ञान विकसित किया जाये जो फ्रान्स के तीसरे गणतन्त्र को कोई नैतिक और राजनैतिक सुदृढ़ता की दिशा दे सके। इस तरह के समाज विज्ञान का निर्माण जिसमें नैतिकता और राजनीति हो कोई, ऐसा आदमी कर सकता था जो विज्ञान के प्रशिक्षण में उस्ताद हो। यहीं पर दुर्खीम ने निश्चित किया कि *वे एक ऐसी वैज्ञानिक समाजशास्त्रीय व्यवस्था (Scientific Sociological System) स्थापित करेगें जिसका उद्देश्य सोसाइटी को एक निश्चित दिशा और निर्देशन देना होगा।* रूचिकर बात है कि दुर्खीम अपने जीवन पर्यन्त इस निर्धारित उद्देश्य से विमुख नहीं हुए।

दुर्खीम कालीन समाज में समाजशास्त्र न तो सैकण्डरी स्कूल के स्तर पर और न विश्वविद्यालय स्तर पर एक विषय की तरह पढ़ाया जाता था। यहाँ दुर्खीम कुछ नहीं कर सकते थे। इस कारण उन्होंने अपनी जीविका दर्शनशास्त्र के एक अध्यापक की तरह प्रारम्भ की। 1882 ई. से 1887 ई. तक वे कई प्रान्तीय कॉलेजो में जो पेरिस के पड़ौस में थे, दर्शनशास्त्र पढ़ाते रहे। पाँच वर्षों की इस अवधि में इस बार वे अवकाश लेकर पेरिस और जर्मनी में आगे पढ़ाई करने के लिये गये। जर्मनी में दुर्खीम ने एक महत्वपूर्ण पाठ्यक्रम में भाग लिया। उन्होंने मुख्य रूप से यह समझने की कोशिश की कि *नैतिक दर्शनशास्त्र और सामाजिक विज्ञानों के अध्ययन में कौन सी विधियाँ प्रभावी होती हैं।* जर्मनी के इस अध्ययन काल में दुर्खीम ने अपना अधिकांश समय *लेपझीग* में निकाला। *लेपझीग* में से *विलहेल्म वून्ड्ज* की मनोवैज्ञानिक प्रयोगशाला से बहुत अधिक प्रभावित हुए। अपने बाद के लेखन में दुर्खीम ने अपने जर्मन प्रवास के अनुभवों में इस बात को स्वीकार किया कि वून्ड्ज की प्रयोगशाला वैज्ञानिक वस्तुनिष्ठा के अनुसंधान में एक अनोखी प्रयोगशाला है। *उन्होंने यह भी कहा कि फ्रान्स को जर्मनी के इस प्रयोग का अनुकरण करके दर्शनशास्त्र शिक्षा को ऐसा स्वरूप देना चाहिये कि वह राष्ट्रीय लक्ष्यों की प्राप्ति में सहायक हो सके।* उन्होंने हार्दिक दिल से जर्मनी के

समाज वैज्ञानिकों और दार्शनिकों की प्रशंसा की, कि वे नैतिक कर्तव्यों पर इतना अधिक जोर देते हैं तथा आचारशास्त्र को एक स्वतन्त्र विभाग की तरह विकसित करते हैं।

दुर्खीम ने जगह-जगह पर जर्मनी के बौद्धिक जीवन पर फुटकर लेख प्रकाशित किये। केवल 29 वर्ष की अवस्था में उन्हें समाज विज्ञान के एक होनहार विद्वान की तरह पेरिस में मान्यता मिल गयी। समाज-वैज्ञानिक की तरह उनको सामाजिक-दर्शन शास्त्री के रूप में भी स्थापित होने का अवसर मिला। जर्मनी से सम्बन्धित लेखों के अतिरिक्त दुर्खीम ने तत्कालीन समाज की समस्याओं पर भी विविध निबन्धों में बहुत कुछ लिखा। इस सबका परिणाम यह हुआ कि उन्हें 1887 ई. में फ्रान्स के बोर्डियक्स विश्वविद्यालय में नियुक्ति मिल गयी। यहाँ उन्होंने समाज विज्ञान का पाठ्यक्रम तैयार किया। ऐसा कहा जाता है कि यह विषय विशेष रूप से दुर्खीम के लिये ही तैयार किया गया था। दुर्खीम को इस विषय को पढ़ाने का दायित्व दिया गया। यही पर कोई नौ वर्ष बाद उन्हें समाज विज्ञान के अध्यक्ष पद से सम्मानित किया गया, जो इस विषय का फ्रान्स में पहला प्रोफेसर पद था। इस प्रकार फ्रान्स में समाज विज्ञान का स्वतन्त्र विभाग बना। उन्होंने बोर्डियक्स विश्वविद्यालय में पूरे 12 वर्षों तक अध्यापन कार्य किया। उनकी महत्वपूर्ण चार पुस्तकों का लेखन भी इसी विश्वविद्यालय में हुआ।

बोर्डियक्स विश्वविद्यालय में दुर्खीम समाजशास्त्र तथा शिक्षाशास्त्र (Pedagogy) दोनों विषयों का अध्यापन करते थे। कुछ आलोचकों का कहना है कि दुर्खीम के लिये शिक्षाशास्त्र में अध्यापन करना एक तरह का बौद्धिक सिर दर्द था जिसे दुर्खीम को बाध्य होकर स्वीकार करना पड़ा था। *कोज़र* (Lewis A.Coser) अपनी पुस्तक *मास्टर्स ऑफ सोशियोंलोजीकल थोट्स, 1977* में इस तरह के आरोप को स्वीकार नहीं करते। उनके अनुसार वास्तविकता तो यह है कि दुर्खीम जीवन पर्यन्त शिक्षा के क्षेत्र में अध्यापन करते रहे। दुर्खीम के लिये शिक्षा तो एक ऐसा पाठ्यक्रम था जिसमें समाजशास्त्र की भागीदारी बहुत अधिक थी और यह सब दुर्खीम को पसंद था।

जब दुर्खीम बोर्डियक्स में थे तभी उनका विवाह *लुइस ड्रेफस* (Louise Dreyfus) के साथ हो गया था। उनके दो संतान थी—मेरी और आन्द्रे। इससे अधिक बौद्धिक जगत दुर्खीम के पारिवारिक जीवन के बारे में कोई जानकारी नहीं रखता। ऐसा प्रतीत होता है कि उनकी पत्नी उनके काम के प्रति पूरी तरह समर्पित थी। यह भी ज्ञात होता है कि उनकी पत्नी ने पुस्तकों के प्रूफ रीडिंग और सम्पादन आदि में भी बड़ी सहायता दी थी। इस तरह पति-पत्नी दोनों ने बौद्धिक जीवन की भागीदारी को बराबर बनाये रखा।

इसी बोर्डियक्स विश्वविद्यालय में काम करने की अवधि में दुर्खीम ने अपनी सभी कृतियों के लेखन को पूरा किया। 1893 ई. में दुर्खीम ने *द डिविजन ऑफ लेबर* पुस्तक पर पी. एच. डी. की उपाधि ली। उन्होंने *मोन्टेस्क्यू* पर भी एक प्रबन्ध लिखा। *डिविजन ऑफ लेबर* के बाद उन्होंने सिलसिलेवार अन्य पुस्तकों को प्रकाशित किया।

दुर्खीम के जीवन का उद्देश्य समाजशास्त्र को एक स्वतन्त्र विद्या के रूप में स्थापित करना था। वे इसे एक ऐसा समाज विज्ञान बनाना चाहते थे जिसकी पैठ आम आदमी के जीवन में हो सके। उन्होंने यह निश्चित किया कि बौद्धिकों और सामान्य लोगों की सहानुभूति प्राप्त करने के लिये किसी एक जरनल को अवश्य प्रकाशित करना चाहिये। यह जरनल समाजशास्त्र के प्रति समर्पित होना चाहिये। 1898 ई. में उन्होंने समाजशास्त्र का एक जरनल यानी शोध पत्रिका प्रकाशित की। बहुत शीघ्र यह शोध पत्रिका युवा समाज वैज्ञानिकों को पसन्द आ गयी। विभिन्न विद्याओं के समाज वैज्ञानिक इस पत्रिका के माध्यम से संगठित हो गये। पत्रिका एक ऐसा मंच बन गयी जिसने समाजशास्त्र के अध्ययन के उपागम को पक्का कर दिया। यह इस पत्रिका का निश्चित *ऐजेण्डा* था कि वह अपने वार्षिक अंक में फ्रान्स तथा यूरोप के अन्य भागों में समाजशास्त्र पर जो भी महत्वपूर्ण अनुसंधान कार्य होता है, उसका विश्लेषण करें। *दुर्खीम के इस प्रयास ने जनता और बौद्धिकों तक यह प्रचारित कर दिया कि समाजशास्त्र केवल एक बौद्धिक समाज विज्ञान ही नहीं है, इसका सरोकार समाज की वास्तविक गहराइयों से भी है।* यह स्वीकार करना पड़ेगा कि इस शोध पत्रिका में दुर्खीम ने अपने स्वंय की कलम से बराबर लिखा है। यह इसी पत्रिका में था कि यूरोप सामान्य समस्याओं के बारे में तथ्यात्मक आंकड़े उपलब्ध होते थे।

जिस वर्ष दुर्खीम ने इस शोध पत्रिका को प्रकाशित किया, इसी वर्ष इन्होंने एक महत्वपूर्ण परचा "इनडिविड्यूल एण्ड कलेक्टीव रेप्रजेन्टेशन" प्रकाशित किया। इस परचे ने फ्रान्स में हलचल पैदा कर दी। यह इसलिये कि इसके द्वारा दुर्खीम ने समाजशास्त्र के ऐजेण्डा को–कार्य विधि और उपागम को स्पष्ट किया। यह सत्य है कि इस ऐजेण्डा के प्रकाशित होने के एक युग तक दुर्खीम बराबर इसकी क्रियान्विति में लगे रहे।

बोर्डियक्स विश्वविद्यालय में कोई 9 वर्ष तक काम करने के बाद दुर्खीम की पदोन्नति प्रोफेसर के स्थान पर हो गयी। इस स्थान पर वे बराबर 6 वर्ष तक बने रहे। 1902 ई. तक पहुंचने पर दुर्खीम का स्थान समाजशास्त्रीय सिद्धान्त में पूरी तरह स्थापित हो गया। जीवन पर्यन्त दुर्खीम अपनी शोध पत्रिका का प्रकाशन करते रहे। अपने बौद्धिक जीवन में दुर्खीम ने कई विषयों पर व्याख्यान दिये। आचार, शिक्षा, धर्म, समाजवाद और दर्शनशास्त्र उनके प्रिय विषय थे। ऐसा लगता है कि दुर्खीम व्याख्यान

देने में बहुत कुशल थे और घंटो तक अपने श्रोताओं को मंत्रमुग्ध किये रहते थे। दुर्खीम के इस कौशल से प्रभावित होकर उनके एक विद्यार्थी ने लिखा है:

> वे विद्यार्थी जो दुर्खीम के प्रभाव से भागना चाहते थे, उन्हें उनके पाठ्यक्रम को छोड़ना पड़ता था। लेकिन वे लोग जो दुर्खीम के कोर्स को लेते थे, उनकी विद्वता के प्रभाव से कभी अछूते नहीं रहते थे।

जब दुर्खीम बोर्डियक्स विश्वविद्यालय में थे, उन्हीं दिनों उनकी रूचि धार्मिक प्रघटनाओं के अध्ययन में प्रति जागृत हुई थी। *रोबर्टसन स्मिथ* (Robertson Smith) और ब्रिटेन के मानवशास्त्रीय अध्ययनों ने दुर्खीम को आदिम धर्मों के प्रति आकर्षित किया। उनकी पुस्तक जो धार्मिक जीवन के प्रारम्भिक स्वरूपों पर लिखी गयी है उसमें दुर्खीम के समय-समय पर लिखे निबन्धों का संकलन है।

दुर्खीम का कृतित्व

जैसी फ्रान्सीसियों में रूढ़ि है, दुर्खीम ने अपनी सम्पूर्ण कृतियों को फ्रेन्च भाषा में ही लिपिबद्ध किया। ये सब रचनाएं अंग्रेजी भाषा में भी अनूदित हुई हैं। इधर हमारे देश में भी विभिन्न राज्यों की हिन्दी ग्रन्थ अकादमियों ने दुर्खीम की कुछ लोकप्रिय कृतियों का हिन्दी में अनुवाद किया है। दुर्खीम द्वारा लिखित पुस्तक की एक सूची हम नीचे देते हैं:

(1) डिविजन ऑफ लेबर इन सोसाइटी

(Division of Labour in Society, 1893)

दुर्खीम की यह पहली कृति है। इस पुस्तक पर उन्हें डाक्ट्रेट की उपाधि मिली है।

(2) द रुल्स ऑफ सोशियोलोजीकल मेथड्स

(The Rules of Sociological Methods, 1895)

(3) द स्यूसाइड

(The Suicide, 1897)

(4) द एलिमेन्ट्री फार्मस ऑफ रिलिजियस लाइफ

(The Elementary Forms of Religious Life, 1912)

यदि दुर्खीम की कृतियों के आधार पर उनका विवेचन किया जाये तो बहुत स्पष्ट है कि हमें निम्न तत्वों पर जो सैद्धान्तिक तथा अवधारणात्मक हैं, चिन्तन करना चाहिये:

(1) समाजशास्त्र की अध्ययन विधि एवं सामाजिक तथ्य,

(2) श्रम विभाजन एवं सामाजिक सुदृढ़ता की अवधारणा,

(3) धर्म और,

(4) आत्महत्या।

दुर्खीम की कुछ रचनाएं ऐसी हैं जिनका उनके जीवन काल में किसी तरह प्रकाशन नहीं हो सका। ये रचनाएं महत्वपूर्ण हैं। उनकी मृत्यु के पश्चात् प्रकाशित होने वाली कुछ रचनाएं इस तरह हैं:

(1) सोशियोलॉजी ऑफ एजुकेशन
(Sociology of Education, 1922)

(2) सोशियोलॉजी ऑफ फिलोसोफी
(Sociology of Philosophy, 1924)

(3) मोरल एजुकेशन
(Moral Education, 1925)

इन पुस्तकों को दुर्खीम की मृत्यु के पश्चात् उनकी पत्नी लुइस ड्रेफस ने प्रकाशित किया। कुछ अन्य रचनाएं भी हैं, जिन्हें दुर्खीम की पत्नी की मृत्यु के बाद अन्य स्रोतों ने प्रकाशित किया:

(1) द सोशियलिजम (The Socialism, 1928)

(2) द इवोल्युशन ऑफ पेडागोलोजी इन फ्रान्स
(The Evolution of Pedagology in France, 1938)

(3) लेकस डि सोशियोलोजि
(Lecous de Sociologie, 1950)

(4) मोनटेस्क्यू एण्ड रूसो
(Montesquieue and Rousseau, 1953)

(5) प्रेगमेटिजम एण्ड सोशियोलॉजी
(Pragmatism and Sociology, 1955)

सार्वजनिक जीवन में भागीदारी

यह निश्चित है कि दुर्खीम ने बौद्धिक जगत में अपनी पुस्तकों और फुटकर निबन्धों द्वारा एक महत्वपूर्ण योगदान किया है। इसके अतिरिक्त, बौद्धिक दुनियाँ से बाहर निकलकर भी दुर्खीम ने फ्रान्स के सार्वजनिक जीवन में सक्रिय भूमिका निभाई थी। उन दिनों विश्वविद्यालय व्यवस्था को आम जीवन में मान्यता दिलाने के लिये भी दुर्खीम ने जी तोड़ परिश्रम किया था। विश्वविद्यालय की कई समितियों के वे सदस्य थे। यहाँ

तक की शिक्षा मंत्रालय के वे सहायक भी थे। यह एक महत्वपूर्ण बात है कि दुर्खीम ने अपने पेरिस के जीवन काल में भरसक प्रयत्न किया कि समाजशास्त्र को एक स्वतन्त्र समाज विज्ञान की तरह पेरिस के स्कूलों के पाठ्यक्रम में स्थान मिल सके। उनकी दृष्टि में नागरिक शिक्षा के लिये समाजशास्त्र से अधिक महत्वपूर्ण कोई और समाज विज्ञान नहीं हो सकता था। पहले विश्व युद्ध में जैसा कि हमने कहा दुर्खीम ने जनजीवन के मनोबल को बनाये रखने के लिये कई मोनोग्राफ और पेम्फलेट भी लिखे।

जब पहला विश्वयुद्ध फ्रान्स की दहलीज पर आ गया, तब दुर्खीम ने नैतिक मनोबल के लिये जो कुछ बन पड़ता था, पूरी शक्ति से किया। इधर इनके साथ एक भंयकर हादसा हुआ। उनका पुत्र आन्द्रे जो दुर्खीम के पेरिस विश्वविद्यालय छोड़ने के बाद वहीं से अपनी शिक्षा-दीक्षा समाप्त करके युद्ध में गया था। वहाँ से उसकी मृत्यु की खबर बड़े दिन से पहले जब 1915 में दुर्खीम को मिली तो जैसे दुर्खीम के प्राण ही निकल गये। आन्द्रे भाषाई समाजशास्त्र में निष्णात थे। युद्ध में उनके शरीर पर कई घाव हो गये थे। और इन असाध्य घावों ने ही उन्हें मौत की गोद में सुला दिया। दुर्खीम को आन्द्रे से बड़ी आशाएं थी। उन्हें कुछ ऐसा भरोसा हो गया था कि उनकी मृत्यु के बाद आन्द्रे समाजशास्त्र में उनके ही स्तर का एक समाजशास्त्री बन जायेगा। पर यह सब विधाता को स्वीकार नहीं था। आन्द्रे की मृत्यु के बाद दुर्खीम के पाँव जैसे लड़खड़ा गये, उनकी बौद्धिक श्वास जैसे फूल गयी। लिखने की उन्होंने बहुत कुछ कोशिश की, नैतिकशास्त्र पर वे एक पूरा ग्रन्थ ही लिखना चाहते थे, इन पर एक प्रारंभिक रूपरेखा भी बना ली थी, लेकिन यह सब नहीं हो सका और नवम्बर 15, 1917 में 59 वर्ष की आयु में वे काल कवलित हो गये।

दुर्खीम वस्तुतः एक समर्पित यहूदी थे। उन्होंने अपनी जीवन काल में असाध्य को साधने का प्रयत्न किया। जो कुछ उन्होंने कहा, व्यावहारिक रूप से करके दिखाया। उन्होंने विज्ञान और नैतिकता दोनों को एक सूत्र में बांधकर रखा। यद्यपि दुर्खीम सर्वप्रथम एक फ्रान्सीसी थे, इस पर उन्हें गर्व भी था फिर भी अर्न्तराष्ट्रीय सभ्यता के प्रति उनकी प्रतिबद्धता में कोई कमी नहीं थी। वे चाहते थे कि *ज्ञान और विज्ञान* का एक मात्र उद्देश्य सम्पूर्ण मानव समाज को एक सुखमय जीवन की ओर ले जाना होना चाहिये। कैसी रूचिकर बात है कि एक ही हाड़मांस से बने दुर्खीम ने जीवन के विशिष्ट बौद्धिक एवं ऐतिहासिक संदर्भों में बखूबी अपनी भूमिका को निभाया।

बौद्धिक संदर्भ
(Intellectual Context)

दुर्खीम ने बहुत कुछ पढ़ा लिखा था। वे सीखने के लिये हमेशा प्रस्तुत रहते थे। उनकी

कृतियों में कई पूर्ववर्ती सिद्धान्त वेत्ताओं और दार्शनिकों का प्रभाव देखने को मिलता है। बौद्धिक उधारी में दुर्खीम ने कहीं कोई कोताही नहीं की। यह सब होते हुए भी यह बताना बहुत कठिन है कि दुर्खीम ने किस सिद्धान्तवेत्ता से क्या और कितना उधार लिया और किस आने वाली पीढ़ी को क्या और कितना उधार दिया। शायद इसी कारण दुर्खीम पर पड़ने वाले बौद्धिक प्रभावों को हम अधिक विस्तार के साथ विवरण नहीं दे सकते और इससे आगे हम यदि कुछ कहते हैं तो उसमें अटकल ज्यादा होगी।

फ्रान्स के बौद्धिक इतिहास में दुर्खीम की जड़ें

यद्यपि दुर्खीम पर जर्मनी और ब्रिटिश सामाजिक विचारधारा और सोच का बहुत अधिक प्रभाव था, फिर भी अपने ठेठ स्वरुप में वे फ्रान्सीसी थे। टालकट पारसन्स ने दुर्खीम के जीवन वृत की एक रूपरेखा प्रस्तुत की है। वे इसमें आग्रहपूर्वक कहते हैं कि दुर्खीम कितने ही अधिक अन्तर्राष्ट्रीय दिखें, उनकी जड़े फ्रान्स की सोंधी मिट्टी में जमी हुई थी। वे वस्तुतः फ्रान्स के बौद्धिक इतिहास की कड़ी की एक सशक्त श्रंखला थे। फ्रान्स की बौद्धिक और अकादमिक जो कुछ परम्परा थी, उससे वे बहुत प्रभावित थे। रूसी और मोन्टेस्क्यू के अमिट प्रभाव की छाप दुर्खीम पर स्पष्ट दिखाई देती है। इन्हीं पूर्ववर्ती बौद्धिकों की परम्परा में, पारसंस कहते हैं कि दुर्खीम ने बार-बार सामाजिक सुदृढ़ता की चर्चा की है। *दुर्खीम के पहले उपयोगितावादियों ने यह स्थापित करने का प्रयास किया था कि मनुष्य का व्यवहार निजी आर्थिक हितों द्वारा निर्धारित किया जाता है। यानी मनुष्य का व्यवहार आर्थिक हितों की पूर्ति के लिये होता है।* हॉब्स ने यह स्थापित किया था कि राजनैतिक प्रभुसत्ता ही नागरिक को अपने अधीनस्थ रखती है। हॉब्स की दृष्टि में राजनैतिक प्रभुसत्ता ही सम्पूर्ण मानव व्यवहार को निर्धारित करती है। दुर्खीम ने न तो उपयोगितावादियों की सुनी और न हॉब्स के राजनीतिक संदेश को। *उन्होंने तो तर्क संगत भाषा में केवल यही कहा कि व्यक्ति के व्यवहार का स्वामी अगर कोई है तो समाज ही।* व्यक्ति की नियति तो समाज की नियति से बंधी है।

दुर्खीम जहाँ फ्रान्सीसी रूसो, और हॉब्स के ऋणी हैं—उन्हें अपना प्रेरणा स्रोत मानते हैं, वहीं वे मोन्टेस्क्यू से भी अत्यधिक प्रभावित थे। बौद्धिक इतिहास बताता है कि मार्क्स ने हीगेल से बहुत कुछ लिया था। यह हीगेल ने ही मार्क्स को बताया था कि *सामाजिक और सांस्कृतिक प्रतिक्रियाएँ एक दूसरे से जुड़ी हुई हैं। इधर मोन्टेस्क्यू ने भी दुर्खीम को सिखाया कि समाज के विभिन्न अंग एक दूसरे से अलग नहीं किये जा सकते वैसे गुथे हुए है और इसलिये किसी भी एक भाग को सम्पूर्ण समाज से पृथक करके नहीं समझा जा सकता।* उदाहरण के लिये दुर्खीम कानून को नैतिकता से कभी

पृथक नहीं कहते और इसी तरह व्यापार धन्धों और धर्म को भी वे कानून से अलग रखकर नहीं देखते। वे तो आग्रहपूर्वक *इसी तर्क और आनुभविकता पर दृढ़ हैं कि समाज के सभी विभिन्न अंग अपनी पृथक पहचान रखते हुए भी आपस में जुड़े हुए हैं। कुछ इस तरह का सबक दुर्खीम को मोन्टेस्क्यू से मिला था।*

यह सत्य है कि दुर्खीम जब समाज को *समग्र* (holism) के दृष्टिकोण से देखते हैं तो उन पर मोन्टेस्क्यू की छाप सुस्पष्ट है। इसी संदर्भ में वे समाज की सुदृढ़ता की चर्चा भी करते हैं। *लेकिन शायद मोन्टेस्क्यू से भी अधिक दुर्खीम कॉम्ट और सेन्ट साइमन से प्रभावित थे। दुर्खीम यह कहते हुए नहीं थकते, बार-बार दोहराते हैं कि कॉम्ट और सेन्ट साइमन ने जो बौद्धिक परम्परा चलाई, उसकी निरन्तरता को दुर्खीम ने आगे बढ़ाया है।* दुर्खीम ने एक स्थान पर यह लिखा है कि:—

> सेन्ट साइमन यद्यपि पहले व्यक्ति थे जिन्होंने समाजशास्त्र की अवधारणा को बड़े स्पष्ट रूप से रखा, लेकिन सच्ची बात तो यह है कि उन्होंने समाजशास्त्र का निर्माण नहीं किया।

बौद्धिक क्षेत्र में दुर्खीम ने अगस्त कॉम्ट से बहुत कुछ सीखा है, बहुत कुछ उधार लिया है। यह कॉम्ट थे जिन्होंने सबसे पहली बार यह चौकानें वाली प्राक्कल्पना रखी थी कि *सामाजिक सुदृढ़ता (Social Solidarity) का स्रोत श्रम विभाजन है। दूसरे शब्दों में कॉम्ट ने कहा कि समाज में जितना अधिक श्रम विभाजन होगा सामाजिक सुदृढ़ता उतनी ही अधिक आयेगी।* दुर्खीम ने कॉम्ट की इस प्राक्कल्पना को अपनाया और अधिक दृढ़ता के साथ तर्क संगत रूप में रखा। अपनी श्रम विभाजन पुस्तक में दुर्खीम ने कम से कम 17 स्थानों पर कॉम्ट का संदर्भ दिया है। कॉम्ट श्रम विभाजन में दोहराते हैं कि *समाज को एक सूत्र में बांधे रखने वाली शक्ति नैतिक विश्वास (Moral beliefs) होती है। ये नैतिक विश्वास ही समाज की सुदृढ़ता के आधार होते हैं और इन्हीं पर सामाजिक एकीकरण की अभिप्रेरणा लाने का काम श्रम विभाजन का है। स्पष्ट है, दुर्खीम के इस सोच के पीछे कॉम्ट और सेन्ट साइमन का प्रभाव था।*

जिन लेखकों ने दुर्खीम के जीवन चरित्र को लिखा है उन्होंने इस तथ्य पर जोर दिया है कि जब दुर्खीम समाजशास्त्र के अध्ययन के उपागम निश्चित कर रहे थे तब उन्होंने कॉम्ट को पढ़ना शुरू किया था। कॉम्ट के साथ-साथ उन्होंने *ईमाइल बोट्रोक्स* (Emile Boutroux) और *चार्ल्स रिनोवर* (Charles Renouvier) को भी पढ़ा था। कोज़र कहते थे कि जीवन चरित्र लिखने वालो का यह कथन सही है *लेकिन जिसने कॉम्ट और दुर्खीम की कृतियों को पढ़ा है वह इस तथ्य से प्रभावित हुए बिना नहीं रहेगा कि दुर्खीम और कॉम्ट के विचारों में अत्यन्त निकट का रिश्ता है।* यह निश्चित है कि दुर्खीम पर कॉम्ट के *धर्म विज्ञान* (Theology) सम्बन्धी विचारों और

तात्विक मीमांसाओं (Metaphysics) का कोई प्रभाव नहीं था। कई और बातों में भी दुर्खीम कॉम्ट से सहमत नहीं थे। *यह सब होते हुए भी दुर्खीम कॉम्ट की अध्ययन विधि (Methodology) से बहुत प्रभावित थे। वे कॉम्ट की तरह यह मानकर चलते थे कि सामाजिक व्यवहार के अध्ययन में सम्पूर्ण वैज्ञानिकता आनी चाहिये। कॉम्ट और दुर्खीम का प्रत्यक्षवाद (Positivism) एक समान है।* यहाँ यह भी कहना चाहिये कि दुर्खीम जब यांत्रिक समाजों की सुदृढ़ता से *सामूहिक चेतना* (Collective Conscience) की भूमिका की चर्चा करते हैं, तब यह अवधारणा और कुछ न होकर कॉम्ट की *सर्वसम्मति* (Conscensus) की अवधारणा का बदला हुआ रूप ही है। जब दुर्खीम सामाजिक प्रघटनाओं के *अन्तर्संबंधों* (Interrelatedness) की व्याख्या करते हैं तब निश्चित रूप से वे कॉम्ट और इसी तरह मोन्टेस्क्यू के ऋणी हैं।

18 वीं शताब्दी में जब *ज्ञानोदय* (Enlightenment) की लहर चली तब कॉम्ट ने इस तथ्य का विरोध किया कि व्यक्ति अपने आप में स्वतन्त्र है और समाज सर्वोपरि नहीं है। कॉम्ट ने इस समय *प्रत्यक्षवाद* (Positivism) की भूमिका को रखा। दुर्खीम ने जहाँ एक ओर ज्ञानोदय से अपने आपको जोड़ा वहीं दूसरी ओर उन्होंने प्रत्यक्षवाद को भी महत्ती भूमिका प्रदान की। फ्रान्स के इतिहास के इस युग में जब *ज्ञानोदय* (Enlightment) का विस्तार हो रहा था तब कुछ ऐसे फ्रान्सीसी लेखक थे जो ज्ञानोदय की इस वैचारिकी के विरोध में थे। इन लेखकों में *डि बोनाल्ड* (de Bonald) और *डि मैस्त्री* (de Maistre) तथा उनके तत्कालीन लेखक सम्मिलित हैं। ज्ञानोदय के इस विवाद में *रोबर्ट निस्बेत* (Robert Nisbet) कहते हैं कि यह दुर्खीम के तेवर थे जिन्होंने समाजशास्त्र में विचारों और मूल्यों के अध्ययन के लिये ऐसी वैज्ञानिक विधि प्रस्तुत की जो बोनाल्ड और मैस्त्री की विचारधारा को आगे बढ़ाती है। *दुर्खीम ने बराबर यह स्थापित करने का प्रयास किया कि व्यक्ति हर तरह के समाज पर निर्भर है। समाज के मानक, मूल्य और मुहावरे एकीकृत समाज की घोषणा करते हैं।*

निस्बेत ने दुर्खीम के समर्थन में यह सब कहा है, लेकिन वे यह स्वीकार करते हैं कि उनके पास अपने कथन के समर्थन में प्रमाण नहीं है। ऐसा कहीं संदर्भ *नहीं मिलता कि दुर्खीम ने अपने जीवन में कभी बोनाल्ड और मैस्त्री को पढ़ा हो और इन लेखकों के समर्थन में व्यक्तिवाद का विरोध किया हो।* यह निश्चित है कि दुर्खीम बोनाल्ड और मैस्त्री के नामों से अवश्य अवगत होंगे क्योंकि कॉम्ट ने इन लेखकों का संदर्भ बार-बार दिया है। यह अवश्य है कि दुर्खीम केथोलिक आन्दोलन से प्रभावित हों और इसी कारण वे समाज की प्रभावी शक्ति को स्वीकार करते हों। ये सब बातें, हमें लगता है, केवल अटकलें हैं। हमारा विश्वास है दुर्खीम ज्ञानोदय आन्दोलन के विरोधियों से और विशेषकर बोनाल्ड और मैस्त्री से शायद ही कभी प्रभावित रहे हो।

दुर्खीम पर समकालीन विचारकों का प्रभाव

दुर्खीम पर अपनी पूर्ववर्ती पीढ़ियों का प्रभाव निश्चित रूप से था, लेकिन किस विचारक का प्रभाव किस क्षेत्र में था यह पूरी तरह से नहीं कहा जा सकता। उदाहरण के लिये जैसा कि हमने ऊपर कहा है बोनाल्ड और मैस्त्री से दुर्खीम कितने प्रभावित थे, यह विवादास्पद है। जब हम दुर्खीम पर तत्कालीन विचारकों के प्रभाव को देखते हैं तब कठिनाई नहीं आती। *स्वयं दुर्खीम ने यह स्वीकार किया है कि जब वे पेरिस विश्वविद्यालय में पढ़ रहे थे उन पर इतिहासकार फुस्टेल डि कोलेन्ज (Fustel de Coulanges)* का बहुत अधिक प्रभाव था। इनसे दुर्खीम ने ऐतिहासिक विधि पर आधारित अनुसंधान को सीखा। हमें भी यह प्रभाव स्पष्ट रूप से श्रम विभाजन पुस्तक के ऐतिहासिक खण्ड में देखने को मिलता है। फुस्टेल डि कोलेन्ज ने अपनी पुस्तक द *एनसीएन्ट सीटी* (The Ancient City) में ऐतिहासिक विधि का जिस प्रकार प्रयोग किया है, इससे दुर्खीम अत्यधिक प्रभावित थे।

अपने अन्य अध्यापकों में से दुर्खीम, दार्शनिक बोट्रोक्स से भी काफी कुछ प्रभावित थे। बोट्रोक्स ने वास्तविकता के विभिन्न स्तर निर्धारित किये हैं। इस सम्पूर्ण विवेचन से दुर्खीम अत्यधिक प्रभावित थे। वास्तव में बोट्रोक्स *अ-रुपान्तरणवादी* (Anti Reductionist) सिद्धान्त के प्रणेता थे। *वे दृढ़ता पूर्वक कहते है कि सामाजिक प्रघटनाओं का विश्लेषण गैर-सामाजिक चरों द्वारा नहीं किया जाना चाहिये।* दुर्खीम ने अपनी कृतियों में रुपान्तरण विधि का पूरा विरोध किया है। यह विरोध हमें आत्महत्या के सिद्धान्त निरूपण में देखने को मिलता है।

बोट्रोक्स और कोलेन्ज के अतिरिक्त दुर्खीम अपने समकालीन एक और *नव-कांतवादी* (neo-kantain) दार्शनिक *चार्ल्स रिनोवर* से अत्यधिक प्रभावित थे। वास्तव में रिनोवर सेन्ट साइमन से प्रभावित थे और उन्होंने कॉम्ट के चरणों में बैठकर बहुत कुछ समाजशास्त्र सीखा था। रिनोवर ने अपने जीवन के प्रारंभिक दिनों में जब ई. 1848 में फ्रान्स में क्रान्ति हुई थी एक सक्रिय समाजवादी कार्यकर्ता की तरह काम किया था। लेकिन थोड़े समय बाद उन्होंने अपनी राजनैतिक भागीदारी से अपने आपकों खींच लिया और एक बौद्धिक की तरह काम करने लगे। उन्होंने एक जरनल : *ला क्रिटिक फिलोसोफी* (La Critique Philosophique) के नाम से प्रकाशित किया तथा नेपोलियन तृतीय और तीसरे गणराज्य की अवधि में इस जरनल को सम्पूर्ण फ्रान्स के प्रभावी रूप से स्थापित किया। उस युग में कांत का दबदबा सम्पूर्ण यूरोप पर था। रिनोवर नव कांतवादी थे और उन्होंने अपनी अध्ययन विधि को थोड़े संशोधित रूप से कांत से लिया था। रिनोवर के इस स्वरूप ने दुर्खीम को प्रभावित नहीं किया। लेकिन कुछ मुद्दे ऐसे थे जिन्हें रिनोवर ने उठाया था और उनसे दुर्खीम बहुत अधिक प्रभावित

थे। *रिनोवर ने कहा था कि कुछ विश्वास, आचार और नैतिकता ऐसे कारक हैं जो दर्शनशास्त्र में निहित है और इनका विकास किसी भी राष्ट्र की प्रगति में किया जाना चाहिये। दुर्खीम के आलोचकों का कहना है कि उन्होंने अपनी कृतियों में विश्वास और नैतिकता पर जो दबाव डाला है, उसे रिनोवर से अपनाया है।*

एक अन्य विचारक– *गेब्रिल टार्डे* (Gabriel Tarde) हैं, जिन्होंने दुर्खीम के बौद्धिक विकास को प्रभावित किया है। *वास्तव में, टार्डे दुर्खीम के* मुख्य विरोधी थे। इन दोनों के बीच में बड़ी तीव्र और कभी-कभी कटु आलोचनाएँ होती थी। दोनों ही फ्रान्सीसियों में रूबरू या प्रत्यक्ष रूप से तीखी नोक-झोंक होती थी। इन बहसों ने दुर्खीम के बौद्धिक विकास को नई गति दी। यह कितनी रूचिकर बात है, कि जहाँ एक जैसी विद्वता वाले विचारकों ने दुर्खीम को प्रभावित किया वहीं टार्डे जैसे विरोधियों ने भी दुर्खीम की बौद्धिकता को आगे धकेला। वास्तव में टार्डे एक प्रान्तीय न्यायाधीश थे न कि कोई अकादमिक व्यक्तित्व। लेकिन टार्डे को कुछ विशेष सुविधाएं प्राप्त थी। कानून का जीवन बिताने के कारण टार्डे को धन की कमी नहीं थी और दूसरी तरफ उनके पास इतना अवकाश था कि वे सामाजिक सिद्धान्त की व्यवस्था को विकसित कर सकें। इस शताब्दी के 8 वें और 9 वें दशक में टार्डे ने अपराधशास्त्र और सामाजिक सिद्धान्त के क्षेत्र में कई पुस्तकें प्रकाशित की। *द लाज ऑफ इमिटेशन* (The Laws of Imitation-1890) उनकी सबसे अधिक प्रशंसनीय कृति है। टार्डे अपने जीवन के संध्या काल में पेरिस के एक प्रतिष्ठित कॉलेज में दर्शनशास्त्र के प्रोफेसर बन गये। *टार्डे के सिद्धान्त का बहुत बड़ा नियम यह है कि नये विचार और आविष्कार अनुकरण (Imitation) की प्रक्रिया द्वारा सारे समाज में विकीर्ण हो जाते हैं–समाज उन्हें अपना लेता है। इसी तरह टार्डे कहते हैं कि समाज में जिनका स्थान ऊंचा है वे निम्न लोगों को प्रभावित करते हैं। टार्डे के सिद्धान्त का केन्द्रीय आधार अनुकरण है। वस्तुतः टार्डे एक सामाजिक मनोवैज्ञानिक थे।*

दुर्खीम ने पूरी दृढ़ता और प्रमाणों के साथ टार्डे के सिद्धान्त का विरोध किया। उनका कहना था कि सामाजिक मनोवैज्ञानिक प्रक्रिया कभी भी समाज में एकता और सुदृढ़ता नहीं लाती। *दुर्खीम के अनुसार समाज की सुदृढ़ता तो नयी संरचनाओं या संस्थाओं द्वारा होती है। समाज अपने आप में एक वास्तविकता है, एक सत्य है।*

वास्तव में, यह एक बहुत कठिन अभ्यास होगा यदि हम दुर्खीम के समकालीन विद्वानों के, दुर्खीम पर पड़ने वाले प्रभावों का कोई विश्लेषण प्रस्तुत करें। दुर्खीम के तत्कालीन समाज में कई ऐसे विद्वान थे जिन्होंने दुर्खीम को नयी विचारधारा दी, चिन्तन का नया स्रोत दिया। इन विचारकों में *बोर्डेक्स* (Bardeaux) और *एल्फ्रेड इस्पीनाज* (Alfred Espinas) मुख्य हैं।

फ्रान्स के अतिरिक्त बाहर के विद्वानों का प्रभाव
(Extra-French Influences)

दुर्खीम की लेखन पद्धति और वैचारिकी पर फ्रान्स के विद्वानों का पर्याप्त प्रभाव था। मोन्टेस्क्यू और रूसों ने समाज की सुदृढ़ता पर जो कुछ लिखा था, उसने दुर्खीम को प्रभावित किया था। दुर्खीम ने उपयोगितावादियों और हॉब्सवादी विचारकों को पढ़ा और उनके प्रति अपना विरोध व्यक्त किया। दुर्खीम के लिये आर्थिक निर्धारणवाद अधिक महत्वपूर्ण नहीं था। वे तो विश्वास और मूल्यों पर जोर देते थे। कॉम्ट, दुर्खीम के मार्गदर्शक थे, दार्शनिक थे। कुछ इसी तरह सेन्ट साइमन ने भी दुर्खीम को प्रभावित किया। साइमन ने समाजशास्त्र को स्पष्ट अवधारणा में तो रखा पर उसका सृजन नहीं किया। बोनाल्ड और मेस्त्री भी दुर्खीम के पूर्ववर्ती पीढ़ी के थे जिनसे वे पर्याप्त रूप से प्रभावित थे।

दुर्खीम का प्रभाव क्षेत्र केवल फ्रान्स की चहार दीवारी तक ही सीमित नहीं था। यूरोप के अन्य विद्वानों की कृतियों का भी उन पर प्रभाव देखने को मिलता है। फ्रान्स के बाहर के विचारकों में जिन्होंने दुर्खीम को प्रभावित किया *हर्बट स्पेन्सर* (Herbert Spencer) का नाम अग्रणी है। श्रम विभाजन पुस्तक में दुर्खीम ने स्पेन्सर का संदर्भ कोई 40 बार दिया है। शायद सबसे अधिक संदर्भ स्पेन्सर का ही है। *यहाँ यह भी स्वीकार करना पड़ेगा कि यद्यपि स्पेन्सर ने जो कुछ लिखा था, जो कुछ उनके आधार वाक्य (Premise) थे उनसे दुर्खीम पूरी तरह असहमत थे, फिर भी जीवन पर्यन्त वे स्पेन्सर के माया जाल में फंसे रहे। स्पेन्सर का यह मन्त्र दुर्खीम पर तब अधिक प्रभावशाली था जब वे श्रम विभाजन पुस्तक को लिख रहे थे।*

स्पेन्सर ने अपने आधार वाक्य में इस तथ्य पर जोर दिया है कि *समाज में व्यक्ति सर्वोपरि है। व्यक्ति को सुख और समृद्धि उसके स्वयं के प्रयासों से ही मिल सकती है। दुर्खीम को स्पेन्सर का यह आग्रह एकदम अस्वीकार था। सामाजिक व्यवस्था को बनाये रखने का काम व्यक्ति द्वारा की गयी सुख प्राप्त करने की खोज नहीं कर सकती।* इससे भी आगे, दुर्खीम ने तर्क दिया कि सुख की प्राप्ति समाज से ही पैदा होती है, समाज ही सुख का सूचक है । यदि हम दुर्खीम को स्पेन्सर के संदर्भ में देखें तो बहुत स्पष्ट शब्दों में कहेंगे कि उन्होंने स्पेन्सर की व्यक्तिवादी विचारधारा को एकदम अस्वीकार कर दिया। दुर्खीम का तो कहना था कि समाज के निर्माण में व्यक्ति तो केवल कटे-कटाये, गढ़े-गढ़ाये पत्थर हैं जो भवन को बनाते हैं।

ठीक है कि दुर्खीम स्पेन्सर से असहमत थे, लेकिन बौद्धिक जीवन के कई अन्य क्षेत्रों में दुर्खीम गहराई से स्पेन्सर से उपकृत थे। दुर्खीम के उद्विकास सम्बन्धी विचारों

पर स्पेन्सर का बहुत बड़ा प्रभाव था। स्पेन्सर ने यह स्थापित किया कि समाज का उद्विकास असंगतिपूर्ण सजातीयता से संगतपूर्ण सजातीयता की ओर बढ़ा है। स्पेन्सर के इस प्रतिपादन में अस्पष्टता अधिक है। दुर्खीम ने इसमें सुस्पष्टता रखी और कहा कि सामाजिक उद्विकास की रेखा *यांत्रिक समाज* (Mechanical Society) से आगे बढ़ कर *सावयवी समाज* (Organic Society) तक पहुँचती है। दुर्खीम ने श्रम विभाजन में समाज के इस उद्विकास को बहुत स्पष्ट रूप से रखा है। वे कहते हैं कि जहाँ यांत्रिक समाज में सुदृढ़ता का कारण सामूहिक चेतना और दमनात्मक कानून होते हैं, वहाँ सावयवी समाज की सुदृढ़ता, संविदा तथा पारस्परिक निर्भरता पर आधारित होती है। यद्यपि दुर्खीम का उपागम पूरी तरह से स्पेन्सर से भिन्न है फिर भी स्पेन्सर ने जिन बुनियादी मुद्दों को प्रस्तुत किया है, उसे दुर्खीम ने दृढ़ता के साथ आगे बढ़ाया है और यही स्पेन्सर की दुर्खीम को देन है और यही दुर्खीम पर स्पेन्सर का ऋण है।

दुर्खीम को उनके जीवन के संध्याकाल में ब्रिटिश मानवशास्त्री *विलियम रोबर्टसन स्मिथ* (William Robertson Smith) ने भी बहुत अधिक प्रभावित किया। स्मिथ की पुस्तक *लेक्चर्स ऑन द रिलिजन ऑफ द सेमिट्स* (Lectures on the Religion of the Semities, 1886) प्रकाशित हुई तो इसने सम्पूर्ण फ्रान्स को उद्वेलित कर दिया। स्मिथ ने स्थापित किया कि दुनियाभर के धर्मों का प्रारंभिक स्वरूप उनकी *धर्म विधि* (Ritual) मात्र थी। इस संदर्भ में स्मिथ का तर्क था कि हमें धार्मिक संस्थाओं और धर्मावलम्बियों के बीच के सम्बन्धों का अध्ययन करना चाहिये। समाजशास्त्री यदि धर्म के विश्वासों के अध्ययन तक अपने आपको सीमित रखता है, तो उसे कुछ नहीं मिलेगा। *महत्वपूर्ण बात तो धर्म और धर्मावलम्बियों के बीच के सम्बन्धों की है। स्मिथ के इस अभिप्रेरण ने दुर्खीम को झकझोर दिया। उन्होंने अपने अध्ययन का केन्द्र विश्वास व्यवस्था को न बनाकर धर्मावलम्बियों के समूह को बनाया।* जो कुछ दुर्खीम ने धर्म की अवधारणाओं में पवित्र और प्रोफेन–रखा है उस पर स्मिथ की अमिट छाप है।

दुर्खीम की रचनाओं में जर्मनी के विचारकों का प्रभाव भी देखने को मिलता है। इस सम्बन्ध में *इमेन्यूल कांत* (Immanuel Kant) उनके बहुत निकट थे। कांत की *ज्ञान मीमांसा* (Epistemology) और सामान्य दर्शनशास्त्र के प्रति दुर्खीम अधिक आकर्षित नहीं थे। लेकिन जहाँ कांत ने नैतिकता के दर्शनशास्त्र को प्रस्तुत किया है, दुर्खीम उससे अत्यधिक मोहित थे। यह बात नहीं है कि दुर्खीम कांत को बिना किसी विवाद के स्वीकार कर लेते हैं। उदाहरण के लिये जब दुर्खीम विचारों के सामाजिक उद्गम की समय तथा स्थान के आधार पर मीमांसा करते है, तब वे कांत द्वारा प्रस्तुत मानव मस्तिष्क की श्रेणियों को अस्वीकार करते हैं। लेकिन जहाँ वे नैतिकता की बात

हैं, नैतिक आधारों की चर्चा करते हैं, बराबर कांत से विचारों को उधार लेते हैं। कांत ने एक स्थान पर लिखा है कि हम अपनी गतिविधियों को इसलिये नहीं करते कि इनसे हमारे स्वार्थ या हित पूरे होते हैं। हमारे लिये नैतिक होना आवश्यक है और इसी नैतिकता के दबाव से हम क्रियाओं को करते हैं। कांत के इस प्रकार के कथन दुर्खीम को स्वीकार थे। इस तरह से जर्मन दार्शनिकों में कांत की छाप हमें स्पष्ट रूप से दुर्खीम के सिद्धान्तों में देखने को मिलती हैं।

सच्चाई यह है कि 18 वीं शताब्दियों में यूरोप में जर्मनी और फ्रान्स अपने बौद्धिक विकास के चरम उत्कर्ष में थे। यह कहना गलत नहीं होगा कि काल की इस अवधि में यूरोप के इन विचारकों ने अकादमिक क्षेत्र में सम्पूर्ण यूरोप का नेतृत्व किया। तब अमेरिका तो अपने शैशव काल में था। जर्मन विचारकों ने *सीमेल* (Simmel) *गमप्लोविज* (Gumplowicz) तथा *टॉनीज* (Tonnies) के नाम मुख्य हैं। फर्डिनेन्ट टॉनीज ऐसे जर्मन विचारक थे जिनसे दुर्खीम अत्यधिक प्रभावित थे। टॉनीज ने *जैमीन शाफ्ट* (Gemeinschaft) तथा *जैसीलशाफ्ट* (Gesellschft) की अवधारणाओं को रखा है। ये अवधारणाएँ वस्तुतः अविकसित और विकसित समाजों की है। जब टॉनीज जैमीनशाफ्ट समाज की व्याख्या करते हैं तो उनका तात्पर्य सावयवी समाज से हैं जो बहुत आकर्षक है, जो बहुत स्वाभाविक और प्राकृतिक है। दुर्खीम ने टॉनीज के इस वर्गीकरण की विधि को तो स्वीकार किया लेकिन टॉनीज के बिल्कुल विपरीत लिखा कि आधुनिक समाज सावयवी है (जबकि टॉनीज के लिये आदिम समाज सावयवी है), इसमें अधिक प्रगतिशीलता है और महत्वपूर्ण बात यह है कि यह समाज अपेक्षित है। *रूचिकर बात यह है कि जहाँ जर्मन विचारधारा आग्रहपूर्वक यह मानती है कि यूरोप का अतीत एक सुनहला युग था, वहाँ दुर्खीम और फ्रान्सीसी सोच बराबर यह कहता रहा कि सुनहला युग भविष्य में है–पीछे नहीं, आगे है।*

शायद दुर्खीम पर बहुत बड़ा प्रभाव *वुण्ट* (Wilhelm Woundt) का है जिसे वे व्यक्तिगत रूप से भी जानते थे। वुण्ट को *प्रयोगात्मक मनोविज्ञान* (Experimental Psychology) का जनक मानते हैं। लेकिन इन्होंने समाज विज्ञान के क्षेत्र में भी अधिकृत रूप से काम किया है। वुण्ट का बहुत बड़ा योगदान यह है कि उन्होंने मनुष्य के प्राकृतिक इतिहास पर दस जिल्दों की एक पुस्तक लिखी है। *इस पुस्तक में वुण्ट ने भाषा मिथक और आचार के उद्विकास के नियमों का विश्लेषण किया है। यहाँ पर वुण्ट इस चर्चा को उठाते हैं कि प्रत्येक समूह की एक आत्मा (Volksseele) होती है। यह आत्मा ही समूह को एक सूत्र में बांधे रखती है।* यहाँ दुर्खीम वुण्ट के बहुत निकट आ जाते हैं। दुर्खीम ने यांत्रिक समाजों में जिस सामूहिक चेतना (Conscience Collective) की चर्चा की है, वह वस्तुतः समूह की आत्मा की चर्चा है। वास्तव में

वुण्ट का योगदान, जर्मन अकादमिक जीवन में बहुत अधिक है। उन्होंने बराबर सत्तर वर्ष तक सृजनात्मक काम किया। उन्होंने लगभग 53,735 पृष्ठों को स्याह किये हैं। *सत्तर वर्ष की इस सृजनात्मक अवधि में यदि हिसाब करें तो वुण्ट ने प्रति दो मिनट में एक शब्द लिखा है और इसमें रात और दिन दोनों शामिल है। दुर्खीम इस सबसे कितना प्रभावित थे, बताना कठिन है। लेकिन एक बात निश्चित है; उनकी दृष्टि में वुण्ट एक ऐसे विचारक थे जो किसी भी कर्मठ कलम के सिपाही की तरह अपनी रचना के सृजन में रात और दिन जूझते रहे।* वुण्ट का यह सबक दुर्खीम के लिये बहुत उपयोगी था।

उपसंहार
(Conclusion)

दुर्खीम का जीवन काल कोई 59 वर्ष का था। इस अवधि में उन्होंने समाजशास्त्र को बहुत कुछ दिया। वे एक दार्शनिक थे लेकिन साथ ही एक समाजशास्त्री भी थे। विज्ञान की दृष्टि से उन्हें *प्रत्यक्षवादी* (Positivist) कहते हैं। उन्होंने यद्यपि कोई सामाजिक सर्वेक्षण नहीं किया, फिर भी वे आनुभविक वैज्ञानिक थे। पारसंस ने दुर्खीम के जीवन चरित्र की विश्लेषणात्मक व्याख्या की है। वे कहते हैं कि आज समाजशास्त्र के क्षेत्र में ज्ञान का अपार भण्डार है–कई अवधारणाएँ और सिद्धान्त हैं, कई अध्ययन पद्धतियाँ और प्रकार्य हैं। *फिर भी सावयवी समाज में संविदा की जो प्रकृति है, आत्महत्या की दर है, और आदिम समाज में धार्मिक व्यवस्था है, इसमें दुर्खीम अपना कोई सानी नहीं रखता है। वे समाजशास्त्र के अत्यधिक प्रभावशाली उद्यमकर्ता थे। वे एक सफल अध्यापक, चोटी के सम्पादक, एक सशक्त और सृजनात्मक समूह के नेता तथा शोधकर्ता थे।*

ये सब गुण जो दुर्खीम में थे, उन्हें एक वैज्ञानिक ज्ञानशाखा में उच्च स्थान के संस्थापक नहीं बनाते। दुर्खीम की श्रेष्ठता तो इस तथ्य में है कि उन्होंने अपने समय की बौद्धिक परम्पराओं को एक ठोस धरातल पर रखा। उनकी श्रेष्ठता का कारण अपने समय के ब्रिटिश उपयोगितावाद को, जर्मनी के आदर्शवाद को तथा अपने स्वयं की फ्रान्सीसी पृष्ठभूमि को, एक ऐसी सैद्धान्तिक रूप रेखा में रखना था जो एक तरफ तो अकादमिक परम्परा को निभाती है और दूसरी तरफ अत्यधिक मौलिक भी है। दुर्खीम ने जो कुछ लिखा, वह यूरोप की बौद्धिक परम्परा में था। उन्होंने अपने रचना धर्म में तत्कालीन समाज द्वारा प्रस्थापित ज्ञान को बराबर ध्यान में रखा लेकिन इस ज्ञान के अहाते से वे बाहर भी निकले। अपनी रचनाओं में दुर्खीम एकदम साफ सुथरे हैं। उन्होंने अपने कथन को तार्किक संरचना में रखा है, उसे कल्पना की उड़ान दी है और

सामाजिक प्रघटनाओं को नये परिप्रेक्ष्य में देखा है। उन्होंने समस्याओं की स्पष्ट परिभाषा दी है और निर्वचन को नये क्षितिज दिये है।

दुर्खीम ने जिन समस्याओं को उठाया है, उनमें सबसे बड़ी समस्या सामाजिक व्यवस्था की है। श्रम विभाजन के विश्लेषण में उन्होंने दृढ़तापूर्वक कहा कि कितना ही अधिक औद्योगिकरण और नगरीकरण आये, भयभीत होने की कोई बात नहीं। उनका सूत्र है: जिनक अधिक श्रम विभाजन, उतनी ही अधिक समाज की दृढ़ता। दुर्खीम ने प्रत्यक्षवादी होने के नाते सामाजिक तथ्य को अध्ययन विधि का महत्वपूर्ण नियम बताया। धर्म की व्याख्या करते हुए उन्होंने वस्तुतः संस्कृति के सिद्धान्त को प्रतिपादित किया। इस सिद्धान्त में उन्होंने धर्म, मूल्य, नैतिकता तथा प्रतीकों को रखा है। सामूहिक चेतना और सामूहिक प्रतिनिधान इसी सांस्कृतिक सिद्धान्त के अंग है। दुर्खीम की बहुत बड़ी विशेषता समाज के बारे में उनकी समझ है। वे इससे आश्वस्त हैं कि समाज सर्वोपरि है, परमेश्वर है, और कोटि-कोटि व्यक्ति इस समाज के प्रभुत्व के सामने नतमस्तक होकर खड़े रहते हैं। पारसंस दुर्खीम के जीवन वृत को बखूबी अकादमिक रूपरेखा में बांधते हुए लिखते है:

> कुछ मुट्ठीभर लोग ऐसे होंगे, जिन्होंने बौद्धिक इतिहास में वैज्ञानिक संस्कृति के विकास के लिये इतना योगदान दिया हो, जो दुर्खीम ने दिया है।

अध्याय 3

समाज में श्रम विभाजन : सामाजिक सुदृढ़ता और प्रकार्यात्मक विश्लेषण

(Division of Labour in Society : Social Solidarity and Functional Analysis)

विविध संस्कृति, भाषा, धर्म और जातियों के लोग किस प्रकार एक समाज को बनाते हैं? इस प्रकार के समाज में व्यक्ति किस भाँति अपने निजी हितों की पूर्ति करते हैं ? दूसरे शब्दों में, व्यक्तियों की विविधता में समाज की एकता किस प्रकार बनी रहती है? ये सब प्रश्न व्यक्ति और समाज के सम्बन्धों के दायरे में आते हैं। सम्बन्धों को लेकर पूछा जा सकता है : व्यक्ति अपने निर्णय में स्वतन्त्र है या समाज के निर्णय व्यक्ति के लिये अंतिम निर्णय हैं ? व्यक्ति और समाज के बीच में सर्वोपरि कौन हैं ? ये सब प्रश्न असुविधाजनक हैं। इन्हें दार्शनिक प्रश्न भी कहा जा सकता है। लेकिन जब पूरा का पूरा समाज औद्योगिक क्रान्ति की चपेट में आ जाता है या किसी युद्ध में संकटग्रस्त हो जाता है, और जब इसकी ऐतिहासिक एकता में दरारें आ जाती हैं, तब हमारे ये प्रश्न दार्शनिक न रहकर वास्तविक बन जाते हैं। इनके उत्तर में ही समाज की एकता का निदान निहित है।

दुर्खीम की पुस्तक *श्रम विभाजन* की केन्द्रीय समस्या समाज की सुदृढ़ता है—व्यक्ति और समाज के सम्बन्ध हैं। *श्रम विभाजन* पुस्तक द *डिविजन ऑफ लेबर* (The Division of Labour, 1893) दुर्खीम की पहली कृति है। इसी पर उन्होंने डाक्टेरेट की उपाधि प्राप्त की। इस पुस्तक पर अगस्त कॉम्ट का प्रभाव बहुत स्पष्ट हैं। पारसंस, इस पुस्तक की व्याख्या द *स्ट्रक्चर ऑफ सोशल एक्शन* में करते हैं। उनका

कहना है कि *सामाजिक विचारों के इतिहास में श्रम विभाजन एक महत्वपूर्ण मील का पत्थर है।* कुछ सीमित लोगों को छोड़कर साधारण पाठकों ने इस पुस्तक को वह मान्यता नहीं दी हैं जो इसे मिलनी चाहिये। यह भी सत्य है कि यह पुस्तक तर्क एवं केन्द्रीय बिन्दुओं पर बराबर अस्पष्ट है। जिन विचारों को दुर्खीम ने अपनी आगे की रचनाओं में स्पष्ट किया है, इस पुस्तक में वे बराबर धुंधली हैं। पारसंस की इस टिप्पणी के सही होते हुए भी, निर्विवाद रूप से *श्रम विभाजन* एक महत्वपूर्ण ग्रन्थ है जिसकी प्रासंगिकता आज भी तीसरी दुनियाँ के देशों के लिये बनी हुई है। इन देशों में भी हाल के चार दशकों में औद्योगीकरण हुआ है। ये देश भी हाल में स्वतन्त्र बने हैं। इनकी समस्या विभिन्न धर्मों, संस्कृतियों, भाषा समूहों और एथनीसीटी को स्वायत्तता देते हुए राष्ट्र निर्माण का कार्य करना है। इस संदर्भ में शायद दुर्खीम की जितनी प्रासंगिकता इन देशों में है, यूरोप के देशों में नहीं।

श्रम विभाजन पुस्तक में क्या है ?

श्रम विभाजन पुस्तक की कोई भी व्याख्या व्यक्ति और समाज के बीच के सम्बन्धों के बिना नहीं हो सकती। समाज कैसा भी हो, उसमें ठहराव नहीं होता, उसमें गतिशीलता होती है। आदिम समाज देखते-देखते बदलकर आधुनिक समाज बन जाता है। *मतलब हुआ समाजों में गैर बराबरी आ जाती है। निश्चित रूप से किसी गाँव का समाज शहर के समाज से भिन्न होता है। इस भिन्नता का कारण व्यक्तियों में आने वाली भूमिकाओं की भिन्नता है।* जब व्यवसाय, शिक्षा, उद्योग, संचार, सभी बदलने लगते हैं, तो इस बदलते हुए परिवेश में कुछ व्यक्ति बदल जाते हैं और कुछ में बदलाव नहीं आता। व्यक्तियों का यह सामाजिक और आर्थिक *विभेदीकरण* (Differentiation) समाजों में भी विभेदीकरण ले आता है। एक समाज, इस तरह, दूसरे समाज से भिन्न होता है। ऐसे विभेदपूर्ण समाज को एक सूत्र में बांधने का काम *आचार* (Morals) करते हैं।

डिविजन ऑफ लेबर की भूमिका में दुर्खीम ने अपनी पुस्तक लिखने के उद्देश्य को स्पष्ट शब्दो में रखा है :

> कुल मिलाकर यह पुस्तक एक ऐसा प्रयास है जिसमें नैतिक जीवन की व्याख्या प्रत्यक्षवादी विज्ञानों की विधि द्वारा की गयी है।

दुर्खीम की तरह पेरेटो ने भी कुछ इसी तरह का मुहावरा दिया था। समस्या समाज को एक सूत्र में बांधे रखने की है, जिसमें विविध जातियों, वर्गों और भाषाई समूह के सदस्य हों। दुर्खीम समाजों को मुख्यतया *अविभेदीकृत (Undiffrerntiated) और विभेदीकृत (Differentiated) श्रेणियों में रखते हैं। अविभेदीकृत समाज यांत्रिक*

(Mechanical) हैं, जबकि विभेदीकृत समाज *सावयवी* (Organic) हैं। इन दोनों समाजों के संदर्भ में दुर्खीम की रूचि उन कारकों और चरों को जानने की हैं जिनके कारण इन समाजों की एकता या सुदृढ़ता बनी रहती है। वे कहते हैं कि विभिन्न श्रम विभाजन के होते हुए भी, सुदृढ़ता तो दोनों ही समाजों में देखने को मिलती है, यद्यपि सुदृढ़ता का स्वरूप और प्रकृति अवश्य बदल जाते हैं।

समाज में श्रम विभाजन पुस्तक की विषय सामग्री
(Subject Matter of the Division of Labour in Society)

19 वीं शताब्दी में जिस श्रम विभाजन का विश्लेषण दुर्खीम ने अपनी पुस्तक में किया है, वह कोई नया श्रम विभाजन नहीं था। बहुत समय पहले अर्थशास्त्री *एडम स्मिथ* (Adam Smith) ने श्रम विभाजन पर एक सिद्धान्त बनाने का प्रयास किया था। बाद में चलकर श्रम विभाजन पर कई प्रमाणित अनुसंधान कार्य प्रकाशित हुए। दुर्खीत इस तथ्य से अवगत थे। वे बदलते हुए परिप्रेक्ष्य में यूरोप के समाज के लिये श्रम विभाजन की भूमिका का मूल्यांकन करना चाहते थे। उन्होंने पुस्तक की भूमिका में अपने अध्ययन की समस्या को क्रमबद्धता से प्रस्तुत किया है।

उनकी यह पुस्तक तीन खण्डों में बंटी है। पुस्तक में कुल सोलह अध्याय हैं। पुस्तक का पहला खण्ड इस विषय पर है कि श्रम विभाजन की आवश्यकता किसी भी समाज को किसलिये होती है ? वे इस खण्ड में कुछ अपरम्परागत बातें लिखते हैं। उदाहरण के लिये *श्रम विभाजन की आवश्यकता किसी भी सभ्यता को पैदा करने के लिये नहीं होती।* वास्तव में श्रम विभाजन का उद्देश्य तो अपने-अपने धन्धे में कुशलता और दक्षता रखने वाले लोगों को या लोगों के समूहों को एक सूत्र से जोड़ना है। *दुर्खीम की सशक्त प्राक्कल्पना यह है कि श्रम विभाजन समाज के सदस्यों में सम्बद्धता (cohesion) लाता है।*

अपनी प्राक्कल्पना को प्रमाणित करने के लिये हमें विभिन्न समाजों में पायी जाने वाली सुदृढ़ता का तुलनात्मक अध्ययन करना चाहिये। सुदृढ़ता की यह तुलना कानून व्यवस्था द्वारा की जा सकती है। इसी आधार पर वे दो प्रकार की सुदृढ़ताएँ पाते हैं : *यांत्रिक सुदृढ़ता* (Mechanical Solidarity) और *सावयवी सुदृढ़ता* (Organic Solidarity)। यांत्रिक समाज वस्तुतः अविकसित या आदिम समाज है। इन समाजों में अपराध की बहुलता होती है। यदि इन अपराधों का जो आदिम समाज में पाये जाते हैं, विश्लेषण करें तो इनके पीछे जो कारण मिलते हैं, वे लगभग एक जैसे हैं : (1) ऐसे अपराध जो लोगों की भावनाओं को ठेस पहुँचाते हैं, (2) ये भावनाएँ (Sentiments) बहुत गहरी होती है, (3) लोग इन भावनाओं को समझते हैं, इन्हें परिभाषित भी करते

हैं। *इसका मतलब यह हुआ कि लोगों की दृष्टि में वह क्रिया अपराध है जो आम लोगों की भावनाओं को आघात पहुँचाती है।* मतलब हुआ वे क्रियाएँ जो सामूहिक चेतना को ठेस पहुँचाती हैं, अपराध हैं। दुर्खीम यांत्रिक समाजों में इस प्रकार की *सामूहिक चेतना* (Conscience Collective) की पहचान करते हैं। इस समाज में जो भी सुदृढ़ता और सम्बद्धता मिलती है, इसके पीछे परम्परागत कानून महत्वपूर्ण हैं। *परम्परागत कानून की आत्मा या अन्तर्वस्तु सामूहिक चेतना है।*

अपनी पुस्तक के इसी पहले खण्ड में दुर्खीम यांत्रिक सुदृढ़ता के बाद *सावयवी सुदृढ़ता* (Organic Solidarity) का विश्लेषण करते हैं। इस समाज को बांधे रखने का काम भी कानून ही करता है। लेकिन यह कानून यांत्रिक समाज के कानून से भिन्न होता है। *जहाँ यांत्रिक समाज के कानून की प्रकृति दमनकारी (Repressive) होती है, वहाँ सावयवी समाज का कानून पुनर्रास्थापन (Restitution) होता है। आदिम समाजों में कानून दण्ड देकर व्यवस्था को बनाये रखता है। सावयवी समाज जो वस्तुतः औद्योगिक-पूँजीवादी होता है, उसमें कानून दण्ड देने के अतिरिक्त व्यक्ति को समाज में प्रतिष्ठा के साथ रहने का पुनः अवसर देता है। इसी कारण इसे पुनरास्थापन कानून कहते हैं।*

इसी पहले खण्ड में दुर्खीम विभिन्न तथ्यात्मक सामग्री द्वारा यह स्थापित करते हैं कि यांत्रिक तथा सावयवी समाजों में सुदृढ़ता का बहुत बड़ा आधार कानून होता है। आदिम समाजों में यह कानून प्रायः अलिखित और परम्परागत होता है। सावयवी समाज में कानून प्रजातांत्रिक और सहयोगी होता है। इस खण्ड के अन्त में दुर्खीम यह स्थापित करते हैं कि किसी भी समाज की सुदृढ़ता उसके कानून तथा नैतिक एवं सामाजिक जीवन पद्धति पर निर्भर करती है।

दुर्खीम की श्रम विभाजन पुस्तक का दूसरा खण्ड एक अर्थ में सैद्धान्तिक है। वे एक महत्वपूर्ण मुद्दा उठाते हैं, वह यह कि आखिर श्रम विभाजन की आवश्यकता समाज को क्यों है ? यह प्रश्न दुर्खीम ने ही उठाया हो, ऐसा नहीं है। कई अन्य लोगों ने भी उठाया है। महत्वपूर्ण बात यह है कि दुर्खीम ने इस प्रश्न का उत्तर अपने आचार परिप्रेक्ष्य में दिया है। *अर्थशास्त्रियों का कहना है कि श्रम विभाजन मनुष्य की सुख-शान्ति की आवश्यकताओं को पूरा करने के लिये होता है।* इसका मतलब यह हुआ कि जब जब श्रम विभाजन विकसित होता है तब तब हमारी आवश्यकताओं की पूर्ति हो जाती है। उपयोगितावादी आगे चलकर कहते हैं कि *आवश्यकताओं की जितनी अधिक पूर्ति होगी, आदमी को उतनी ही अधिक सुख-शांति (Happiness) मिलेगी। उपयोगितावादियों का सूत्र है : अधिक आवश्यकताओं की पूर्ति यानी अधिक सुख शांति की प्राप्ति।*

दुर्खीम इस खण्ड में उपयोगितावादियों की श्रम विभाजन की इस व्याख्या से असहमति बताते हैं। *उनका कहना है कि इतिहास के हर क्षण में जो भी सुख-शान्ति प्राप्त होती है, सीमित होती है।* इसका मतलब यह हुआ कि एक सीमा तक जब सुख-शान्ति मिल जाती है, तो उसके बाद मे श्रम विभाजन रुक जायेगा– आगे और श्रम विभाजन नहीं होगा। अब आगे चलकर दुर्खीम कहते हैं कि जब आदमी बदल जाता है और सुख-शांति कम हो जाती है तब हमारे प्रसन्न होने का और क्या साधन हो सकता है।

वास्तव में सुख-शान्ति स्वास्थ्य की एक स्थिति है। यदि स्वास्थ्य को देखें तो निश्चित रूप से एक *बहशी* (Savage) का स्वास्थ्य सभ्य आदमी के स्वास्थ्य की तुलना में बढ़िया होता है। बहशी अपने जीवन में जिस सुख-शांति का अनुभव करता है, वह सभ्य समाज में नहीं मिलता। सभ्य समाज का आदमी तो हर बार किसी सातवीं मंजिल से छलांग लगाकर या छत के हुक से लटक कर या किसी अन्य साधन से आत्महत्या करने पर सदैव उद्विध्न होता है। *इस तरह का अध्ययन जो सुख शान्ति और श्रम विभाजन से जुड़ा है,* दुर्खीम की पुस्तक के इस दूसरे खण्ड की विषय सामग्री है।

इसी खण्ड में दुर्खीम श्रम विभाजन के पीछे जो बुनियादी कारण हैं, उनका विस्तृत विवेचन करते हैं। दुर्खीम का कहना है कि श्रम विभाजन के साथ-साथ *आचार का घनत्व* (Moral density) भी बढ़ता जाता है। इसके कई प्रतीक हैं। यहाँ दुर्खीम स्पेन्सर के सिद्धान्त का उल्लेख करते हैं। वे कहते हैं कि श्रम विभाजन बढ़ने के साथ-साथ व्यक्तियों का विभेदीकरण भी बढ़ता जाता है। दुर्खीम श्रम विभाजन के प्राथमिक कारणों का विवेचन करने के बाद द्वैतीयक कारणों की व्याख्या करते हैं। इन कारणों में वे आनुवंशिकता को बहुत बड़ा कारण मानते हैं।

श्रम विभाजन के तीसरे खण्ड में वे समाज के उस भाग का विवेचन करते हैं, जिसमें श्रम विभाजन के कारण *असामान्य स्वरूपों* (Abnormal Forms) मिलते हैं। यह सामान्य स्वरूप आर्थिक जीवन में उस समय दिखाई देते हैं जब श्रमिक बंट जाते हैं, उनमें विघटन आ जाता है, और औद्योगिक संकट पैदा हो जाता है। श्रमिक एक दूसरे के विरोधी हो जाते हैं। *कुछ श्रमिकों की तरह ही जब वैज्ञानिक श्रम (Scientific Labour) में विशेषीकरण आ जाता है, तब वैज्ञानिकों में भी विघटन पैदा हो जाता है।* श्रम विभाजन की समस्या के कई पहलू हैं और उनके अध्ययन की उपेक्षा नहीं की जा सकती।

दुर्खीम ने श्रम विभाजन के विश्लेषण में वर्ग संघर्ष का उल्लेख भी किया है। जब

एक व्यक्ति श्रम करता है और उसका अनुकूलन कारखाने में नहीं होता है तो उसके लिये वह काम ऊपर से थोपा हुआ हो जाता है। मजदूर कारखाने के श्रम को थोपा हुआ इसलिये मानता है कि उसके काम करने की दशाएं अच्छी नहीं होती। वास्तव में श्रम विभाजन की प्रत्येक प्रक्रिया में गैर-बराबरी तो होती ही है। जब सावयवी समाज की सुदृढ़ता बढ़ती है, तब दुर्खीम का कहना है कि गैर बराबरी कम होने लगती है। इसका कारण मजदूरों का संगठित होना है। दुर्खीम मानते हैं कि किसी भी सावयवी समाज में अनुबन्धात्मक सुदृढ़ता सामाजिक सर्व सम्मति को जन्म देती है। ऐसे समाज में काम करने वाले लोग कुछ शर्तों पर अनुबन्ध करते हैं। जब ये शर्तें दोनों तरफ से पूरी होती, तब अनुबन्ध समाप्त हो जाता है। इसी कारण सावयवी समाज की सुदृढ़ता को बनाये रखने में *अनुबन्ध* (Contract) की भूमिका बहुत अधिक है। अनुबन्ध के कारण समाज के सदस्यों पर अन्याय नहीं होता। *वास्तविक बात यह है कि सावयवी समाज एक ऐसा समाज है जिसमें अनुबन्ध सम्बन्धी कानून और इसी तरह अनुबन्ध आधारित आचार समाज की सुदृढ़ता को बनाये रखते हैं। उन्त समाज की बड़ी विशेषता यह है कि इसमें अनुबन्ध और आचार व्यक्तियों को न्याय दिलवाते हैं।*

दुर्खीम ने अपनी पुस्तक के तीसरे खण्ड के अन्त में एक पूरे अध्याय में उपसंहार लिखा है। इसमें वे कहते हैं कि लोगों की सामूहिक रूप से काम करने की पद्धति सामाजिक सम्बद्धता को बनाये रखती है। इस सम्बद्धता में नैतिकता होती है। यहाँ वे प्रश्न प्रस्तुत करते हैं : क्या श्रम विभाजन व्यक्ति के व्यक्तित्व को कमजोर नहीं करता। इसके उत्तर में उनका अनुमान है कि यदि श्रम विभाजन सही अर्थों में काम करता है तो मानव बन्धुत्व का आदर्श प्राप्त किया जा सकता है। इसके लिये दुर्खीम ने एक शर्त रखी है। यदि श्रम विभाजन का आधार संविदा, कानून और आचार बने रहते हैं तो निश्चित रूप से इसका परिणाम सुदृढ़ता होती है। यहाँ पहुँचकर अर्थशास्त्रियों ने जो भूल की है, दुरूस्त हो जाती है। *हर तरह की आपात स्थिति में हमें आचार व्यवस्था को देखना चाहिये।*

यांत्रिक समाज एवं उसकी सुदृढ़ता
(Mechanical Society and its Solidarity)

इस अध्याय के प्रारम्भ में हमने कहा है कि श्रम विभाजन पुस्तक में दुर्खीम का केन्द्रीय विषय व्यक्ति और समाज के सम्बन्धों को देखना है। महत्वपूर्ण बात यह है कि विभिन्न जातियों, प्रजातियों, विश्वासों और आर्थिक स्तरों के लोग किस भाँति किसी भी समाज की सम्बद्धता को बनाते हैं। यह देखना है कि किस भाँति व्यक्ति अपनी पहचान अपने समाज के साथ करते हैं। इस प्रश्न के उत्तर का विश्लेषण हमें दो तरह के समाजों

के वर्गीकरण में मिलता है। वास्तव में इन दोनों समाजों में सुदृढ़ता मिलती है। पहली प्रकार की सामाजिक सुदृढ़ता *यांत्रिक सुदृढ़ता* (Mechanical Solidarity) है और दूसरे प्रकार की सुदृढ़ता *सावयवी सुदृढ़ता* (Organic Solidarity) है। यहाँ हम सुदृढ़ता के इन दोनों प्रकारों को देखने से पहले यह देखेंगे कि श्रम विभाजन का तकनीकी अर्थ क्या है।

दुर्खीम का कहना है कि श्रम विभाजन की व्याख्या समाज की दशा पर निर्भर है। 19 वीं शताब्दी का समाज ऐसा था जिसमें आधुनिक उद्योग का पदार्पण हो चुका था। यह उद्योग अपने विकास के दौर में धीरे-धीरे लेकिन निश्चित रूप से शक्तिशाली मशीनों को अपने अन्दर समा लेता है। ऐसे उद्योग में भारी भरकम पूँजी का निवेश भी होता है। उत्पादन की मात्रा भी विशाल होती है। और इन सब शक्तियों के परिणाम स्वरूप समाज में अत्यधिक श्रम विभाजन हो जाता है। धन्धे अनिश्चित रूप से बढ़ जाते हैं। प्रत्येक धन्धे में *विशिष्टीकरण* (Specialization) आ जाता है। उस युग में एडम स्मिथ और जॉन स्टुअर्ट मिल का अनुमान था कि कम से कम खेतीबाड़ी में तो विशिष्टीकरण नहीं आयेगा। लेकिन ये विचारक सही नहीं निकले। खेती के क्षेत्र में भी अन्य उद्योगों की तरह विशिष्टीकरण आ गया।

जब श्रम विभाजन बढ़ता है तो वह अर्थ व्यवस्था में तो परिवर्तन लाता ही हैं । लेकिन यह परिवर्तन यहीं तक सीमित नहीं रहता। इसके बढ़ते हुए प्रभाव हम समाज के विभिन्न भागों में भी देखते हैं। राजनैतिक, प्रशासनिक और न्याय सम्बन्धी कार्यों में भी श्रम विभाजन का प्रभाव देखने को मिलता है। यह प्रभाव साहित्य, कला और विज्ञान को भी अपनी चपेट में ले लेता है। यहाँ तक कि दर्शनशास्त्र, उसकी वैचारिकी और विधि में भी हमें विशिष्टीकरण देखने को मिलता है। वे व्यक्ति जो विज्ञान के क्षेत्र में काम करते हैं, उनमें भी बढ़ता हुआ विशिष्टीकरण स्पष्ट दिखायी देता है।

इस विशिष्टीकरण के संदर्भ में हम यह देखें कि श्रम का अर्थ क्या है : आखिर श्रम की परिभाषा क्या है ? सामान्यतया दुर्खीम की परिभाषा में यह याद रखने की बात है कि *उनका श्रम विभाजन अर्थशास्त्रियों द्वारा परिभाषित श्रम विभाजन नहीं है। अर्थशास्त्री तो कहते हैं कि समाज की विभिन्न गतिविधियों का और इस अर्थ में धन्धों का जो विभाजीकरण है, वहीं श्रम विभाजन है। दुर्खीम इस तरह की परिभाषा को स्वीकार नहीं करते। उनका कहना है कि वास्तव में समाज के सदस्यों में सामाजिक और सांस्कृतिक विभेदीकरण (differentiation) अर्थात् अन्तर होता है। यह सामाजिक और सांस्कृतिक अन्तर हमे श्रम विभाजन में देखने को मिलता है। इस दृष्टि से श्रम विभाजन तो केवल सामाजिक-सांस्कृतिक विभेदीकरण की एक अभिव्यक्ति मात्र है। अतः मूल रूप से श्रम विभाजन आर्थिक यानी उद्योग धंधों का विभाजीकरण न*

होकर सामाजिक और सांस्कृतिक विभेदीकरण है।

इसे यदि भारतीय संदर्भ में लें तो हमारे यहाँ विभिन्न वर्ण हैं। ये वर्ण ब्रह्मा द्वारा पैदा किये गये हैं, जैसा कि पुरूष सुक्त कहता है, जैसा कि गीता में कृष्ण कहते हैं : 'चारों वर्णों की सृष्टि मैंने की है।' वे वर्ण श्रम विभाजन में बंटे हुए न होकर पवित्र और अपवित्र की धारणा से बंटे हुए है। ब्राह्मण पवित्र इसलिये हैं कि उनकी उत्पत्ति ब्रह्मा के मुख से हुई है, और शुद्र क्योंकि चरण से निकले हैं, अपवित्र है। *भारतीय संदर्भ वर्णों का वर्गीकरण वस्तुतः सामाजिक और सांस्कृतिक विभेदीकरण की अभिव्यक्ति मात्र है।* दुर्खीम का श्रम विभाजन इस भाँति सामाजिक भेदभाव पर निर्भर है। यांत्रिक और सावयवी समाजों में दुर्खीम ने जिस तरह का श्रम विभाजन पाया है, वह मूलतः दोनों समाजों की सुदृढ़ता के कारण है। अतः जब हम यांत्रिक समाजों में श्रम विभाजन और सामाजिक सुदृढ़ता को देखते हैं तो इसका बुनियादी कारण समाज की प्रकृति है।

श्रम विभाजन की समाज के लिये क्या उपयोगिता है?

जब हम यांत्रिक सुदृढ़ता की व्याख्या करते हैं तो बहुत स्पष्ट रूप में हम यह देखना चाहते हैं कि इस प्रकार के समाज का श्रम विभाजन किस भाँति इस समाज में सम्बद्धता और सुदृढ़ता को लाता है। श्रम विभाजन में क्रियाएँ होती हैं। ये क्रियाएँ किसी भी समाज की आवश्यकताएँ होती है। दुर्खीम *क्रिया* (Function) के दो अर्थों का उल्लेख करते हैं। *एक क्रिया का मतलब कुछ गतिविधियों को करना होता है। कारखाने में करघे को चलाना या रसोई घर में भोजन बनाना, क्रिया है। इसमें गतिविधि है। क्रिया का यह अर्थ सामान्य है। इसमें क्रिया करने के परिणाम (Consequences) क्या होते हैं, इसका कोई अर्थ नहीं लिया जाता। यहाँ तो क्रिया का मतलब कुछ न कुछ काम करना है। श्रम विभाजन की क्रिया केवल सामान्य क्रिया नहीं है। यह क्रिया समाज की कतिपय आवश्यकताओं की पूर्ति के लिये की जाती है।* हम अपने शरीर के बारे में पाचन और श्वसन क्रिया के कार्यों की बात करते हैं। लेकिन जब हम कहते हैं कि पाचन और श्वसन के शरीर के लिये कुछ कार्य है तो हमारा मतलब यह है कि पाचन क्रिया में कुछ अम्ल और रस भोजन में शामिल होते हैं या श्वसन क्रिया में रक्त साफ होता है तो *क्रिया का अर्थ यहाँ उसके परिणामों का शरीर की आवश्यकताओं की पूर्ति के लिये होता है।* क्रिया के इस अर्थ को दुर्खीम सामाजिक व्यवस्था पर लागू करते हैं। *समाज की कुछ आवश्यकताएँ हैं—सदस्यों के लिये भोजन की उपलब्धि, पहनने के कपडों की व्यवस्था, आवास और सुरक्षा की प्राप्ति जिनकी पूर्ति श्रम विभाजन करता है। अतः दुर्खीम जब यांत्रिक समाज में, और इसी तरह सावयवी में, श्रम विभाजन की व्याख्या करते हैं तो उनका यह कहना है कि यांत्रिक समाज की कुछ संस्थागत*

आवश्यकताएँ होती हैं, और श्रम विभाजन इन आवश्यकताओं को पूरा करने का काम (Function) करता है।

दुर्खीम इस बात पर अधिक जोर देते हैं कि *श्रम विभाजन वैयक्तिक (Subjective) आवश्यकताओं की पूर्ति नहीं करता, यह तो केवल सामूहिक या समाज की आवश्यकताओं की पूर्ति करता है।* यांत्रिक समाज की पहली और शायद सबसे अधिक महत्वपूर्ण आवश्यकता सामाजिक सुदृढ़ता की है। और इस समाज में जैसा भी श्रम विभाजन है, वह समाज को सुदृढ़ता प्रदान करता है। इस सुदृढ़ता की क्रियान्विति में समाज की *आचार संहिता* (Moral Code) की बहुत बड़ी भूमिका है। इस आचार संहिता का आधार *सामूहिक चेतना* (Conscience Collective) है। यांत्रिक सुदृढ़ता को बनाये रखने वाले निम्न कारक हैं:

(1) सामूहिक चेतना, यांत्रिक सुदृढ़ता का मूल आधार

यह नहीं भूलना चाहिये कि जब हम दुर्खीम की श्रम विभाजन पुस्तक की मीमांसा करते हैं तब इसमें दुर्खीम का उद्देश्य यह बताना है कि आदिम या बहशी समाजों में सम्बद्धता, एकता और सुदृढ़ता बनाये रखने के कुछ निश्चित कारक होते हैं। इन कारकों में सबसे अधिक शक्तिशाली कारक *सामूहिक चेतना* (Collective Conscience) का है। इस पुस्तक में दुर्खीम ने सबसे पहली बार इस अधिक लोकप्रिय अवधारणा को रखा है। मूलतः उन्होंने यह अवधारणा *टायलर* (Tylor) की *कन्सेन्सस* (Consensus) यानी सर्वसम्मति से उधार ली है। *इस अवधारणा में दुर्खीम दो पदों का प्रयोग बराबर करते हैं—विश्वास (beliefs) और संवेग (sentiments)। इन दो पदों के आगे वह यह जोड़ते हैं कि विश्वास और संवेग एक ही समाज के सदस्यों में सामान्य रूप से पाये जाते हैं।* पेरेटो ने भी सामूहिक चेतना को मूल्य सम्बन्धी तत्वों के नाम से पुकारा है। सामूहिक चेतना वस्तुतः कई स्वरूपों में देखने को मिलती है। इसे हम प्रतीक रूप में देखते हैं, मूल्य और पूजा-अर्चना, कर्मकाण्ड आदि में देखते हैं। उदाहरण के लिये किसी भी राष्ट्र का झण्डा राष्ट्र की मान मर्यादा और गरिमा का प्रतीक है। हमारे देश में नारियल का फल पवित्र है जिसके साथ श्रद्धा और सम्मान जुड़े हैं। विश्वास और संवेग संस्थागत रूप से भी जुड़े होते हैं। इस तरह की सामूहिक चेतना आदिम समाजों में सुदृढ़ता लाती है। बाद में चलकर दुर्खीम ने यह भी कहा कि सामूहिक चेतना सावयवी समाज में भी सुदृढ़ता लाती है। रोचक बात यह है कि दुर्खीम की इस अवधारणा की व्याख्या आज के समाजशास्त्रियों ने सामान्य अर्थ में की है। कहीं किसी विचारक ने इस अवधारणा के अर्थ में कोई बदलाव नहीं देखा। यहाँ हम अर्थ की स्पष्टता के लिये कुछ लेखकों द्वारा की गयी मीमांसा को लेगें।

दुर्खीम की सामूहिक चेतना की व्याख्या

श्रम विभाजन पुस्तक में दुर्खीम ने यांत्रिक समाजों की सुदृढ़ता का विवेचन किया है। वे कहते हैं कि यह समाज एक निश्चित *आचार संहिता* (Moral Code) पर अपने आपको बनाये रखता है। इस आचार संहिता का आधार लोगों के विश्वास और संवेग होते हैं। *विश्वास वे हैं जिनका तर्क द्वारा खण्डन नहीं किया जा सकता है और ये विश्वास तो पीढ़ी दर पीढ़ी चलते है। हमारे देश में आम आदमी का विश्वास है कि जो इस जन्म में बुरे कार्य करेगा, उसका पुनर्जन्म निम्न योनि में होगा, उसे यातनाएँ भोगनी होंगी। इसी तरह इस समाज का यह विश्वास है कि गरीबों को यातनाएँ नहीं देनी चाहिये। विश्वासों की तरह लोगों के संवेग भी होते हैं। संवेग, भावनाओं, विचारों और मुहावरों से परिपूर्ण होते हैं। ये संवेग व्यक्ति और वस्तु दोनों के प्रति होते हैं। इन्हें देखा नहीं जा सकता लेकिन इसके प्रतीक देखे जा सकते हैं। दुर्खीम ने सामूहिक चेतना की परिभाषा में लिखा है:*

> सामूहिक चेतना वह विश्वास और संवेग है जो समाज के औसत सदस्यों में सामान्य रूप से पाये जाते हैं।

यह संभव है कि समाज में कुछ ऐसे विघटित व्यक्ति हों जो समाज के विश्वास और संवेग की उपेक्षा करें, लेकिन सामान्य सदस्य तो बिना किसी तर्क-वितर्क के सामूहिक विश्वासों और संवेगों का भागीदार होता है।

आदिम समाजों में सामूहिक चेतना बहुत गहन होती है। संथाल या भील जनजाति में जब किसी आपात स्थिति में ढोल बजाकर सारे गाँव को एकत्र किया जाता है, तब बिना किसी प्रश्न के लोग सम्मिलित हो जाते हैं। इस सम्बद्धता का कारण सामान्य विश्वास और संवेग हैं जिनमें आम आदमी की बराबर भागीदारी होती है।

सामूहिक चेतना की पारसंस द्वारा दी गयी व्याख्या

द *स्ट्रक्चर ऑफ सोशल एक्शन* में पारसंस ने दुर्खीम के श्रम विभाजन पुस्तक की—एक प्रारंभिक आनुभविक रचना के रूप में व्याख्या की है। वे इस पुस्तक में एक अनोखा काम करते हैं। उन्होंने नैतिक जीवन को समाज की सुदृढ़ता का कारण बताया है *और रोचक बात यह है कि वे इस नैतिक जीवन का अध्ययन प्रत्यक्षवादी विज्ञानों की विधि द्वारा करते हैं। इस दृष्टि से सामूहिक चेतना की अवधारणा दुर्खीम की एक सशक्त अवधारणा है।* दुर्खीम का इस तथ्य के साथ गहरा सरोकार है कि आदमी जब किसी भूमिका को करता है तो उसका मार्गदर्शन *सामान्य नैतिक मूल्यों* (Common Moral Values) द्वारा होता है। यहीं पर दुर्खीम क्रिया के साथ प्रतीकवाद को जोड़ते हैं।

पारसंस ने श्रम विभाजन में प्रयुक्त सामूहिक चेतना का निर्वचन करते हुए लिखा है:

> सामूहिक चेतना वह विश्वास और संवेग हैं जो सभी सदस्यों में सामान्य रूप से पाये जाते हैं।

रेमण्ड एरॉ और सामूहिक चेतना

फ्रान्सीसी विचारक रेमण्ड एरॉ ने दुर्खीम की व्याख्या उनकी कुछ बुनियादी रचनाओं के आधार पर की है। सामूहिक चेतना, एरॉ कहते हैं, दुर्खीम की सामाजिक सिद्धान्त की बुनियादी अवधारणा है। वे इसकी परिभाषा में लिखते हैं:

> सामूहिक चेतना का अस्तित्व व्यक्तियों में पाये जाने वाले संवेगों और विश्वासों की चेतना में हैं।

सामूहिक चेतना की कतिपय अन्य परिभाषाओं को भी लिया जा सकता है। सब मिलाकर जिसमें दुर्खीम भी सम्मिलित हैं, सामूहिक चेतना के अर्थ में विश्वास और संवेग को बुनियादी लक्षण मानते हैं। ये लक्षण प्रतीकों, मूल्यों, और संस्थाओं में देखने को मिलते हैं। सामूहिक चेतना ही हमारी सामाजिक आचार संहिता होती है। श्रम विभाजन पुस्तक का गहनता से अध्ययन करने पर हमें सामूहिक चेतना के कुछ सामान्य लक्षण प्राप्त होते हैं। ये सभी लक्षण किसी भी यांत्रिक यानी अविकसित, आदिम या जिसे पारसंस *अविभेदीकृत समाज* कहते हैं-(Undifferentiated Society) में देखने को मिलते हैं। यांत्रिक समाज की सामूहिक चेतना के सामान्य लक्षणों का हम यहाँ उल्लेख करेगें।

सामूहिक चेतना की विशेषताएॅं

दुर्खीम ने श्रम विभाजन के विवेचन में सामूहिक चेतना के लक्षणों का जगह-जगह पर उल्लेख किया है। *इस सम्पूर्ण रचना का मुहावरा नैतिकता या आचार संहिता है।* यांत्रिक समाजों में नैतिकता का सम्बन्ध सामूहिक चेतना से जुड़ा है जबकि सावयवी समाजों में नैतिकता संविदा और कानून से जुड़ी है। सामूहिक चेतना के मुख्य लक्षण इस प्रकार हैं:

(1) *सामूहिक चेतना वास्तविकता है*

दुर्खीम कहते हैं कि अमूर्त रूप से सामूहिक चेतना विश्वास और संवेग में निहित है। मूल्यों और प्रतीकों में भी इसे देखा जा सकता है। लेकिन समाज ने इस तरह के विश्वासों, मूल्यों और संवेगों को संस्था का रूप दिया है और ये संस्थाएॅं शून्य में न रहकर वास्तविक रूप में दिखायी देती हैं।

रक्षाबन्धन त्यौहार इस संवेग और विश्वास को प्रतिनिधित्व देता है कि भाई को बहिन की आवश्यकता पड़ने पर रक्षा करनी चाहिये। रक्षा का यह विश्वास मूर्त रूप से इस त्यौहार में देखा जा सकता है। इसी प्रकार आतिथ्य के साथ जो संवेग और मूल्य जुड़े हुए हैं, उन्हें भी वास्तविक रूप में देखा जा सकता है।

(2) *सामूहिक चेतना पीढ़ी दर पीढ़ी चलती रहती है*

आदिम काल से लेकिर आधुनिक समय तक सामूहिक चेतना थोड़े बहुत अन्तर के साथ बराबर चलती रहती है। इसी कारण सामूहिक चेतना *पीढी दर पीढ़ी चलती रहती है।* अपनी इस निरन्तरता के कारण यह चेतना एक पीढ़ी को पूर्ववर्ती पीढ़ियों के साथ जोड़ती है। सयुँक्त परिवार में विश्वास और उसके साथ जुड़े हुए संवेग सामूहिक चेतना की भावना को सैंकड़ों वर्षों से हमारे देश में निरन्तरता देते रहे हैं। कितने ही युग बीत गये लेकिन हमारे देश में देवी-देवताओं की उपासना की पद्धति जो प्रतीकात्मक है, अब तक चल रही है। दुर्खीम यह कभी नहीं कहते कि सामूहिक चेतना में कभी कोई परिवर्तन नहीं आता। अधिकांश परिवर्तन बाहरी कलेवर में होते हैं, मूलतः सतही होते हैं, लेकिन वास्तविक स्वरूप तो लगभग शाश्वत ही होता है। सदैव से, दुर्खीम कहते हैं, सामूहिक चेतना की यह निरन्तरता की प्रकृति पूरी की पूरी सभ्यता को एक सूत्र में बांध देती है। बात यह है कि सामूहिक चेतना व्यक्ति विशेष के जीवन में देखने को मिलती है लेकिन यह व्यक्ति से ऊपर है—व्यक्ति तो आते हैं और चले जाते हैं पर सामूहिक चेतना किसी झरने की तरह बराबर बहती रहती है।

(3) *व्यक्ति की दो चेतनाओं में, एक सामूहिक चेतना है*

दुर्खीम कहते हैं कि किसी भी व्यक्ति की चेतना दो प्रकार की होती है। एक चेतना उसकी स्वंय की होती है। इसमें उसकी निजी पसन्द नापसन्द होती है। उसका खान-पान, परिधान और अभिरूचियाँ और इसी तरह समाज को देखने और समझने का तरीका उसकी निजी चेतना का क्षेत्र है। उसकी दूसरी चेतना सामूहिक होती है। यहाँ उसकी समझ निजी नहीं होती, सामान्य होती है। जैसा अन्य व्यक्ति यानी समाज सोचता है वैसा ही व्यक्ति भी सोचता है। वह यह नहीं विचार करता– और न ही तर्क करता है कि गाय या सुअर के मांस को खाना चाहिये या नहीं। वह तो यही जानता है कि उसका समाज इस तरह के मांस को खाना ठीक नहीं समझता। गाय को वह सम्माननीय दृष्टि से इसलिये देखता है कि उसका इस प्रकार के विश्वास और संवेग से घिरा हुआ है। एक तरह से देखें तो व्यक्ति के अन्दर ही व्यक्ति का समाज निहित है। समाज की यह धारणा व्यक्ति की सामूहिक चेतना है।

दुर्खीम यह भी बताते हैं कि व्यक्ति की चेतना की तुलना में सामूहिक चेतना

अर्थात् जन शक्ति अधिक शक्तिशाली होती है। जब कोटि-कोटि लोगों की चेतना उपेक्षा होती है तो यह सम्पूर्ण समाज पर आघात समझा जाता है। यांत्रिक समाजों में जनशक्ति को हमेशा सर्वोपरि स्थान दिया जाता है। यदि कोई व्यक्ति जनशक्ति से अपने आपको ऊँचा समझता है तो उसे तुरन्त नैतिकता या शारीरिक दण्ड द्वारा दबा दिया जाता है।

(4) *सामूहिक चेतना की गहनता सभी समाजों में समान नहीं होती*

यह समझना भूल होगी कि सामूहिक चेतना का दबाव सभी समाजों में एक समान होता है। उदाहरण के लिये यांत्रिक समाज में सामूहिक चेतना अधिक शक्तिशाली होती है। इसका प्रभाव वैयक्तिक चेतना पर प्रबल रूप में देखा जाता है। इसके ठीक विपरीत सावयवी समाजों में सामूहिक चेतना कमजोर हो जाती है। यहाँ इसका स्थान संविदा और कानून ले लेता है। यांत्रिक समाज में व्यक्ति विशेष कभी भी सामूहिक चेतना की अवहेलना नहीं कर सकता, लेकिन सावयवी समाज में वैयक्तिक चेतना कभी-कभी प्रभावी हो जाती है। *महत्वपूर्ण बात यह है कि यांत्रिक समाज में इथनीसीटी (Ethnicity) बहुआयामी नहीं होती। आदिवासी समाज की संस्कृति, भाषा, तीज-त्यौहार, व्यवसाय आदि एक समान होते हैं।* इसी कारण सामूहिक चेतना सम्पूर्ण आदिवासी समाज में समान रूप में फैली हुई मिलती है।

सावयवी समाज में अगणित जातियाँ, वर्ग, भाषाई और क्षेत्रीय समूह होते हैं। ऐसे समाज में कई उप सामूहिक चेतनाएं होती हैं। दिल्ली जैसे शहर में एक छोटा-बड़ा सम्पूर्ण भारत निवास करता है। उदाहरण के लिये यहाँ की चितरंजन पार्क बस्ती एक प्रकार से लघु बंगाल है, करोल बाग तमिलों का मुख्य निवास है, पम्पोश बस्ती कश्मीरियों का घर है और मयूर बिहार दक्षिण भारतीयों का मुख्य गढ़ है। प्रत्येक भाषा समूह या क्षेत्रीय समूह की अपनी एक निजी सामूहिक चेतना होती है। ऐसी अवस्था में सम्पूर्ण दिल्ली शहर की कोई विशालकाय सामूहिक चेतना नहीं होती। ऐसे सावयवी समाज को बांधे रखने का काम तो संविदा और कानून करते हैं।

जब दुर्खीम यांत्रिक समाज का विश्लेषण करते हैं, तब दृढ़तापूर्वक कहते हैं कि इस समाज की एकता और सम्बद्धता को बनाये रखने वाले कई कारक हैं। इसमें शक्तिशाली कारक सामूहिक चेतना है। श्रम विभाजन रचना के प्रारम्भ में ही दुर्खीम ने इस सोच को रखा है और अपने सम्पूर्ण अकादमिक जीवन में इस पर जोर देते आये हैं कि यांत्रिक सुदृढ़ता को बनाये रखने में सामूहिक चेतना का बहुत बड़ा योगदान है। वे *दृढ़तापूर्वक कहते हैं कि व्यक्ति अपने समाज की उपज है, न कि समाज व्यक्तियों की उपज है।*

सामाजिक सुदृढ़ता एवं दमनकारी कानून
(Repressive Law)

यांत्रिक और सावयवी दोनों प्रकार के समाजों में किसी न किसी प्रकार के कानून अवश्य होते हैं, जो विघटित और अपराधी व्यक्तियों को नियंत्रण में लाते हैं। यांत्रिक समाज में *दमनकारी कानून* (Repressive Law) होते हैं, जबकि सावयवी समाज में *प्रतिकारी कानून* (Restitutive Law)। दुर्खीम के सामने महत्वपूर्ण मुद्दा समाज की सुदृढ़ता को बनाये रखने का था। औद्योगिक क्रांति और वैज्ञानिक अनुसंधानों ने यूरोप के सम्पूर्ण समाज को बिखराव की अवस्था पर पहुंचा दिया था। दुर्खीम की समाज की सुदृढ़ता और प्रतिबद्धता को इसी विशाल ऐतिहासिक संदर्भ में देखा जाना चाहिये। *दुर्खीम, हम दोहरायेगें, श्रम विभाजन का अर्थ वह नहीं लेते जो अर्थशास्त्री लेते हैं। जिस तरह के श्रम विभाजन की बात दुर्खीम करते हैं उसका सरोकार समाज की सम्पूर्ण संरचना से है। ऐसे समाज में तकनीकी या अधिक श्रम विभाजन तो केवल एक अभिव्यक्ति है।* यहाँ पहुंचकर प्रश्न उठता है: जिस प्रकार के श्रम विभाजन की चर्चा दुर्खीम करते हैं, उसके अध्ययन करने की पद्धति क्या हैं? जब हम एक सामाजिक प्रघटना का अध्ययन वैज्ञानिक विधि से करते हैं तो हमें यह अध्ययन हर तरह से *वस्तुनिष्ठ* (Objectively) होकर करना चाहिये। *हमें उन तथ्यों का पता लगाना चाहिये जो समाज की चेतना को बनाते हैं। दुर्खीम कहते हैं कि इस चेतना का मूर्त रूप हमें विधि यानी कानून में देखने को मिलता है।*

दुर्खीम बड़े ही सतही स्तर पर यह कहते हैं कि कानून दो तरह के होते हैं: कानून का एक रूप दमनकारी है जो यांत्रिक समाजों में देखने को मिलता है। यह कानून समाज विरोधी काम करने वाले अपराधियों को दण्ड देता है। दूसरा कानून *प्रतिकारी* (Restitutive) है, जिसे दुर्खीम *सहकारी कानून* (Co-operative Law) कहते हैं। इस कानून का मुख्य मुहावरा यह है कि सामाजिक नियमों को तोड़ने वाले व्यक्ति को दण्ड न देकर उसे पुर्नस्थापित करना है।

वस्तुतः रेमण्ड एरॉ द्वारा दी गई दमनकारी कानून की व्याख्या बहुत स्पष्ट है:

> दमनकारी कानून यांत्रिक समाज की सामूहिक चेतना का सूचक है। ये कानून बराबर संख्या में बढ़ते रहते हैं। इसका कारण सामान्य संवेगों की शक्ति है। जितनी अधिक सामूहिक चेतना वृहद होगी, शक्तिशाली होगी, उतने ही अधिक कानून होगें।

वास्तव में सामूहिक चेतना का मूर्त रूप दमनकारी कानून है और जब दमनकारी कानून की बात चलाते हैं तो सामान्य रूप से प्रश्न उठता है कि आखिर में अपराध क्या

है? यह देखा गया है कि अपराधी गतिविधि समाज के लिये हानिकारक होती है। लेकिन यह सत्य नहीं है कि अपराध से समाज को जितनी हानि होती है उसी गहनता से प्रतिकारी कानून लागू किया जाता है। दुर्खीम अपराध की परिभाषा की समस्या को विस्तार से लेते हैं। वे कहते हैं कि आर्थिक संकट की अवस्था में शेयर बाजार लुढ़क जाता है। यह भी संभव है कि यह बाजार एकदम असफल हो जाये। किसी एक हत्या की तुलना में पूरे शेयर बाजार का लुढ़क जाना अधिक हानिकर है। इसमें संदेह नहीं कि हत्या एक बहुत बड़ा अपराध है, लेकिन इसका कोई प्रमाण नहीं कि यह समाज के लिये अधिकतम बुराई है। यदि समाज में एक व्यक्ति कम हो जाता है, तो कोई आसमान सिर पर नहीं गिरता है। दुर्खीम कहना यह चाहते हैं कि न्यूनतम दमन के होते हुए भी कोई एक अपराध समाज के लिये भीषण रूप ले सकता है। वास्तव में अपराध की परिभाषा, जो तार्किक और संतोषजनक हो, देना बहुत कठिन है। दुर्खीम कई तरह के तर्क-वितर्क देते हैं और किसी तरह अपराध की कोई काम चलाउ परिभाषा देने का प्रयास करते हैं।

वे अपराध की किसी भी परिभाषा में विश्वास, संवेग, मूल्य, संविदा आदि सम्मिलित करते हैं। *मोटे रूप में अपराध वह है जो सामूहिक चेतना को आघात पहुँचाता है, उसे तिरोहित करता है।*

रेमण्ड एरॉ ने दुर्खीम द्वारा दी गयी अपराध की परिभाषा का विवेचन किया है:

अपराध समाज द्वारा निर्धारित किसी अनिवार्य क्रिया या निषेध का उल्लंघन है।

रेमण्ड एरॉ ने अपराध की परिभाषा पर जो आलोचनात्मक टिप्पणी की है इससे बहुत स्पष्ट है कि प्रत्यक्ष या परोक्ष रूप से समाज के *किसी भी सदस्य की वह क्रिया जो सामूहिक चेतना को आघात पहुँचाती है, अपराध है।* दुर्खीम की अपराध की इस प्रकार की व्याख्या स्पष्टतः समाजशास्त्रीय है। *अपराध समाजशास्त्रीय पदावली में वह क्रिया है जो सामूहिक चेतना का निषेध करती है।* अपराध की यह व्याख्या उन लोगों के लिये जो आदिम समाज से दूर है, बेमतलब होगी। लेकिन किसी भी समाजशास्त्रीय अध्ययन में अपराध की व्याख्या या परिभाषा तो सामूहिक चेतना के संदर्भ में ही देना चाहिये। अगर दुर्खीम की इस परिभाषा को स्वीकार कर लें तो किसी व्यक्ति को अपराधी कहने का मतलब यह नहीं है कि वह ईश्वर की उपेक्षा करता है। समाजशास्त्रीय व्याख्या तो स्पष्ट है कि इस अपराधी व्यक्ति ने अपने गाँव, कबीले या शहर के कानून का उल्लंघन किया है। अगर इस दृष्टि से देखें तो दुर्खीम और एरॉ दोनों कठिनाई में पड़ जाते हैं। सुकरात ने अपने समय की सामूहिक चेतना की अवहेलना की। वहाँ की प्रजा ने उन पर पत्थर फेकें। गांधी जी ने अस्पृश्यता निवारण के लिये जो आन्दोलन चलाया वह भी हिन्दुओं की सामूहिक चेतना का उल्लंघन था। स्पष्ट शब्दों में सुकरात और गांधी

जी दोनों ही सामूहिक चेतना यानी सामाजिक कानून के निषेध करने वाले थे। दुर्खीम के अनुसार ये दोनों ही अपराधी थे। और रोचक बात यह है कि एरॉ जैसे कतिपय विचारक भी इस तरह के अपराधियों के समर्थक हैं।

अगर हम दुर्खीम की परिभाषा को विश्लेषण के अंतिम तर्क तक ले जाते हैं तो वास्तव में सुकरात या गांधीजी को अपराधी बताना चौंकाने वाला है। लेकिन दुर्खीम को इससे कोई भय नहीं। अपराध की समाजशास्त्रीय परिभाषा अपने अमूर्त रूप में सापेक्षिक है। इस परिभाषा के इस सापेक्षिक रूप को कोई भी स्वीकार नहीं करता और यही दुर्खीम की कठिनाई है।

जहाँ दुर्खीम ने अपराध को परिभाषित किया है, *वहीं वे दण्ड की व्याख्या भी करते हैं। दण्ड का उद्देश्य जैसा कि प्रायः लिया जाता है, अपराधी को ऐसा दण्ड देना है कि वह भविष्य में कभी भी ऐसी क्रिया न करे। मतलब हुआ तत्कालीन दण्ड व्यवस्था का उद्देश्य इस तरह के दण्ड देने में था जो भविष्य में अपराध की पुनरावृत्ति को रोक सके।*

दुर्खीम अपराध की इस तरह की परम्परागत व्याख्या या परिभाषा को स्वीकार नहीं करते। *उनके अनुसार दण्ड का अर्थ और उद्देश्य यह नहीं है कि अपराधी व्यक्ति को भयभीत किया जाये, उसे अपराध करने से रोका जाये। दुर्खीम की दृष्टि में अपराध का उद्देश्य सामूहिक चेतना को संतोष देना मात्र है।* वास्तव में यांत्रिक समाज में किसी भी व्यक्ति के अपराध करने का मतलब हुआ सामूहिक चेतना को आघात पहुँचाना। ऐसे व्यक्ति का उद्धार या सुधार होना चाहिये। जब अपराधी को सुधार या उद्धार के लिये कोई दण्ड दिया जाता है तो इसका मतलब सामूहिक भावनाओं को सम्मान देना होता है। दुर्खीम की दण्ड की परिभाषा आधुनिक दण्ड व्यवस्था से भिन्न है। *जहाँ आदिम दण्ड व्यवस्था अपराधी को पुनः अपराध न करने के लिये दण्डित करती है, दमन करती है; वहाँ आधुनिक दण्ड व्यवस्था अपराधी में सुधार लाने या उसका उद्धार करने में पहल करती है।*

दुर्खीम उनके द्वारा दिये गये अपराध के कानून को अधिक संतोषजनक मानते हैं क्योंकि किसी भी दण्ड का उद्देश्य समाजशास्त्रीय पदावली में अपराधी को भयभीत करना नहीं होता। शायद दुर्खीम का सोच समाजशास्त्रीय संदर्भ में सही हो लेकिन हमें इस तथ्य को नहीं भूलना चाहिये कि यदि दण्ड का उद्देश्य केवल सुधार और उद्धार करना है, तो इसके न्याय करने वाले अधिकारियों की प्रतिष्ठा बढ़ेगी नहीं। दुर्खीम की इस व्याख्या से शायद पेरेटो जैसा सनकी विचारक सहमत हो जाये। यह इसलिये की बहुत सारे दण्ड सामूहिक चेतना की प्रतिशोध की भावना को पूरा करने के लिये ही दिये जाते हैं। लेकिन पेरेटो यह भी कहेंगे कि हमें न्यायाधीशों के सम्मान को रखने का

भी प्रयत्न करना चाहिये।

दुर्खीम ने अपराध और दण्ड की जो समाजशास्त्रीय व्याख्या की है, उससे एक बात निश्चित है। यांत्रिक समाजों में दण्ड की जो व्यवस्था है, वह सामूहिक चेतना का सम्मान है। और अपराध का कानून यांत्रिक समाज में जिस किसी रूप में मिलता है, समाज की सुदृढ़ता बनाये रखने के लिये एक शक्तिशाली कड़ी है।

यांत्रिक समाज की विशेषताएँ
(Characteristics of Mechanical Society)

दुर्खीम के तत्कालीन समाज की समस्या इस तथ्य का विश्लेषण करने में थी कि व्यक्ति और समाज दोनों के बीच में किस तरह के सम्बन्ध थे। उस युग में दुर्खिम ने ही नही अन्य समाज वैज्ञानिकों ने भी इसी समस्या को उठाया था। वास्तव में व्यक्ति और समाज के सम्बन्धों की यह समस्या सामाजिक उद्विकास की समस्या भी थी। यह व्यक्ति और समाज के सम्बन्ध ही हैं जो समाज को दो भागों में बाँट देते हैं- यांत्रिक समाज और सावयवी समाज। दोनों तरह के समाजों के सामने सुदृढ़ता एक अनिवार्य तत्व रहा है। इस सुदृढ़ता के कई कारण हैं।

दुर्खीम उपयोगितावादियों और हर्बट स्पेन्सर के इस मत से सहमत थे कि परम्परागत समाजों कें आधुनिक समाजों की ओर परिवर्तित होने का एक प्रमुख आधार श्रम विभाजन या विशेषीकरण रहा है। लेकिन उपयोगितावादियों ने श्रम विभाजन में आर्थिक कारणों को केन्द्रीय स्थान दिया है। दुर्खीम सुदृढ़ता का कारण आर्थिक नहीं मानते। *यांत्रिक समाज की सुदृढ़ता बनाये रखने में सामूहिक चेतना और दमनकारी कानून महत्वपूर्ण हैं। दूसरी ओर सावयवी सुदृढ़ता वाले समाजों में व्यक्तिवाद अधिक होता है और कानून भी प्रतिकारी बन जाता है। यहाँ हम, दुर्खीम ने यांत्रिक समाजों की जो विशेषताएँ बतायी हैं, उनका बहुत संक्षेप में वर्णन करेगें:*

(1) अविभेदीकृत या भेदभाव रहित समाज

दुर्खीम के युग में और उनके बाद भी समाजशास्त्रियों और मानवशास्त्रियों ने समाज का दोहरा वर्गीकरण किया है। उदाहरण के लिये टॉनीज ने जेमेनशाफ्ट और जैसलशाफ्ट समाजों का वर्गीकरण रखा है। रोबर्ट रेडफिल्ड ने बाद में चलकर ग्रामीण-नगरीय (Folk-Urban) समुदायों की चर्चा की है। बेकर ने धर्म तथा धर्म निरपेक्ष समुदायों (Sacred and Secular Communities) की बात कही है।

जब दुर्खीम यांत्रिक या भेदभावरहित समाज की व्याख्या करते हैं तो ऐसे समाज से उनका तात्पर्य आदिम और ग्रामीण समाज से है। इस समाज में भेदभाव तो होता ही

है, गैर-बराबरी भी पायी जाती है। लेकिन यह सब उम्र, लिंग और आनुवंशिकता पर आधारित होते हैं। इन समाजों में आर्थिक गैर-बराबरी केवल नाम मात्र की होती है। भूमि व्यक्तिगत नहीं होती। केवल गाँव या कबीले या मुखिया आनुवंशिकता के आधार पर दूसरों से ऊंचा होता है। जो भी निर्णय लिये जाते हैं, पंचायत द्वारा लिये जाते हैं। इस समाज में पंच परमेश्वर यानी सर्वोपरि माने जाते हैं।

(2) व्यक्ति का द्वैतीयक स्थान

यांत्रिक समाज में व्यक्तियों का स्थान गौण होता है। वास्तव में दुर्खीम 19 वीं शताब्दी के व्यक्तिवाद के विरोधी थे। जैसे पानी की बूंदे समुद्र में अपना अस्तित्व खो देती है, वैसे ही व्यक्ति समाज में अपना अस्तित्व खो देते हैं। व्यक्ति की स्वंय की चेतना होती है। अपनी इस चेतना के आधार पर ही वह अपने निजी कार्य करता है। लेकिन जैसे ही उसकी वैयक्तिक चेतना समाज की चेतना के रुबरु होती है, तब उसकी वैयक्तिक चेतना द्वैतीयक बन जाती है, गौण हो जाती है।

(3) सामूहिक चेतना

सामूहिक चेतना का मतलब है समुदाय के विश्वास और संवेगों में समाज के प्रत्येक सदस्य की सामान्य भागीदारी। जब कोई भी समाज का सदस्य या बाहरी व्यक्ति समाज के विश्वास और संवेग के प्रति अंगुली उठाता है, तो यह सम्पूर्ण समाज की अस्मिता को उपेक्षा की दृष्टि से देखना है। सामूहिक चेतना पीढ़ी दर पीढ़ी और काल दर काल चलती है। यह व्यक्ति और समय के ऊपर है।

(4) दमनकारी कानून

दुर्खीम यह मानकर चलते हैं कि यांत्रिक समाज की सुदृढ़ता विश्वास और संवेग के कारण है। अतः उनकी दृष्टि में कोई भी व्यक्ति *जो समाज के विश्वास और संवेगों को आघात पहुँचाता है, अपराध करता है। ऐसे अपराधी को दण्ड देने का काम समाज करता है।* दमनकारी कानून का उद्देश्य समाज की सुदृढ़ता को बनाये रखना होता है। अतः जब कोई व्यक्ति कानून का उल्लंघन करता है, तो कानून उस अपराधी से उस अपराध द्वारा की गयी क्षति की पूर्ति करवाने का प्रयत्न करता है।

(5) आचार संहिता

यांत्रिक समाज से लेकर सावयवी समाज तक की व्याख्या में दुर्खीम इस तथ्य पर बराबर जोर देते हैं कि समाज की सुदृढ़ता आचारों पर निर्भर है। वास्तव में यांत्रिक और सावयवी दोनों प्रकार के समाज नैतिकता के धरातल पर खड़े होते हैं। यह अवश्य

है कि सावयवी समाजों के नैतिक धरातल में कुछ दरारें आ जाती हैं, लेकिन यांत्रिक समाज तो जो वस्तुतः अविभेदीकृत यानी भेदभाव रहित समाज है, नैतिकता द्वारा ही अपनी सुदृढ़ता बनाये रखता है।

दुर्खीम ने यांत्रिक समाज का विवेचन कई कारकों द्वारा किया है। सैद्धान्तिक आधार पर वे यांत्रिक समाज को सामाजिक उद्विकास की कड़ी के साथ जोड़ते हैं। वे इस समाज के विश्लेषण में व्यक्तिगत तथा मनोवैज्ञानिक कारकों को स्वीकार नहीं करते। वे उपयोगितावादी विश्लेषण का भी खण्डन करते हैं। *इस समाज को वे सब मिलाकर भेदभाव रहित, तथा सामूहिक चेतना और दमनकारी कानून की सीमाओं में बंधा हुआ, एक सम्बद्ध समाज मानते हैं।*

सावयवी समाज एवं उसकी सुदृढ़ता
(Organic Society and its Solidarity)

दुर्खीम ने सावयवी समाज और उसकी सुदृढ़ता का उल्लेख अपनी पुस्तक के पहले भाग में किया है और दूसरे भाग में वे उन कारणों व दशाओं का वर्णन करते हैं जो श्रम विभाजन के लिये उत्तरदायी हैं। यहीं पर वे उपयोगितावादियों के इस तर्क को कि बढ़ते हुए श्रम विभाजन का कारण *सुख-शान्ति* (Happiness) की खोज है, खण्डन करते हैं। सावयवी समाज *संविदागत सुदृढ़ता* (Contractual Solidarity) पर निर्भर होता है। वास्तव में, दुर्खीम की संविदागत सुदृढ़ता स्पेन्सर की औद्योगिक सुदृढ़ता से भिन्न है। स्पेन्सर का कहना है कि औद्योगिक सुदृढ़ता का एक मात्र आधार संविदागत है। यह संविदा व्यक्ति को पूर्णरूप से स्वतन्त्र विनिमय के अवसर प्रदान करता है। स्पेन्सर कहते हैं कि सभी औद्योगिक कामकाज मुक्त विनिमय के माध्यम से होते हैं और ऐसे समाज में व्यक्ति की गतिविधियाँ प्रभावशाली बन जाती हैं। इस तरह की संविदागत सुदृढ़ता स्थायी नहीं होती।

दुर्खीम स्पेन्सर द्वारा प्रतिपादित औद्योगिक सुदृढ़ता की अवधारणा से सहमत नहीं हैं। उनका कहना है कि औद्योगिक क्रान्ति के परिणामस्वरुप *निश्चित रूप से संविदागत सम्बन्धों में विकास होता है। लेकिन इनके साथ-साथ असंविदागत सम्बन्ध (Non-Contractual Relations) भी बराबर विकसित होते हैं।* इस तथ्य का प्रमाण हमारी विभिन्न सामाजिक क्रियाओं में देखने को मिलता है। उदाहरण के लिये हमारे स्थानीय कानून अधिक विस्तृत और जटिल बन जाते हैं। दुर्खीम ने सावयवी सुदृढ़ता को बढ़ते हुए श्रम विभाजन के साथ जोड़ा है और वे कहते हैं कि *जितना अधिक श्रम विभाजन होगा उतनी ही अधिक सावयवी सुदृढ़ता होगी।*

वास्तव में, दुर्खीम बढ़ती हुई औद्योगिक क्रांति से भयभीत नहीं होते। उनका

कहना है कि यांत्रिक समाज में ज्यों-ज्यों विशिष्टीकरण बढ़ता है, भेदभाव विकसित होता है, और गैर-बराबरी आती है, त्यों-त्यों यह समाज उद्विकास के सोपान पर सावयवी स्तर तक पहुँचता है। यह कभी नहीं समझना चाहिये कि श्रम विभाजन के परिणामस्वरूप समाज टूट जायेगा। दुर्खीम का यह निष्कर्ष स्पेन्सर से भिन्न नहीं है। जहाँ स्पेन्सर औद्योगिक सुदृढ़ता का कारण व्यक्ति की स्वतन्त्र विनिमय करने की क्षमता मानते हैं, वहाँ दुर्खीम सावयवी सुदृढ़ता का बुनियादी आधार संविदागत सम्बन्ध मानते हैं।

सावयवी समाज का अर्थ

वास्तव में, दुर्खीम ने कहीं पर भी निश्चित शब्दों में सावयवी समाज की परिभाषा नहीं दी है। फिर भी उन्होंने जो कुछ कहा है उसके आधार पर इस समाज की व्याख्या की जा सकती है। दुर्खीम बराबर आग्रहपूर्वक यह लिखते हैं कि सावयवी समाज में संविदा बहुत बड़ी विशेषता है। इस समाज में अत्यधिक श्रम विभाजन होता है और समाज के सदस्य अपनी भूमिका का, कुछ निश्चित शर्तों के अनुसार, सम्पादन करते हैं। यह इस तरह का समाज है जिसकी व्यवस्था व्यक्ति संविदा द्वारा बनाये रखना है। रेमण्ड एरॉ ने दुर्खीम के विश्लेषण पर अपनी आलोचनात्मक टिप्पणी की है। वे कहते हैं कि दुर्खीम संविदा की चर्चा तो करते हैं लेकिन यह समझना भूल होगी कि *सावयवी समाज वस्तुतः संविदा समाज है। सावयवी समाज में जिसकी व्याख्या दुर्खीम करते हैं संविदा व्यक्ति नहीं करता। यदि सावयवी समाज को संविदा समाज समझा जाये तो यह दुर्खीम ने जो कुछ कहा है उसका अनर्थ हो जायेगा। दुर्खीम के किसी भी विश्लेषण में व्यक्ति की कोई महत्वपूर्ण भूमिका नहीं होती।* वास्तव में संविदा समाज की अवधारणा स्पेन्सर की है। स्पेन्सर ने तो यह मुहावरा दिया कि यांत्रिक समाज दमनकारी कानून से उठकर सावयवी समाज तक आते-आते संविदा समाज बन जाता है।

यह ठीक है कि सावयवी समाज में या आधुनिक समाज में संविदा की भूमिका बहुत अधिक है। *वास्तव में दुर्खीम का कहना है कि व्यक्तियों के बीच में जो संविदा होती है वह व्यक्तियों के सामाजिक संदर्भ द्वारा निश्चित की जाती है। इसका अर्थ हुआ कि व्यक्ति के ऊपर सामाजिक संरचना प्रभावशाली होती है।* दुर्खीम के इस तर्क की व्याख्या करते हुए एरॉ लिखते हैं:

> संविदा या अनुबन्ध व्यक्तियों के बीच में पूरे किये जाते हैं। लेकिन इनकी शर्तें और नियम समाज द्वारा निश्चित किये जाते हैं। समाज यह तय करता है कि कौन सी शर्त या नियम सही या गलत है, किसे स्वीकार करना चाहिये और किसे नहीं।

रेमण्ड एरॉ ने दुर्खीम द्वारा किये गये सावयवी समाज की हर दृष्टि से व्याख्या की है। वे कहते हैं कि यदि सावयवी समाज को केवल संविदा या अनुबन्ध की दृष्टि से

देखें तो यह दुर्खीम द्वारा दिये गये तर्क को उलट देना होगा। वास्तव में आधुनिक समाज को संविदा प्रधान बनाने का उत्तरदायित्व अर्थशास्त्रियों और स्पेन्सर जैसे कतिपय समाजशास्त्रियों का है। दुर्खीम का तो तर्क है कि व्यक्तियों के बीच में जो भी स्वतन्त्र विनिमय होते हैं, संविदा या अनुबन्ध द्वारा उन्हें पूरा किया जाता है। *इन सबके पीछे समाज की शर्तें सर्वोपरि होती हैं। अनुबन्ध की जो भी शर्तें और नियम होते हैं, वे समाज के मूल्यों और परम्पराओं की परिधि से बाहर नहीं होते। संविदा का अंतिम निर्णायक समाज ही होता है।* एरॉ का तो कहना है कि दुर्खीम के सावयवी समाज की विशेषता *सामाजिक विभेदीकरण* (Social differentiation) या गैर-बराबरी है। एरॉ सावयवी समाज की परिभाषा करते हुए लिखते हैं:

> आधुनिक समाज की पहली और सबसे बड़ी परिभाषा यह है कि इसमें सामाजिक विभेदीकरण होता है और अनुबन्ध या संविदा तो इस विभेदीकरण की अभिव्यक्ति मात्र है।

वास्तव में दुर्खीम के सावयवी समाज को सापेक्षिक रूप से समझना चाहिये। वे *कहते हैं कि सावयवी समाज स्पेन्सर के संविदागत सम्बन्धों (Contractual Relations) का समाज नहीं है।* पारसंस भी दुर्खीम के सावयवी समाज की ऐसी ही व्याख्या करते हैं। वे लिखते हैं :

> दुर्खीम का सावयवी समाज स्पेन्सर के *संविदा सम्बन्धों (Relations of contract) का प्रतिवाद (Anti-thesis) है।*

पारसंस की व्याख्या एरॉ की तरह ही है लेकिन उनसे कुछ भिन्न। पहली बात तो यह है कि दुर्खीम अपने जीवन पर्यन्त उपयोगितावाद के विरोधी रहे। इसी कारण वे स्पेन्सर के संविदागत सम्बन्धों को अस्वीकार करते हैं। इससे आगे पारसंस की व्याख्या यह है कि अनुबन्ध या संविदा की जिन शर्तों को व्यक्ति स्वीकार करते हैं, *वे समाज में पहले से ही उपलब्ध हैं और उनका अस्तित्व संविदा से स्वतन्त्र है। पारसंस का यह कहना है कि सामाजिक सम्बन्धों और व्यापार-धन्धे में व्यक्तियों के बीच में जो भी सौदा या कार्य सम्पादन होता है, उसकी शर्तें समाज द्वारा पहले से ही निर्धारित होती हैं। संविदा तो केवल समाज की उपज मात्र है।*

यदि हम सावयवी समाज की कोई सांगोपांग व्याख्या करें तो यही कहेगें कि इस *समाज में सामाजिक विभेदीकरण, विशिष्टीकरण और गैर-बराबरी अधिक होती हैं। यह विभेदीकरण ही अनुबन्ध सम्बन्धों को जन्म देता है। समाज में जितना अधिक विभेदीकरण होगा, उतने ही लोगों के बीच में सौदेबाजी के सम्बन्ध संविदागत होगें। अतः जहाँ यांत्रिक समाज में सामूहिक चेतना होती है, दमनकारी कानून होते हैं, वहाँ*

सावयत्री समाज में विकसित विभेदीकरण होता है, अपेक्षित रूप से सामूहिक चेतना अनुपस्थित होती है और इसके स्थान पर संविदागत सम्बन्ध अधिक होते हैं। इस समाज में दमनकारी कानून का स्थान प्रतिकारी कानून ले लेता है।

बढ़ते श्रम विभाजन के कारण

दुर्खीम के सावयवी समाज की अवधारणा उद्विकास का एक परिणाम है। प्रारंभिक वर्षों में समाज की आवश्यकताएँ बहुत सीमित थी। इन आवश्यकताओं की पूर्ति सामान्य श्रम विभाजन द्वारा हो जाती थी। लेकिन जब समाज की आवश्यकताएँ बढ़ी तब समाज का विभेदीकरण भी बढ़ा। बढ़ते हुए विभेदीकरण के कारण श्रम विभाजन भी विकसित हुआ और इसके साथ जटिलताएँ भी आयी। बढ़ते हुए विभेदीकरण ने श्रम विभाजन को बढ़ाया और परिणामस्वरूप सावयवी समाज का उद्गम हुआ। इस समाज की विशेषताओं का विवरण और विश्लेषण हम अगले पृष्ठों में देंगे।

सावयवी समाज की विशेषताओं का सिलसिले से उल्लेख करने के पहले हमें यह जानना चाहिये कि आखिर इस प्रकार के समाज में श्रम विभाजन होने के कारण क्या हैं? वे कौन से कारक हैं जो श्रम विभाजन को त्वरित गति देते हैं ? ये कारण निम्नलिखित है।

(1) *जनसंख्या के घनत्व में वृद्धि*

शायद संसार की आज सबसे बड़ी समस्या जनसंख्या विस्फोट है। कुछ उन्नत देशों को छोड़कर अफ्रीका और एशिया जैसे देशों में जनसंख्या विस्फोट ने भयावह रूप ले लिया है। जनसंख्या वृद्धि के साथ-साथ शहरीकरण की प्रक्रिया भी त्वरित हो रही है। गाँव शहर बन रहे हैं और शहर, नगर या महानगर। जब जनसंख्या का घनत्व बड़े शहरों में बढ़ जाता है तब लोगों की आवश्यकताएँ भी विविध हो जाती हैं। कोई भी महानगर, उदाहरण के लिये हमारे देश में कलकत्ता, बम्बई और दिल्ली, जटिल श्रम विभाजन के दृष्टान्त हैं। औद्योगीकरण, शहरीकरण और आधुनिकीकरण ने महानगरों की जटिलता को हवा दी है। विभिन्न संस्कृतियों, धर्मों तथा वर्ग व जातियों के लोग महानगर में निवास करते हैं। लोगों की इस विभिन्नता ने महानगरों की आवश्यकताओं को भी विभिन्नता दी है। इस आधुनिक प्रक्रिया के परिणामस्वरूप श्रम विभाजन जटिल हो गया है और रोचक बात यह है कि आये दिन ऐसे समाजों की आवश्यकताओं के क्षितिज भी बदलते और बढ़ते रहते हैं। जितना अधिक जनसंख्या का घनत्व होगा उतना ही अधिक समाज विभेदीकरण की ओर बढ़ेगा।

(2) *जनसंख्या के नैतिक घनत्व में वृद्धि*

यह उल्लेखनीय बात है कि दुर्खीम के विवरण में हर स्थान पर नैतिकता का पहलू प्राथमिक स्थान ग्रहण करता है। दुर्खीम का तर्क है कि जनसंख्या में वृद्धि के साथ सामाजिक संरचना में जटिलता आती है। बहुत स्पष्ट है कि एक ही समूह अथवा व्यक्ति सभी कामों को नहीं कर सकते। अतः श्रम विभाजन अवश्यम्भावी है। वैसे उपयोगितावादियों और *सुखवादियों* (Hedonist) ने श्रम विभाजन के कारण कुछ दूसरे दिये हैं। उपयोगितावादी आग्रहपूर्वक कहते हैं कि श्रम विभाजन का कारण यह है कि लोग अधिक से अधिक विशिष्टीकरण करके सुख शांति चाहते हैं। सुखवादियों का भी यही आग्रह है कि श्रम विभाजन से आदमी की सुख शांति की खोज पूरी हो जाती है। दुर्खीम श्रम विभाजन के इन कारणों से असहमत हैं।

दुर्खीम के अनुसार श्रम विभाजन न तो व्यक्ति द्वारा अपने हित, रूचि अथवा संख्या की समझ पर निर्भर करता है और न यह उपयोगितावाद पर आधारित है। *दुर्खीम के अनुसार श्रम विभाजन एक विशुद्ध सामाजिक प्रक्रिया है।* इस प्रक्रिया का पहला पक्ष जनसंख्या की वृद्धि है। इसका दूसरा पक्ष नैतिक है। *यह समाज का नैतिक दायित्व है कि बढ़ती जनसंख्या के साथ प्रत्येक व्यक्ति को समाज में उचित स्थान और कार्य प्रदान करे।*

सावयवी समाज की विशेषताएँ

यांत्रिक समाज जनसंख्या के घनत्व में वृद्धि तथा जनसंख्या के नैतिक घनत्व में वृद्धि के कारण बराबर सावयवी समाज का स्वरूप ग्रहण करता है। इस समाज की विशेषताएँ इस प्रकार हैं :

(1) *विभेदीकरण की जटिल प्रक्रिया*

हमने ऊपर कहा है कि सावयवी समाज की आवश्यकताएँ बराबर बढ़ती रहती हैं। जितना अधिक समाज में विशिष्टकीकरण होगा, उतनी ही अधिक समाज की विशिष्ट आवश्यकताएँ होंगी। जो आवश्यकताएँ न्यूयार्क शहर के महानगर की हैं, वे बम्बई शहर की नहीं। वास्तविकता यह है कि विशिष्टीकरण की अधिकता समाज में विभेदीकरण करती है। हमारे देश में पंचवर्षीय योजनाओं, बड़े उद्योगों, कम्प्यूटरीकरण आदि के कारण एक छोटे गाँव से लेकर शहर तक विभेदीकरण आया है। कृषि में पूँजीवाद के सूत्रपात से क्रान्ति आयी है जिसे हम हरित क्रान्ति कहते हैं। गाँवों में भी वर्ग व्यवस्था आ गयी है। उपभोक्तावाद के क्षितिज, मीडिया के कारण बराबर बढ़ रहे हैं। कुल मिलाकर तर्क यह है कि आये दिन गैर-बराबरी की दिसाएं बराबर जटिल हो रही है। इस प्रकार का विभेदीकरण मुख्यतया श्रम विभाजन द्वारा आता है और यही

सावयवी समाज की बहुत बड़ी विशेषता है।

(2) *समाज के विभिन्न अंगों एवं व्यक्तियों में अन्योन्याश्रयन की वृद्धि*

औद्योगिक समाज की बहुत बड़ी विशेषता इसकी *प्रकार्यात्मक निर्भरता* (Functional dependence) है। मद्रास का एक कारखाना अपने कच्चे माल के लिये दुनियाँ भर के देशों पर निर्भर रहता है। एक कारीगर के काम को दूसरा कारीगर आगे बढ़ाता है, और यह सिलसिला वस्तु को बाजार में उपभोक्ता तक पहुँचाता है। यह एक तरह की कड़ी है जो ठेठ गाँव के आदमी को सम्पूर्ण राष्ट्र तक पहुँचाती है। कुल मिलाकर औद्योगिक समाज में कोई भी कार्य अपने आप में पूर्ण नहीं है। एक का काम दूसरे पर निर्भर है। करघे से कपड़ा नहीं निकलेगा तो थोक व्यापारी तक कपड़ा नहीं पहुँचेगा। इसी को दुर्खीम प्रकार्यात्मक निर्भरता कहते हैं। *रोचक तथ्य यह है कि सावयवी समाज में अत्यधिक विविधता होते हुए भी प्रकार्यात्मक निर्भरता के कारण सम्पूर्ण समाज में सम्बद्धता पायी जाती है।*

(3) *श्रम विभाजन में वृद्धि तथा विभिन्न व्यवसायों और पेशों का विकास*

दुर्खीम ने यह तर्क दिया है कि सावयवी समाज में एक प्रकार का गतिशील घनत्व होता है। इससे उनका तात्पर्य यह है कि *यदि समाज में विभेदीकरण होता है तो इसके परिणामस्वरूप समाज के व्यक्तियों में प्रभावपूर्ण सम्पर्क होते हैं।* इसका मतलब यह हुआ कि लोग एक दूसरे से पृथक समूहों में नहीं रहते जैसा कि यांत्रिक समाज में होता है। सावयवी समाज में तो व्यक्ति खुले रूप से मिलते हैं। *वास्तव में सावयवी समाज खण्डों में बंट जाता है और एक खण्ड दूसरे खण्ड के साथ प्रकार्यात्मक रूप से जुड़ा रहता है। लेकिन यहाँ यह नहीं भूलना चाहिये कि घनत्व की गतिशीलता भौतिक घनत्व पर निर्भर है। और भौतिक घनत्व तब अधिक होता है जब बहुत बड़ी संख्या में लोग एक दूसरे के सम्पर्क में आते हैं। इस तरह अंतिम विश्लेषण में यह कहा जाना चाहिये कि सामाजिक विभेदीकरण समाज के सदस्यों में वृद्धि यानी जनसंख्या वृद्धि के कारण होता है।*

यह नहीं समझना चाहिये कि दुर्खीम जनसंख्या वृद्धि के समर्थक थे। माल्थस और डार्विन ने जब जनसंख्या वृद्धि के सिद्धान्त को प्रेषित किया तो उनका तात्पर्य यह था कि अधिक जनसंख्या में भोजन के वितरण के लिये प्रतियोगिता होगी–सही अर्थों में यह प्रतियोगिता जीविकोपार्जन के लिये होगी। लेकिन दुर्खीम जनसंख्या वृद्धि का कारण कुछ और बताते हैं। वे जीविकोपार्जन से आगे बढ़कर यह कहते हैं कि बढ़ी हुई जनसंख्या का उद्देश्य अपने लक्ष्यों को प्राप्त करना होता है– लोग जीवन में संतोष पाना चाहते हैं, सामाजिक प्रतिष्ठा चाहते हैं। *अतः दुर्खीम का तर्क है कि बढ़ती हुई जनसंख्या*

जीविकोपार्जन की प्रतियोगिता की अपेक्षा अपनी महत्वाकांक्षाओं और प्रतिष्ठा प्राप्ति के लिये संघर्ष करती है। यह प्रतिष्ठा समाज से मिलती है और इसी कारण श्रम विभाजन में वृद्धि होती है और विभिन्न व्यवसायों तथा पेशों का विकास होता है।

(4) *सामूहिक प्रतिनिधान*

दुर्खीम ने *सामूहिक प्रतिनिधान* (Collective Representation) की अवधारणा का प्रयोग केवल श्रम विभाजन पुस्तक से ही किया हो, ऐसा नहीं है। इस अवधारणा का उल्लेख उन्होंने सामाजिक तथ्यों और धर्म के समाजशास्त्र में भी किया है। इस अवधारणा के सम्बन्ध अपने मूल में सावयवी समाज के साथ है। इस समाज में लोगों के जो भी विचार, संवेग अनुबन्ध, रीति-रिवाज आदि होते हैं, इन सबकी अभिव्यक्ति सामूहिक प्रतिनिधानों में होती हैं। सामूहिक प्रतिनिधान एक प्रकार से सावयवी समाज की *सांझा संस्कृति* (Composite Culture) होती है। हमारे देश में होली, दिवाली, दशहरा, गणतन्त्र दिवस, गांधी जयन्ती आदि ऐसे अवसर है, जिनमें सावयवी समाज के सभी सदस्यों की भागीदारी होती है। अतः सीमित अर्थों में सामूहिक प्रतिनिधान सावयवी समाज की वे सामान्य संस्थाएं हैं जो साधारण जनजीवन का प्रतिनिधित्व करती हैं। *जो स्थान यांत्रिक समाज में सामूहिक चेतना का है, वही स्थान सावयवी समाज में सामूहिक प्रतिनिधान का है।*

(5) *प्रतिकारी कानून*

दुर्खीम ने श्रम विभाजन में कानून, अपराध, दण्ड आदि अवधारणाओं का खूब प्रयोग किया है। यांत्रिक समाज में पाया जाने वाला दमनकारी कानून एक तरह से सामान्य विश्वासों और संवेगों का अभिसूचक है। जब समाज में सदस्य लगभग एक ही स्तर पर होते हैं, तब उनमें सामूहिक चेतना की भूमिका सम्बद्धता लाने के लिये प्रभावी रूप से काम करती है। *इसका मतलब यह हुआ कि यदि लोगों का सामाजिक जीवन एक जैसा है तो वे समान विश्वासों और संवेगों में बराबर भागीदारी करते हैं। ठीक इसके विपरीत प्रतिकारी कानून सामाजिक विभेदीकरण का अभिसूचक है।*

होता यह है कि सावयवी समाज में कई प्रकार के *खण्ड* (Segment) होते हैं। प्रत्येक खण्ड की अपनी एक सांस्कृतिक, आर्थिक और *इथनिक* (Ethnic) पहचान होती है। ऐसे समाज में जितने अधिक खण्ड होंगे यानी जितना अधिक विभेदीकरण होगा, उतने ही अधिक कानून होंगे। इस कानून का उद्देश्य दण्ड देना न होकर नागरिकों को सामान्य जीवन में पुनर्स्थापन करना होता है। इसी कारण प्रतिकारी कानून को कई बार *पुनर्स्थापना कानून* (Restitutive Law) भी कहते हैं। सावयवी समाज की इस प्रकार प्रतिकारी कानून के रूप में एक विशेष पहचान है।

श्रम विभाजन के असामान्य स्वरूप

(Abnormal Forms of Division of Labour)

किसी महानगर की यह सामान्य तस्वीर है : सुबह से लेकर शाम तक भाग-दौड़ है। लोग न जाने कितने किलो मीटर की यात्रा सुबह से शाम तक कर लेते हैं। इस महानगर में ढेर सारे व्यवसाय हैं। किसी को बात करने का समय नहीं है। दूसरी ओर इधर इसी महानगर की किसी कॉलोनी में लुटेरे वृद्ध दम्पत्ति की हत्या कर देते हैं और घर की सभी मूल्यवान वस्तुऐं बटोरकर ले जाते हैं, जैसे चोरी-चकारी करना उनका एक धन्धा हैं। इसी महानगर में दिन दहाड़े काला बाजारी होती है और इसी के बहुत से दफ्तरों में रिश्वत की धनराशि एक हाथ से दूसरे हाथ में दौड़ती है। गुण्डों का धन्धा जैसे जमीन पर अनाधिकार कब्जा करना है, धन लेकर मौत का ठेका लेते हैं। इसी महानगर में श्रमिक नेता पूरी राजनीति करते हैं और रोचक बात यह है कि इतनी बड़ी जनसंख्या वाले महानगर में ऐसे भी व्यक्ति हैं जो अपने आपको नितान्त अकेला पाते हैं।

सावयवी समाज के इस विकृत स्वरूप को दुर्खीम ने देखा न हो, ऐसा नहीं हैं। अपनी पुस्तक के अंतिम खण्ड में वे अत्यधिक विभेदीकरण के दुष्परिणामों का उल्लेख भी करते हैं। *वे पूरी दृढ़ता के साथ कहते हैं कि श्रम विभाजन केवल एक सामान्य प्रघटना ही नहीं है, सभी सामाजिक तथ्यों की तरह या सभी जैवकीय तथ्यों की तरह इसमें भी व्याधिकीय स्वरूप या असामान्य तत्व होते हैं। सामान्य परिस्थितियों में यद्यपि श्रम विभाजन से सामाजिक सुदृढ़ता आती है, लेकिन कभी कभार कुछ ऐसा भी होता है कि हमें विपरीत परिणाम देखने को मिलते हैं।*

हमें अत्यधिक विशिष्टीकरण वाले समाज में अपराधिक व्यवसाय तस्करी, कालाबाजारी, भ्रष्टाचार जैसी गतिविधियाँ भी देखने को मिलती है। सावयवी समाज का यह विकृत रूप स्पष्टतः सुदृढ़ता का निषेध है और फिर भी इसे विशिष्ट गतिविधि कहा जाता है। वास्तव में यह दुर्खीम के अनुसार श्रम विभाजन न होकर केवल विशुद्ध विभेदीकरण है। यह विभेदीकरण कुछ इस तरह का है जब किसी शरीर में केंसर और तपेदिक के कीटाणु विभेदीकरण करते हैं। दुर्खीम ने श्रम विभाजन के इस विकृत रूप को *ऐनोमिक* (Anomic) यानी असामान्य कहा है और इसके वे कुछ दृष्टान्त देते हैं।

सावयवी समाज में आये दिन औद्योगिक या वाणिज्य सम्बन्धी संकट आते रहते हैं। ये संकट आंशिक रूप से सावयवी सुदृढ़ता को आघात पहुँचाते हैं । इससे प्रमाणित होता है कि एक निश्चित अवस्था में पहुँचकर सावयवी समाज का विशिष्टीकरण ~ग्लते और विकसित होते व्यवसायों के साथ तालमेल नहीं बैठ पाता।

बैंक घोटाला, आतंकवाद आदि इसी तालमेल के अभाव को बताते हैं।

सावयवी समाज के श्रम विभाजन में एक और असामान्य स्वरूप पूँजी और श्रम के क्षेत्र में देखने को मिलता है। जब औद्योगिक कार्य अधिक विशिष्ट हो जाते हैं, तब सावयवी सुदृढ़ता अधिक संकटग्रस्त हो जाती है। बात यह है कि ज्यों-ज्यों इस प्रकार के समाजों में पूँजी का केन्द्रीयकरण होता हैश्रमिक वर्गों का संतोष गड़बड़ा जाता है। कई बार तो यह समझा जाता है कि श्रम विभाजन के परिणामस्वरूप सामाजिक जीवन में असामान्यतया आना एक अनिवार्यता है। *दुर्खीम आग्रहपूर्वक कहते हैं कि कई बार जब सावयवी समाज में व्यवसाय अत्यधिक विशिष्ट (Specialized) बन जाते हैं, तो इसका परिणाम समाज के लिये विघटनात्मक होता है।*

कॉम्ट ने भी श्रम विभाजन की व्याख्या की है। उनका तो निष्कर्ष है कि प्रत्येक परिस्थिति में श्रम विभाजन समाज की सुदृढ़ता का स्रोत होता है। दुर्खीम कॉम्ट के इस निष्कर्ष से संतुष्ट नहीं हैं। उनका तो कहना है कि जब कभी समाज में अत्यधिक विभेदीकरण आता है तब श्रम विभाजन के दुष्परिणाम निश्चित होते हैं। उनके अनुसार श्रम विभाजन की चरम स्थिति निम्न समस्याओं को जन्म देती है :

(1) व्यक्तिवाद का अत्यधिक विकास,

(2) व्यक्ति के अन्दर सामूहिक एवं पारस्परिक निर्भरता की भावना का अभाव

(3) प्रतिमानहीनता यानी ऐनोमी (Anomy)

यांत्रिक और सावयवी समाज की तुलना
(Comparison of Mechanical and Organic Society)

विशुद्ध रूप से कोई भी यांत्रिक समाज यांत्रिक नहीं होता और न सावयवी समाज विशुद्ध रूप से सावयवी होता है। महत्वपूर्ण बात यह है कि ये दोनों समाज उद्विकास की प्रक्रिया से बराबर गुजरते रहते हैं। कोई यांत्रिक समाज विकसित होता हुआ आगे बढ़ जाता है और कोई पीछे। वास्तव में जैसा कि *रोबर्ट रेडफील्ड* (Redfield) कहते हैं इन दो प्रकार के समाजों में, यानी ग्रामीण और नगर में, बराबर निरन्तरता बनी रहती है। इस गतिशीलता के होते हुए भी कुछ बिन्दुओं पर हम इन दोनों समाजों में अन्तर कर सकते हैं। अन्तर करने से पहले हमें यह पुनः दोहराना चाहिये कि *समाज में इन दोनों प्रकारों में सुदृढ़ता होती है, अन्तर केवल सुदृढ़ता की प्रकृति में है। दुर्खीम का उद्देश्य यह बताना रहा है कि इन दोनों समाजों में समाज और व्यक्ति के सम्बन्ध किस प्रकार घटते बढ़ते हैं। कुल मिलाकर दुर्खीम का निष्कर्ष है कि दोनों समाजों में सम्पूर्ण सत्ता या प्रभाव समाज में होता है। समाज ही अंतिम निर्णायक है और व्यक्ति तो*

समाज के इशारे पर किसी भी कठपुतली की तरह गतिविधि करता है।

निश्चित रूप से यांत्रिक और सावयवी समाज भिन्न हैं। लेकिन इनमें समानता भी है। उदाहरण के लिये दोनों समाज समूह की भावना को सर्वोपरि समझते हैं। दोनों समाजों के कानून में अन्तर होते हुए भी समाज शक्तिशाली रहता है। दोनों में सुदृढ़ता समाज रूप से पायी जाती है। अगले पृष्ठों में कतिपय बिन्दुओं पर समाज के इन दोनों प्रकारों का अन्तर देखेंगे:

(1) यांत्रिक समाज में भेदभाव नहीं होता, जबकि सावयवी समाज में पर्याप्त विभेदीकरण होता है

यांत्रिक समाज वस्तुतः बहशी, आदिम, या ग्रामीण समाज होता है। इस समाज में लोग लगभग एक समान होते हैं। उनकी जीवन पद्धति भी प्रायः एक ही लीक पर चलती है। सभी का व्यवसाय, पूजा-पाठ या राजनीतिक व्यवस्था एक समान होती है। इस समाज में गैर-बराबरी न्यूनतम होती है और सजातीयता अधिकतम। समाज के सदस्य हरफनमौला होते हैं। कहीं कोई विशिष्टीकरण नहीं। समाज का हर सदस्य सभी तरह के काम को अपने ढंग से कर लेता है। *यांत्रिक समाज इस भाँति सम्पूर्ण समाज (Whole Society) होता है।*

सावयवी समाज में विभेदीकरण होता है। प्रत्येक काम को करने के लिये कुछ विशिष्ट लोग होते हैं। कामों की यह दक्षता या विशिष्टता इस समाज को विकसित और विभेदीकृत बना देती है। इस समाज में गतिशीलता का घनत्व होता है और इसकी जनसंख्या में बराबर वृद्धि होती रहती है। जिसे हम नगरीय या महानगरीय समाज कहते हैं, वहीं वस्तुतः सावयवी समाज है।

(2) यांत्रिक समाज में व्यक्तिवाद का अभाव होता है, जबकि सावयवी समाज में वैयक्तिक चेतना को स्वतन्त्रता होता है

दुर्खीम के तत्कालीन समाज में उपयोगितावादी और सुखवादी व्यक्ति को प्रमुख स्थान देते थे। दुर्खीम को यह स्वीकार नहीं था। उनकी निश्चित धारणा थी कि यदि व्यक्तिगत चेतना को प्रधानता दी गयी तो ताश के पत्तों के महल की तरह समाज में व्यक्ति बिखर जायेंगे। यह इसी वैचारिकी के प्रभाव के कारण है कि दुर्खीम यांत्रिक समाज में व्यक्ति को निम्न स्थान देते हैं। यह कुछ ऐसे हैं जैसे सूरज की किरणों के आगे दीपक का प्रकाश प्रभावहीन हो जाता है। इस समाज में पंच ही परमेश्वर है, जनता ही जनार्दन है। किसी भी व्यक्ति में यह क्षमता नहीं होती और न साहस होता है कि वह समाज के निर्णय के विपरीत अपनी अंगुली उठा सके।

सावयवी समाज में व्यक्ति स्वतन्त्र होता है। वह मनमाने ढंग से विनिमय करता है। यदि उस पर कोई नियन्त्रण है, तो बाजार का। व्यक्ति को इस तरह की स्वतन्त्रता होते हुए भी समाज के आगे उसका निर्णय अंतिम नहीं होता। सतही रूप से तो ऐसा लगता है कि व्यक्ति ने ही अनुबंध पर हस्ताक्षर किये हैं लेकिन अनुबंध का जो मुजमुन है, उसमें जो मूल्य और विश्वास हैं, वे समाज द्वारा ही स्वीकृत हैं। जिसे पाप और पुण्य कहते हैं, इसका निर्णय व्यक्ति नहीं करता, अन्ततोगत्वा समाज ही करता है। *अतः सावयवी समाज में व्यक्ति का स्थान प्रमुख होते हुए भी, पृष्ठभूमि में समाज ही प्रमुख होता है।*

(3) यांत्रिक समाज की सुदृढ़ता, सामूहिक चेतना द्वारा और सावयवी समाज की सुदृढ़ता, सामूहिक प्रतिनिधान द्वारा बनी रहती है

यांत्रिक समाज की आत्मा उसके विश्वासों और संवेगों में निहित है। गाय या बिल्ली को जान से मार देना, सामूहिक विश्वास और संवेग को आघात पहुँचाना है। यदि कोई जाने-अनजाने यह अपराध कर देता है तो समाज उसे दण्ड देता है। इसी कारण विश्वास और संवेग शक्ति के वे स्रोत हैं, जिनके माध्यम से समाज की एकता और सम्बद्धता बनी रहती है।

सावयवी समाज में सामूहिक चेतना क्षीण हो जाती है। यहाँ समाज की एकता को बनाये रखने का काम सामूहिक प्रतिनिधान करते हैं। इस समाज में जो भी गतिशीलता होती हैं, जैसी भी संविदा होती है, उसका प्रतिनिधित्व सामूहिक प्रतिनिधान करते हैं। वास्तव में सावयवी समाज में एकाधिक विशिष्टीकरण होते हें। इसमें अगणित संस्कृतियाँ होती है। इसमें कई भाषाई समूह होते हैं। इसमें पर्याप्त विभेदीकरण होता है। इसमें गैर-बराबरी का अन्तराल अधिक होता है। *इस सम्पूर्ण विविधता का प्रतिनिधित्व सामूहिक प्रतिनिधान करते हैं। जहाँ समाज की सुदृढ़ता सामूहिक चेतना से बनी रहती है, वहाँ सावयवी समाज की सुदृढ़ता बनाये रखने में सामूहिक प्रतिनिधानों का योगदान प्रभावपूर्ण होता है।*

(4) यांत्रिक समाज में दमनकारी कानून होता है, जबकि सावयवी समाज में प्रतिकारी या पुनर्स्थापना कानून होता है

यांत्रिक समाज अपराध और दण्ड की दृष्टि से सावयवी समाज से सर्वथा भिन्न है। यह अन्तर प्रायः जमीन आसमान जैसा होता है। *यांत्रिक समाज में अपराध वह है जो सामूहिक चेतना को ठेस पहुँचाए, उस पर आघात करे।* इस समाज में अपराध का सीधा मतलब होता है समाज की सुदृढ़ता में दरार पैदा करना। ***सावयवी समाज में अपराध वह है जो संविदा या अनुबन्ध का उल्लंघन करे। यहाँ अपराध व्यक्तियों पर केन्द्रीत है,***

जबकि यांत्रिक समाज का अपराध सीधा समूह से सरोकार रखता है।

यांत्रिक समाज की दण्ड की अवधारणा भी सावयवी समाज से पृथक है। यांत्रिक समाज में जब व्यक्ति को दण्ड दिया जाता है तो इसका मतलब उसे इस तरह दबाना है कि वह कभी भी भविष्य से सामूहिक विश्वास और संवेग को संदेह की दृष्टि से नहीं देखे। सावयवी समाज सुधारवादी है। उसका उद्देश्य दण्ड द्वारा व्यक्ति की समाज में पुनर्स्थापना करना है।

(5) यांत्रिक समाज की सुदृढ़ता नैतिकता पर आधारित होती है, जबकि सावयवी समाज की सुदृढ़ता अनुबन्ध पर निर्भर होती है

यांत्रिक समाज में कोई लिखा-पढ़ी नहीं होती, परम्परा के अनुसार लोग अपना काम करते हैं। जो भी अनुबन्ध या करार होते हैं, सब मौखिक। न कोई दस्तावेज और न कोई गवाह। लोगों के सम्बन्ध पूर्ण रूप से परम्परागत आचार और नैतिकता से बन्धे होते हैं। आज भी हमारे देश में एक आदिवासी के लिये अदालत द्वारा दण्डित होने पर कारागृह में रहना कोई शर्म या हीनता की बात नहीं हैं। लेकिन जब वह अपने पंचों द्वारा प्रताड़ित होता है, दंडित होता है, तो इससे बढ़कर उसके लिए डूब मरने की सी मनःस्थिति बन जाती है। कुल मिलाकर, यांत्रिक समाज की नींव नैतिकता और आचार की भूमि पर अवस्थित होती है।

सावयवी समाज में जहाँ लोग एक दूसरे को व्यक्तिगत रूप से नही जानते, नैतिकता की भूमिका बहुत सीमित होती है। इसका स्थान इस समाज में संविदा ले लेता है। इस समाज की सुदृढ़ता का आधार संविदा ही होती है।

(6) यांत्रिक समाज अपने सदस्यों को प्रत्यक्ष रूप से जोड़ता है, जबकि सावयवी समाज में यह जोड़ या एकता प्रकार्यात्मक निर्भरता द्वारा आती है

दुर्खीम आग्रहपूर्वक कहते हैं कि जिस तरह की सुदृढ़ता यांत्रिक समाज में होती है, कुछ वैसी ही सुदृढ़ता सावयवी समाज में भी होती हैं। यांत्रिक समाज में विशिष्टीकरण नहीं होता। लोग एक जैसे या मिलते-जुलते धन्धे करते हैं। जैसे हमारे यहाँ गाँव के लोग या आदिवासी खेती-बाड़ी करते हैं वैसे ही यांत्रिक समाजों में व्यक्ति अपने धन्धे को लेकर दूसरों पर निर्भर नहीं रहता। यहाँ लोग रूबरू एक दूसरे मिलते हैं और यही उनकी एकता है।

सावयवी समाज में व्यक्ति गुमनाम हो जाता है। उसका दूसरे व्यक्तियों के साथ जो भी सम्बन्ध होता है, वह कार्यों को लेकर होता है। मानवशास्त्री इसे प्रकार्यात्मक निर्भरता कहते हैं। इस समाज की एकता और सम्बद्धता प्रकार्यों के सम्बन्ध के कारण

होती है। कपास के खेत में काम करने वाला खेतीहर सहज रूप से विदेश के बाजार से जुड़ जाता है। यह इस तरह कि यदि फ्रान्स या जर्मनी में पास की अत्यधिक माँग है और भारत से कपास के निर्यात में अधिक मूल्य मिलता है तो यहाँ खेतीहर के कपास का मूल्य भी बढ़ जाता है। सावयवी समाज की प्रकार्यात्मक निर्भरता इतनी सशक्त होती है कि वह सम्पूर्ण विभेदीकृत समाज को सुदृढता के कोख में समा लेती है।

(7) यांत्रिक समाज की संरचना सम्बद्धता में बंधी होती है, जबकि सावयवी समाज की व्यवस्था खण्डात्मक (Segmental) होती है

यांत्रिक समाज में संस्कृति, इथनीसिटी और जीवन पद्धति सजातीय होते हैं। इसी कारण इस समाज में लोग एक दूसरे के साथ प्रत्यक्ष रूप से जुड़े होते हैं। सावयवी समाज में ऐसा होना सम्भव नहीं होता। इस समाज में सांस्कृतिक, क्षेत्रीय, व्यावसायिक विभिन्नता होती है। इस कारण यह समाज *सांस्कृतिक-क्षेत्रीय-भाषायी खण्डों* में बंट जाता है। खण्डात्मक विभाजन जाति और वर्ग के अनुसार भी सावयवी समाज में देखने को मिलता है। *खण्डात्मकता और सजातीयता सावयवी और यांत्रिक समाजों का बहुत बड़ा अन्तर है।*

(8) यांत्रिक समाज में संरचना प्रायः सामान्य (Normal) होती है, जबकि सावयवी समाज में संरचना असामान्य (Abnormal) भी होती है

यांत्रिक समाज भाईचारे का समाज है, सजातीय समाज है। इस समाज में लोग जैसा कि मानवशास्त्री कहते हैं परिवार, कबीला, गौत्र और नातेदारी द्वारा जुड़े होते हैं। किसी गाँव के एक परिवार की बहू वस्तुतः सारे गाँव और नातेदारों की बहू समान होती है। बन्धुत्व की यह भावना सावयवी समाज में अनुपस्थित होती है। इस समाज में जनसंख्या का घनत्व होता है और इस कारण इसमें अतिभेदीकरण देखने को मिलता है। इस समाज में जोड़-तोड़, उठक-पटक, काला बाजारी, तस्करी और आतंकवादी भी होते हैं। जब विभेदीकरण की पराकाष्ठा हो जाती है, तो असामान्यता उभरकर सामने आ जाती है।

उपसंहार
(Conclusion)

दुर्खीम एक चरित्रवान व्यक्ति थे। एक स्थान पर *राल्फ वेल्डो इमरसन* (Ralph Waldo Emerson) लिखते हैं कि *ऐसे व्यक्ति उस समाज की आत्मा होते हैं जिसमें वे रहते हैं।* वास्तव में दुर्खीम अपने समय की विचारधारा, घटनाओं और परिस्थितियों के दर्पण थे। उनमें झाँक कर देखो और समाज की छवि उजागर हो जायेगी। दुर्खीम ने अपने मनोवांछित सिद्धान्तों को व्यवहार में लाकर अपने समय की घटनाओं को

व्यवस्थित रूप से रखने का प्रयास किया।

जीवन-पर्यन्त दुर्खीम अपने समय के नैतिक मुद्दों के साथ पूरी तरह से समर्पित होकर संघर्षरत रहे। उनके जीवन का उद्देश्य यही था कि जिस फ्रान्स राष्ट्र के वे निवासी थे, उसका नैतिक-पुनर्जीवन किया जाये। लेकिन वे कभी भी अपने उद्देश्य प्राप्ति में किसी तरह की कोताही करना नहीं चाहते थे। उनकी यह दृढ़ मान्यता थी कि एक समाज वैज्ञानिक को अपने समाज की गतिविधियों में दखलंदाजी करनी चाहिये और उन्होंने यह देखा भी कि जिस तरह वैज्ञानिक पद्धति से उन्होंने जाँच पड़ताल की उसके प्रति लोगों का विश्वास भी बढ़ा। वे इस प्रकार के समाज विज्ञान का निर्माण करना चाहते थे, जो सार्वजनिक गतिविधियों की आधारशिला बन सके। लेकिन यह दुर्भाग्यपूर्ण था कि शिक्षा के क्षेत्र को छोड़कर वे कहीं भी समाजशास्त्रीय प्राप्तियों को सामाजिक विधान पर विस्तृत रूप से लागू नहीं कर पाये।

इतना परिसीमन होते हुए भी उन्होंने समाज सुधार के कुछ प्रस्ताव रखे। उत्तराधिकार के नियमों में उन्होंने कुछ संशोधन करवाये। श्रम विभाजन के असामान्य परिवारों पर रोक लगाने की कोशिश भी की ओर पेशेवर समितियों को व्यक्ति और समाज के बीच का मध्यस्थ बनाया। लेकिन वे कहीं पर भी कॉम्ट, स्पेन्सर या मार्क्स की तरह अपने वैज्ञानिक निष्कर्षों को निश्चित रूप से लागू नहीं कर सके। यहाँ यह कहना भी महत्वपूर्ण है कि जहाँ-जहाँ दुर्खीम ने अपनी रचनाओं में सामाजिक व्यवस्था और एकता का प्रश्न उठाया, लोगों ने उन्हें रुढ़िवादी करार किया।

इन कतिपय कमजोरियों के होते हुए भी दुर्खीम की रचनाएं वस्तुतः एक महान् लेखक की रचनाएँ है। उन्होंने समाजशास्त्र में संरचनात्मक प्रकार्यात्मक विश्लेषण के अनिवार्य नियमों को स्थापित किया, समाज के अध्ययन में मनोवैज्ञानिक विधियों की आलोचना की, उन्होंने नियमहीनता (Anomie), सामाजिक एकीकरण और सावयवी सुदृढ़ता जैसी अवधारणाओं को प्रतिपादित किया और आधुनिक समाजशास्त्र के निर्माण में अत्यधिक योगदान दिया। सहजता से उनकी तुलना उनके जर्मन समकालीन मेक्स वेबर से की जा सकती है। आज भी उनकी रचनाओं में आचार और नैतिकता की जो सौंधी गंध है, सभी ओर महक रही है।

दुर्खीम युग प्रवर्तक थे, वे प्रत्यक्षवादी थे। वे *आनुभविकवादी* (Empiricist) थे, वे *अरूपान्तरणवादी* (Anti reductionists) थे, और उन्होंने उपयोगितावादियों, सुखवादियों और व्यक्तिवादियों का दृढ़तापूर्वक खण्डन किया। किसी भी एक व्यक्ति के जीवन काल में यह सब योगदान निश्चित रूप से अपेक्षा से अधिक है।

अध्याय 4

समाजशास्त्रीय पद्धति के नियम : सामाजिक तथ्य
(Rules of Sociological Method : Social Fact)

दुर्खीम की *द रूल्स ऑफ सोशियोलोजीकल मेथड* यानी 'समाजशास्त्रीय पद्धति के नियम' रचना का प्रकाशन ई. 1895 में हुआ। इससे पहले वे श्रम विभाजन पुस्तक को लिख चुके थे। दुर्खीम के युग में जहाँ एक और दर्शनशास्त्र की पद्धति प्रचलित थी, वहीं दूसरी ओर *प्रत्यक्षवादी विधि* (Positivistic Method) समाजशास्त्र और अर्थशास्त्र में प्रभावी ढंग से प्रयुक्त होती थी। दुर्खीम समाजशास्त्र को एक स्वतन्त्र समाज विज्ञान की तरह स्थापित करना चाहते थे। किसी भी विज्ञान की व्याख्या में, चाहे वह विज्ञान प्राकृतिक हो या सामाजिक, तीन कसौटियों को काम में लिया जाता है : *सिद्धान्त* (Theory) *आधार सामग्री* (Data) और *विधि* (Method) यदि समाजशास्त्र को एक बौद्धिक विद्या की तरह स्थापित करना था तो इसके लिये भी इन तीनों तत्वों की आवश्यकता थी। श्रम विभाजन में दुर्खीम ने जहाँ पर्याप्त आधार सामग्री को एकत्र किया था, वहीं उन्होंने एक निश्चित विधि का प्रतिपादन भी किया और अन्त में श्रम विभाजन पर एक वैज्ञानिक विधि को तैयार किया। श्रम विभाजन के लेखन के बाद उनके लिये यह उपयुक्त था कि वे समाजशास्त्र के विधि सम्बन्धी कुछ नियमों को बनावें। इस पुस्तक में उन्होंने यही काम किया है।

दुर्खीम उपयोगितावाद के विरोधी थे। वे कॉम्ट के निम्न स्तरीय सिद्धान्त से भी असहमत थे। उनका आग्रह समाजशास्त्र के लिये एक ऐसी विधि को विकसित करना था जो तथ्य परक, वस्तुगत और आनुभविक हो।

समाजशास्त्रीय पद्धति के नियम

(The Rules of Sociological Method)

विषय सामग्री

जब 1895 ई. में समाजशास्त्रीय विधि पर दुर्खीम की पुस्तक आयी तो इस पर समाज विज्ञानों में काफी अच्छी बहस हुई । उस समय की विधि सम्बन्धी प्रचलित विचारधारा को दुर्खीम ने झकझोर दिया। यह पुस्तक उपयोगितावाद का विरोध करती है। इसका विरोध व्यक्तिवाद से भी है। शायद इन दो कारणों से इसका प्रकाशन विवाद पूर्ण रहा। जहाँ तक पुस्तक के कलेवर का प्रश्न है, दुर्खीम की सभी रचनाओं में यह पुस्तक एकदम संक्षिप्त है। इस पुस्तक में क्लिष्टता और दुरूहता भी अधिक है। पेरेटो की तरह दुर्खीम के लेखन में भी कई स्थानों पर अस्पष्टता दिखाई देती है। पारसंस के एक सिद्धान्तवेत्ता होने की हैसियत से दुर्खीम की इस रचना का गहन अध्ययन प्रस्तुत किया है। यहाँ हम समाजशास्त्रीय पद्धति के नियम जिसे दुर्खीम ने रखा है, उनका विश्लेषण करने से पूर्व यह देखना पसंद करेंगे कि दुर्खीम कालीन यूरोपीय युग में समाज विज्ञानों में जो विधियाँ प्रचलित थी, उनका दुर्खीम पर कितना प्रभाव पड़ा। इसके बाद हम समाजशास्त्रीय विधि का जिसे दुर्खीम ने प्रस्तावित की है, विस्तृत अध्ययन प्रस्तुत करेंगे।

विधि (Method) सम्बन्धी पृष्ठभूमि

19 वीं शताब्दी के अन्त में समाज विज्ञानों में उपयोगितावाद का प्रभाव बहुत अधिक था। अर्थशास्त्रियों के अतिरिक्त समाजशास्त्रियों में स्पेन्सर ने भी इस विधि को सामाजिक प्रघटनाओं और सामाजिक वास्तविकताओं के अध्ययन के लिये उपयुक्त समझा। वास्तव में दुर्खीम आधुनिक समाज की उपयोगितावादी अवधारणा के प्रबल विरोधी थे। यदि उपयोगितावाद उत्तरी ध्रुव पर स्थित था तो दुर्खीम की विधि पद्धति दक्षिणी ध्रुव पर। *दुर्खीम ने अपने स्तर पर एक प्रत्यक्षवादी सिद्धान्त (Positivistic Theory) को बनाया जो उपयोगितावादी प्रत्यक्षवाद के विपरीत था।*

पारसंस *स्ट्रक्चर ऑफ सोशल एक्शन* में जहाँ सामाजिक क्रिया के ऐच्छिक सिद्धान्त को बनाने में सम्पूर्ण विधि पद्धति का अवलोकन करते हैं, वहाँ उनका कहना है कि दुर्खीम की विधि पद्धति के दो बहुत बड़े आधार हैं : (1) उपयोगितावादी व्यक्तिवाद का विरोध, और स्वयं (2) दुर्खीम का प्रत्यक्षवादी सिद्धान्त। मोटे तौर पर यह कहना चाहिये कि 19 वीं शताब्दी के यूरोप में प्रत्यक्षवाद (Positivism) एक प्रभावपूर्ण विधि थी। इसे नकारा नहीं जा सकता। समाज विज्ञानों में प्रत्यक्षवाद

विज्ञानवाद (Scienticism) से आया है। जब समाज वैज्ञानिकों को लगा कि उन्हें भी प्राकृतिक विज्ञानों की तरह एक विधि निश्चित करनी चाहिये, तब प्रत्यक्षवाद को *एडम स्मिथ* (Adam Smith) और *मार्शल* (Marshall) जैसे अर्थशास्त्रियों ने अपनाया। अर्थशास्त्र को प्रत्यक्षवादी समाज विज्ञान बनाने का श्रेय उपयोगितावाद को ही है। लेकिन प्रत्यक्षवाद के भी कई स्वरूप यानी ब्राण्ड हैं। एक प्रत्यक्षवाद तो उपयोगितावादी है, इसमें व्यक्तिवाद पर अधिक बल दिया जाता है। दूसरा प्रत्यक्षवाद स्वयं दुर्खीम का है जिसमें वे समाज या समूह पर बल देते हैं। यदि हम कहें कि दुर्खीम प्रत्यक्षवादी थे तो हमारा कथन सही है। लेकिन हमें यह भी कहना होगा कि दुर्खीम उपयोगितावादी प्रत्यक्षवादी नहीं थे। यह इसलिये कि उनका बल व्यक्तिवाद पर नही है। जब हम यहाँ दुर्खीम की विधियों की चर्चा करते हैं तो हमारा तात्पर्य अवलोकन, अनुसूची, साक्षात्कार आदि पद्धतियों से नहीं है। विधि तो एक तर्क है और इस तर्क द्वारा ही अनुसंधान को आगे बढ़ाया जाता है। दुर्खीम ने सामाजिक तथ्यों की जिस भाँति व्याख्या की है, उसे हमें यूरोप के तत्कालीन समाज में विधि-पद्धति के संदर्भ देखना चाहिये। यहाँ हम विधि सम्बन्धी इसी पृष्ठभूमि को रखेंगे।

उपयोगितावादी दुविधा (Dilemma)

यहाँ यह देखना अनिवार्य है कि उपयोगितावादी व्यवस्था के विधि सम्बन्धी लक्षण कौन से हैं। पारसंस इसे परिभाषित करते हैं। उनके अनुसार उपयोगितावाद की केन्द्रीय समस्या यह जानने की है कि *व्यक्ति किस प्रकार अपनी आवश्यकताओं और इच्छाओं को पूरा करते हैं।* समाज में प्रत्येक व्यक्ति की कुछ बुनियादी आवश्यकताएँ होती हैं। उसे रोटी, कपड़ा, मकान, स्वास्थ्य और शिक्षण सुविधाएँ चाहिये। इन बुनियादी आवश्यकताओं के अतिरिक्त व्यक्ति की कुछ महत्वाकांक्षाएं भी होती हैं। वह इन सबकी पूर्ति तर्क और विवेक द्वारा करता है। स्पष्टतः यह उपयोगितावाद है। आवश्यकताएँ व्यक्तिनिष्ठ समझी जाती हैं। एक व्यक्ति की आवश्यकताएँ दूसरे व्यक्ति से भिन्न होती हैं और इसलिये जहाँ तक आवश्यकताओं की पूर्ति का सवाल है, एक व्यक्ति दूसरे व्यक्ति से भिन्न होता है। *अतः उपयोगितावादी यह मानकर चलते हैं कि आवश्यकताएँ बनी बनायी हैं। व्यक्ति को तो उन्हें केवल पूरा करना है।* अब जब व्यक्ति इन्हें पूरा करने का प्रयास करता है तो उसके सामने *दुविधा* (Dilemma) आती है। वह अपनी आवश्यकताओं की पूर्ति *साध्य-साधन* (Means-End) की पद्धति से करता है। अपना जीवन-स्तर ऊंचा उठाने के लिये व्यक्ति को अधिक आय चाहिये, इसे साध्य कहते हैं। अधिक धन उपार्जन करने के लिये समाज द्वारा स्वीकृत *साधन* (Means) होते हैं। साध्य-साधन की यह अवधारणात्मक रूपरेखा उपयोगितावाद का आधार है। अब यहाँ आकर उपयोगितावादी कहते हैं व्यक्ति तर्क और विवेक द्वारा यह

निश्चित करता है कि किन साधनों से वह अपने साध्य को प्राप्त कर सकेगा।

उपयोगितावादी चाहे मार्शल हो या दुर्खीम, तथ्य को देखते हैं। प्राकृतिक वैज्ञानिक भी प्रयोगशाला में *पदार्थ* तथ्य (Fact) को देखते हैं। जब दुर्खीम उपयोगितावाद की इस व्याख्या को अपनाते हैं, तो उन्हें कठिनाई आती है। प्राकृतिक विज्ञानों की प्रयोगशाला में *तथ्य* को देखा जा सकता है, तोला जा सकता है, और मापा जा सकता है। अर्थशास्त्री भी गणित और सांख्यिकी द्वारा वस्तुओं का लेखा-जोखा कर सकते हैं। *लेकिन दुर्खीम इस तरह के उपयोगितावाद में कई कठिनाइयाँ पाते हैं। इन कठिनाइयों में बहुत बड़ी कठिनाई यह है कि उपयोगितावाद गुणात्मक तथ्यों (Qualititive Facts) का विश्लेषण नहीं कर पाता।* गुणात्मक तथ्यों का विश्लेषण स्पेन्सर भी नहीं कर पाये। इसी कारण उपयोगितावाद की समाज विज्ञानों में बहुत सीमित भूमिका है। दुर्खीम ने सामाजिक तथ्यों के नाप-तोल का अलग तरीका निकाला है। *वे प्रत्यक्षवादी तो हैं, लेकिन उपयोगितावाद के व्यक्तिवादी नहीं।* उनका कहना है कि व्यक्ति की अपेक्षा सामाजिक तथ्य जो समाज के ही अंग हैं, प्रत्यक्षवादी है।

दुर्खीमकालीन यूरोप में जहाँ उपयोगितावादी व्यक्तिवाद पर सभी समाज वैज्ञानिक बल देते थे, दुर्खीम ने नया प्रत्यक्षवाद रखा। उन्होंने व्यक्तिवाद पर कोई बल नहीं दिया। उनका दबाव समाज पर था। *अतः दुर्खीम के प्रत्यक्षवाद की केन्द्रीय विषय वस्तु सामाजित तथ्य थे, जबकि उपयोगितावाद में केन्द्रीय तथ्य व्यक्ति था।* दुर्खीम ने अपनी इस संक्षिप्त रचना में इस तथ्य पर जोर दिया है कि *जब हम समाजशास्त्र को एक स्वतन्त्र समाज विज्ञान की तरह स्थापति करते हैं तो हमें निश्चित रूप से यह भी तय करना पड़ेगा कि इसकी विधियाँ कौन सी होंगी, कौन सी आधार सामग्री होगी और कौन से सिद्धान्त होंगे।*

समाजशास्त्रीय पद्धति के नियाम की पहली विशेषता जो दुर्खीम ने रखी है और जिसका उल्लेख हमने ऊपर किया है, वह उपयोगितावाद और व्यक्तिवाद का विरोध है। यहाँ दुर्खीम कहते हैं कि उपयोगितावादी-व्यक्तिवादी अध्ययन विधि प्रत्यक्षवादी तो है लेकिन इसका आधार व्यक्तिवाद है। व्यक्ति विवेकपूर्ण ढंग से अपनी आवश्यकताओं की पूर्ति करता है। उसमें तर्क है लेकिन दुर्खीम का आग्रह है कि व्यक्ति की आवश्यकताएँ स्वयं व्यक्ति पूरी नहीं करता, समाज यानी सामाजिक तथ्य करते है और इसलिये वे सामाजिक तथ्यों पर केन्द्रीत विधि को प्रत्यक्षवाद की तरह परिभाषित करते हैं। दूसरे शब्दों में, *जहाँ उपयोगितावाद का केन्द्र व्यक्ति है, वहाँ दुर्खीम के प्रत्यक्षवाद का केन्द्र सामाजिक तथ्य है।*

दुर्खीम के समाजशास्त्रीय पद्धति के नियम की रचना छः अध्यायों में विभाजित है।

वे प्रारम्भ में सामाजिक तथ्य के अर्थ को परिभाषित करते हैं। आगे चलकर वे सामान्य तथा व्याधिकीय तथ्यों के भेद को स्थापित करके उनका विवेचन भी करते हैं। इसके बाद वे सामाजिक तथ्यों की व्याख्या के नियम प्रस्तुत करते हैं। अपने अंतिम अध्याय में वे कुछ सामाजिक तथ्यों को समाजशास्त्रीय प्रमाणों के रूप में रखते हैं। यह पुस्तक श्रम विभाजन पुस्तक की समाप्ति के दो वर्ष बाद लिखी गयी। इसी कारण इसमें वे सामाजिक सुदृढ़ता के दृष्टान्त भी यथा सम्भव देते हैं। *पद्धति के नियम* पुस्तक को पूरा करने के बाद दुर्खीम ने धर्म के समाजशास्त्र पर अपनी रचना रखी है।

सामाजिक तथ्य (Social Fact) किसे कहते हैं ?

सामाजित तथ्य की कोई भी व्याख्या करने से पहले बहुत स्पष्ट रूप से यह कहना चाहिये कि दुर्खीम सामाजिक तथ्य का *व्यक्तिनिष्ठ* अर्थ स्वीकार नहीं करते। स्पष्टतः वस्तुनिष्ठा उपयोगितावाद का अंग है और दुर्खीम उपयोगितावाद स्वीकार नहीं करते है।

सामाजिक तथ्य की विशद् व्याख्या करना यहाँ आवश्यक है। लेकिन ऐसा कुछ करने से पहले हम इसकी परिभाषा को देखें। दुर्खीम ने इस अवधारणा को इस तरह रखा है :

> सामाजिक तथ्य काम करने का वह ढंग है जो निर्धारित हो अथवा अनिर्धारित, जो व्यक्ति पर एक बाहरी दबाव डालने के योग्य हो अथवा काम करने का वह तरीका हो, जो एक निर्दिष्ट समाज में सर्वत्र सामान्य है और साथ ही व्यक्तिगत अभिव्यक्तियों से स्वतन्त्र उसका अपना अस्तित्व बना रहता हो।

पारसंस ने सामाजिक तथ्य की दुर्खीम ने जिस तरह से व्याख्या की है, उस पर आलोचनात्मक टिप्पणी रखी है। जब दुर्खीम कहते हैं कि *समाजशास्त्रीय विधि का पहला नियम यह है कि हमें सामाजिक जीवन के तथ्यों को वस्तुओं (Things) की तरह लेना चाहिये।* इसका मतलब यह है कि जैसे हम वस्तुओं को देखते हैं, स्पर्श करते हैं, वैसे ही हमें सामाजिक तथ्यों को भी वस्तुतः *अवलोकनीय तथ्य* (Observable Fact) समझना चाहिये। सामाजिक तथ्य की इस प्रकार की व्याख्या ज्ञान के समाजशास्त्र मे आती है। जहाँ कहीं यूरोप में प्रत्यक्षवादी विज्ञान का विकास हुआ है, वहाँ *बराबर यह कहा गया है, इस पर बल दिया गया है कि वस्तुएं आनुभविक (Empirical) और अबलोकनीय (Observable) होती हैं।* आनुभविक तथ्य वास्तव में वस्तुनिष्ठ होता है, यह व्यक्तिनिष्ठ अर्थ से परे है। एक तथ्य, तथ्य है, हम इसे चाहे न चाहें। अवलोकन करने वाला अपना मनमाना अर्थ तथ्य पर लगाये, तो तथ्य इसे स्वीकार नहीं करता। दुर्खीम सामाजिक तथ्यों को भी दुनियाँ की *वस्तुओं* की तरह मानते हैं। उदाहरण के

लिये रसायनशास्त्र के अनुसार लाल रंग कुछ निश्चित रसायनों के योग से बना है। अब किसी को लाल साड़ी या लाल कमीज पसन्द हो या न हो, लाल रंग तो लाल ही है। तथ्य की एक वस्तु की तरह यह व्याख्या है। यह प्रत्यक्षवाद है। ठीक इस तरह सामाजिक तथ्य भी लाल रंग या अन्य वस्तुओं की तरह वस्तु हैं। दिवाली या होली व्यक्तियों के लिये किसी दुखद घटना को याद दिलाने वाले हो सकते हैं, जैसे लाल रंग सांड को भड़काने के लिये हो सकता है। समाज के लिये तो होली और दिवाली त्यौहार हैं जो हर्ष और उमंग देते हैं। इसी कारण दुर्खीम सामाजित तथ्य की दो अनिवार्य *विशेषताएँ* बताते हैं : (1) *बाह्यता (Exteriority) और (2) बाध्यता (Constraint).*

अपनी एक और व्याख्या में दुर्खीम सामाजिक तथ्य के कलेवर को अधिक विशाल करते हैं। वे लिखते हैं :

> सामाजिक तथ्य कार्य करने, सोचने एवं अनुभव करने के वे तरीके हैं, जिनमें व्यक्तिगत चेतना से बाहर भी अस्तित्व बनाये रखने की उल्लेखनीय विशेषता होती है।

दुर्खीम ने सामाजिक तथ्य को जिस प्रकार परिभाषित किया है और इसी तरह अन्य सिद्धान्त वेत्ताओं ने इन परिभाषाओं पर टिप्पणी की है, उससे बहुत स्पष्ट है कि *सामाजिक तथ्य देखा जा सकता है, यह अवलोकनीय है। एक दूसरी बात यह भी है कि सामाजिक तथ्य सोचने, विचारने और अनुभव करने का एक तरीका है।* जब विद्यार्थी विद्यालय में शिक्षा ग्रहण करने जाता है तो उसकी प्रारम्भ से ही यह सोच बन जाती है कि जो कुछ पुस्तकों में लिखा है, सब सत्य है यहाँ तक कि जो कुछ कागज पर लिखा है वह कागज भी सरस्वती का स्वरूप है। इसी तरह विवाह की कल्पना के साथ दुल्हन सास-ससुर के बारे में सोचने लगती है। यह सम्पूर्ण सोच या विचार सामाजिक तथ्य है। इसी तरह थाली में परोसी गयी वस्तु रोटी या सब्जी सामाजिक तथ्य है, इसे देखा जा सकता है, यह शाकाहारी भोजन है। सामाजिक तथ्य के बारे में तीसरी विशेषता यह है कि यह स्थायी या अस्थायी भी हो सकता है वास्तव में, दुर्खीम की परीभाषा में दुनियां भर की वस्तुएँ, कपड़ा, मकान, ईंजन, पुस्तक सभी सामाजिक तथ्य हैं। दूसरी तरफ देखी न जाने वाली वस्तुएँ, आदि भी सामाजिक तथ्य हैं। सामाजिक तथ्य का बहुत बड़ा मानदण्ड यह है कि *ये तथ्य* विशेष के न होकर, सम्पूर्ण समाज की धरोहर, विरासत और सम्पति होते हैं।

यदि प्राकृतिक विज्ञानों के लिये प्राकृतिक घटनाओं का अध्ययन विज्ञान है, तो सामाजिक प्रघटनाओं का अध्ययन करने वाला विज्ञान समाजशास्त्र है। *इसी कारण दुर्खीम ने समाजशास्त्र की परिभाषा करते हुए कहा है कि यह सामाजिक तथ्यों के*

अध्ययन का विज्ञान है। बाह्यता और बाध्यता, ये दोनो ही सामाजिक तथ्य की आत्मा हैं, कलेवर हैं।

दुर्खीम ने सामाजिक तथ्य की व्याख्या दिन-प्रतिदिन की घटनाओं के दृष्टान्त देकर की है। वे कहते हैं कि बाह्य कारकों का व्यक्ति पर केवल प्रभाव ही नहीं होता, इनमें शक्ति भी होती है। व्यक्ति चाहे या ना चाहे, उसे इन बाह्य शक्तियों के सामने अपने आप को झुकाना ही पड़ता है। अगर व्यक्ति मनमाने ढंग से काम करना भी चाहे तो वह एकदम असफल हो जायेगा। कोई भी खेतीहर अफीम की खेती कर ले, यह उसकी स्वतन्त्रता नहीं है। उसे यह खेती करने के लिये राज्य सरकार से लाइसेन्स लेना पड़ेगा। बाजार में सौदा लेने के लिये राज्य द्वारा मान्यता प्राप्त, मुद्रा उसे काम में लेनी होगी। चाहे बैंक हो या डाकखाना, मीडिया हो या आवागमन, सभी के अपने नियम हैं, काम काज करने के तरीके हैं और व्यक्ति इन्हें अपनाने के लिये बाध्य हैं। इसी कारण दुर्खीम एक स्थान पर सामाजिक तथ्य की व्याख्या इस भाँति करते है :

> सामाजिक तथ्य क्रिया करने के वे सभी निश्चित या अनिश्चित (स्थायी या अस्थायी) तरीके हैं जो व्यक्ति पर बाह्य दबाव डालने में सक्षम है अथवा ये क्रिया करने के वे सभी तरीके है जो किसी भी समाज में पाये जाते हैं, जबकि इनके साथ ही ये अपने आप में व्यक्तिगत अभिव्यक्तियों से स्वतन्त्र अपना अस्तित्व रखते हैं।

सामाजिक तथ्य की विशेषताएँ (Characteristics)

दुर्खीम ने अपने पहले अध्याय में जहाँ वे सामाजिक तथ्य की परिभाषा देते हैं, इसकी विशेषताएँ देते हैं। कतिपय महत्वपूर्ण विशेषताएँ निम्न है :

(1) *सामाजिक तथ्य में बाह्यता* (Exteriority) *होती है*

दुर्खीम समाजशास्त्रीय विधि के विश्लेषण में कुछ अवधारणात्मक पहलुओं पर काम करते हैं। श्रम विभाजन में उन्होंने उपयोगितावाद के विरोध स्वरूप व्यक्तिवाद का विरोध किया। समाजशास्त्रीय पद्धति के नियमों में वे तीन अवधारणाएँ बराबर प्रयोग में लाते है :

(1) *व्यक्तिनिष्ठ* (Subjective), (2) *वस्तुनिष्ठ* (Objective) और *व्यष्टि या व्यक्तिगत* (Individual)। इन तीनों अवधारणाओं में पर्याप्त *अधिव्यापन* (Overlapping) है जिसे दुर्खीम व्यक्तिनिष्ठ कहते हैं वह व्यष्टि भी हो सकता है। दुर्खीम ने *सामाजिक* (Social) का विश्लेषण एक प्रक्रिया द्वारा किया है। *जो व्यष्टि या व्यक्तिगत नहीं है, वही सामाजिक है*। उनका आग्रह है कि दुनियाँ भर की वस्तुएँ दो

भागों में बांटी जा सकती हैं – व्यष्टि या व्यक्तिगत और सामाजिक। दुर्खीम *व्यष्टिवादी प्रत्यक्षवादी* (Individualistic Positivist) नहीं थे। वे समाजपरक प्रत्यक्षवादी थे। अतः इन तीन अवधारणों–व्यक्तिनिष्ठ, वस्तुनिष्ठ और व्यष्टि में से जो *अवशिष्ट* (Residual) है, दुर्खीम के अनुसार सामाजिक है। *दूसरे शब्दों में वह वस्तु जो व्यक्तिनिष्ठ नहीं है, वस्तुनिष्ठ नहीं है, व्यष्टि (Individual) नहीं है, वह सामाजिक है। और यही सामाजिक तथ्य है। यह सामाजिक तथ्य व्यष्टि यानी व्यक्ति को अपने निर्णयानुसार क्रिया करने के लिये बाध्य करता है।* जब हम सामाजिक तथ्य को सम्पूर्ण तथ्यों का अवशिष्ट मानते है तब हमें यह अवश्य ध्यान में रखना चाहिये कि जो सामाजिक तथ्य है, उस पर व्यक्तिगत तथ्यों का तथा वस्तुनिष्ठ तथ्यों का प्रभाव भी अवश्य पड़ता है। यह इसलिये है कि व्यक्तिनिष्ठ, वस्तुनिष्ठ और व्यष्टि या व्यक्तिगत तथ्यों में अधिव्यापन होता है। दुर्खीम की सामाजिक तथ्य की इस अवधारणा को पारसंस ने निम्न चित्र में रखा है :

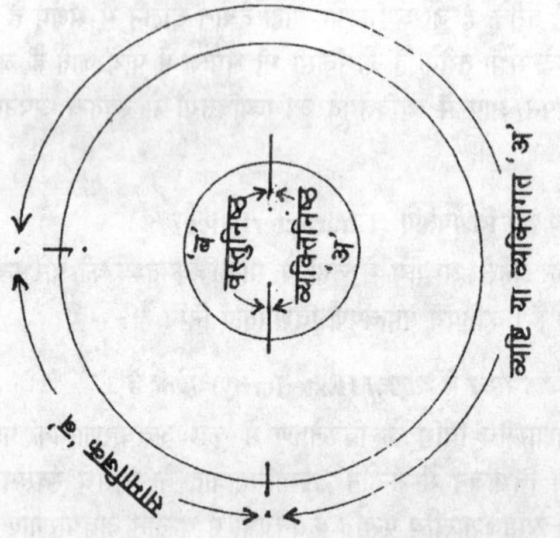

सामाजिक तथ्य सम्पूर्ण तथ्यों का अवशिष्ट मात्र है। चित्र के अतिरिक्त सूत्र रूप में इसे इस प्रकार प्रस्तुत करेंगे :

सामाजिक तथ्य (Social Fact) *सम्पूर्ण तथ्य* (Total Facts)
व्यक्तिनिष्ठ तथ्य (Subjective Facts)
वस्तुनिष्ठ तथ्य (Objective Facts)
व्यष्टि या व्यक्तिगत तथ्य (Individual Facts)

ये सामाजिक तथ्य व्यक्ति की चेतना से बाहर हैं। इनके बारे में व्यक्तिगत चेतना को कुछ भी नहीं सोचना पड़ता। व्यक्ति को तो बस बैंक में पहुँचते ही अपने काउन्टर के सामने वाली पंक्ति में खड़ा हो जाना है। गणेश चतुर्थी पर उसे यह नहीं सोचना है कि घर में क्या मिष्ठान बनेगा। उसका विधान समाज ने पहले से ही निश्चित कर रखा है : मोदक बनेंगे। इसी तरह किसी भी स्थान पर नियुक्ति के लिये उसे बनी बनायी पद्धति दे दी जाती है : प्रार्थना पत्र भरना है और एक निश्चित शुल्क देना है। किसी भी दृष्टि से देखें सामाजिक तथ्य व्यक्ति के स्वयं के सोच से बाहर है। इसके दृष्टान्तों में सामाजिक मूल्य, परम्पराएँ, रीति-रिवाज, तिथि, त्यौहार, राष्ट्रीय पर्व और ढेर सारे प्रतीक, अभिवादन के व्यवहार सम्मिलित हैं।

बाह्यता का मतलब है व्यक्तिगत चेतना से बाहर। व्यक्तिगत चेतना और सामूहिक चेतना इन दोनों में सामूहिक चेतना व्यक्ति को प्रभावित करती है और परिणामस्वरूप सामूहिक चेतना व्यक्तिगत चेतना बन जाती है। दुर्खीम विस्तारपूर्वक बताते हैं कि सामाजिक तथ्यों का प्रवेश व्यक्ति में समाजीकरण द्वारा होता है। अन्ततोगत्वा सामाजिक तथ्य वस्तुओं को देखने, महसूस करने और काम करने का तरीका हैं और यह सब जन्म के बाद ही समाजीकरण द्वारा व्यक्ति पर थोप दिया जाता है। जन्म होने के कुछ घण्टों बाद ही हम नवजात शिशु को दूध, नींद आदि प्राप्त करने के लिये बाध्य कर देते हैं। हम उसे स्वच्छता, शांति और अनुशासन के लिये मजबूर करते हैं। आगे चलकर हम उस पर यह दबाव डालते हैं कि वह दूसरों का सम्मान करें तथा समाज के रीति-रिवाजों और परम्पराओं को आदर की दृष्टि से देखे। बाद में चलकर यह सब दबाव घटने लगता है इसलिये कि व्यक्ति को जो कुछ सीखाया गया है, उसे सहज रूप से अपनाने की उसकी आदत बन जाती है। दुर्खीम स्पेन्सर की इस बात को स्वीकार करते हैं कि जब व्यक्ति बड़ा होकर अपने व्यवहार में शिक्षा के परिणामस्वरूप विवेकपूर्ण बन जाता है तो इन कतिपय आदतों को, रीति रिवाजों और तिथि-त्यौहारों को अस्वीकार भी कर देता है। लेकिन इस तरह का अन्तर व्यक्तिगत विचारधारा के कारण होता है। *वास्तव में, शिक्षा का उद्देश्य व्यक्ति का समाजीकरण करना है।* यदि ऐतिहासिक दृष्टि से देखे तो दुनिया भर में सामाजिक तथ्य अपने निर्णयानुसार व्यक्तित्व का निर्माण करते रहे हैं। व्यक्ति जो कुछ है, वह सामाजिक तथ्यों यानि सामूहिक विश्वासों, अभिवृतियों और व्यवहारों का परिणाम है। ये सब सामाजिक तथ्य इस तरह व्यक्ति की सोच व समझ से बाहर है।

(2) *सामाजिक तथ्य में बाध्यता* (Constraint) *होती है*

जब सामाजिक तथ्य व्यक्तिनिष्ठ नहीं होते, वस्तुनिष्ठ नहीं होते और हर तरह से व्यक्ति

के लिये *बाहरी* होते हैं तो इनका व्यक्ति के व्यवहार पर पर्याप्त दबाव भी पड़ता है। सामाजिक तथ्यों की यह बाध्यता व्यक्ति के व्यवहार को समाज के मानक और मूल्यों के अनुरूप बनाने के लिये अभिप्रेरित करती है। व्यक्ति तो एक माध्यम है, एक निमित्त है, उसे तो समाज द्वारा निर्धारित दशा और दिशा को स्वीकार करना है। इसी कारण दुर्खीम कहते हैं कि *सामाजिक तथ्य कार्य करने का वह तरीका है जो व्यक्ति पर बाहर से दबाव डालने की क्षमता रखता है।*

यह सम्भव है कि व्यक्ति सामाजिक तथ्यों की अवहेलना कर ले। वह बैंक के काउन्टर की पंक्ति में खड़ा न रहे, नौकरी के लिये प्रार्थना पत्र न भरे, परिवार में मारपीट करे या सामाजिक तथ्यों की अवहेलना करके उच्चका और लफंगा हो जाये तो इसके परिणामस्वरूप उसे समाज के दण्ड को भुगतना पड़ेगा। यह दण्ड कई तरह का होता है। कानून एक तरह का सामाजिक तथ्य है। इसकी अवहेलना करने पर उसे कारागृह जाना पड़ सकता है, आर्थिक दण्ड देना पड़ सकता है। परम्पराओं और रीति-रिवाजों की अवहेलना उसे निन्दा का पात्र बना सकती है। आदिम समाजों में तो कारागृह की तुलना में सामाजिक निन्दा और उपहास अधिक कष्टदायक होते हैं। यदि हम सामाजिक तथ्यों को सावयवी समाज में देखे तो *संविदा या अनुबन्ध* (Contract) कानून और प्रकार्यात्मक निर्भरता, सभी सामाजिक तथ्यों की अभिव्यक्ति मात्र है। ये सब व्यक्ति पर दबाव डालते हैं और व्यक्ति चुपचाप इनके द्वारा बताई गयी दिशा में काम करता है। व्यक्ति चलता अवश्य है, कभी-कभी दौड़ता भी है लेकिन उसी मार्ग पर जिसे सामाजिक तथ्य निर्धारित करते हैं।

दुर्खीम समाजशास्त्रीय पद्धति के नियमों में जब बाध्यता का विश्लेषण करते हैं तो आग्रहपूर्वक कहते हैं कि यह दबाव आवश्यक नहीं है कि प्रत्यक्ष हो। कई बार इसका प्रभाव अप्रत्यक्ष भी होता है। वे लिखते हैं :

> एक सामाजिक तथ्य बाह्य दबाव की शक्ति से पहचाना जाता है जिसका प्रयोग यह व्यक्ति पर करता है या उस पर प्रयोग कर सकने के योग्य है। इस शक्ति की उपस्थिति उसके लिये विशिष्ट अनुमति या इसका उल्लंघन करने वाले व्यक्ति के प्रतिरोध से जानी जाती है।

(3) *सामाजिक तथ्य अधिवैयक्तिक* (Super Individual) *है*

19 वीं शताब्दी की बहुत बड़ी समस्या व्यक्ति बनाम समाज की रही है। *उपयोगितावादी व्यक्ति को समाज से ऊपर मानते हैं। दूसरी ओर दुर्खीम समाज को व्यक्ति से ऊपर मानते हैं।* इस तथ्य का उन्होंने पहली बार प्रतिपादन श्रम विभाजन में किया। जब वे समाजशास्त्रीय पद्धति की चर्चा करते हैं तो इसमें भी वे समाज के प्रभुत्व

के पक्ष में तर्क देते हैं। उनका कहना है कि व्यक्ति की चेतना तो होती ही है लेकिन इस चेतना पर सामाजिक तथ्यों का दबाव इतना अधिक होता है कि व्यक्तिगत चेतना गौण हो जाती है। होता यह है कि समाज में जितने भी सामाजिक संगठन होते हैं, उन सबके काम करने की एक निश्चित पद्धति, नियम, उपनियम व परम्पराएँ होती हैं। ये सामाजिक संगठन विधि, धर्म तथा वित्तीय क्षेत्रों में पाये जाते हैं। हर एक धर्म की पूजा और उपासना की एक निश्चित विधि होती है। वित्तीय संस्थानों के काम करने के औपचारिक तरीके होते हैं। ये सब सामाजिक तथ्य हैं और व्यक्ति के व्यवहार को नियंत्रित करने की भूमिका अन्ततोगत्वा इन संगठनों के हाथ में चली जाती है।

(4) *सामाजिक धारा* (Social Current)

यह ठीक है कि सामाजिक तथ्यों का उद्‌गम औपचारिक और अनौपचारिक संगठनों के नियम-उपनियम, आस्था और विश्वास तथा परम्पराओं में होता है। लेकिन दुर्खीम इस तथ्य को स्पष्ट करते हुए कहते हैं कि *सामाजिक तथ्यों का उद्‌गम स्थापित सामाजिक संगठनों में ही होता हो, ऐसा नहीं है।* वे कहते हैं कि कुछ ऐसे भी सामाजिक तथ्य हैं जो सामाजिक संगठनों की तरह स्पष्ट तो नहीं है, *लेकिन उनका अन्य सामाजिक तथ्यों की तरह ही व्यक्ति के ऊपर वर्चस्व और वस्तुनिष्ठ होती है। ऐसे सामाजिक तथ्यों को दुर्खीम सामाजिक धाराएं (Social Currents) कहते हैं।* उदाहरण के लिये जब कोई समूह किसी दलित, पद दलित या दुखी समूह को देखता है तो इस समूह के प्रति सहानुभूति उत्पन्न होती है। बाढ़ पीड़ित या भूकम्प पीड़ितों के प्रति हमदर्दी बताना वस्तुतः किसी एक व्यक्ति की चेतना के कारण नहीं है। होता यह है कि सम्पूर्ण समाज में रूझान ऐसे समूह के प्रति हो जाता है। *इस रुझान की उत्पत्ति व्यक्तिगत चेतना में न होकर सामूहिक विश्वास और संवेगों में होती है।* लोगों का विश्वास है कि आज ये लोग भूकम्प पीड़ित हैं, बाढ़ पीड़ित है, कल हम भी किसी ऐसी ही आपात स्थिति के शिकार हो सकते हैं। यह सब *सामाजिक धारा* (Social Current) है। दुर्खीम कहते हैं कि *जहाँ सामाजिक सम्बन्धों का सरोकार औपचारिक और अनौपचारिक संगठनों से होता है, वहीं इसका उद्‌गम सामाजिक धारा में भी हो सकता है। सामाजिक धारा से जनित सामाजिक तथ्य अपनी विशेष पहचान रखते हैं।* यह इसलिये कि जब कभी सामाजिक धारा समाप्त हो जाती है, व्यक्ति अपने आप अपनी व्यक्तिगत चेतना में पुनः आ जाता है।

(5) *सामाजिक तथ्य विश्वासों, अभिवृतियों और समूह के व्यवहारों का सामूहिक पहलू है*

सामाजिक तथ्यों की विशेषताओं का दुर्खीम ने विवेचन बड़ी सावधानीपूर्वक किया है।

वे यह स्थापित करना चाहते हैं कि यदि समाज का अध्ययन करना है तो सामाजिक तथ्यों का अध्ययन ही होना है। जिस प्रकार प्राकृतिक विज्ञानों में रसायनशास्त्र या भौतिकी के अध्ययन का क्षेत्र सुनिश्चित होता है, वैसे ही समाजशास्त्र का अध्ययन क्षेत्र भी सुस्पष्ट होना चाहिये। ऐसा कभी नहीं होता कि भौतिकी तरल पदार्थों का अध्ययन करे और रसायनशास्त्र गैस का अध्ययन करे। शायद इसी कारण दुर्खीम सामाजिक तथ्य की विशेषताओं को निश्चित सीमाओं में बांधते हैं। *किसी एक विचारधारा को जब हम प्रत्येक व्यक्ति की चेतना में पाते हैं या कोई एक आन्दोलन सभी व्यक्तियों द्वारा दोहराया जाता है तो यह सामाजिक तथ्य नहीं है।* यदि समाजशास्त्री सामाजिक तथ्य की विशेषता कुछ इस तरह बताते हैं तो यह उनका भ्रम है। *वास्तव में सामूहिक जीवन के विश्वासों, अभिवृतियों और व्यवहारों का सामूहिक रूप ही सामाजिक तथ्य हैं।*

सामाजिक तथ्य वास्तव में हमें पिछली पीढ़ियों से धरोहर के रूप में मिलते हैं। ये तथ्य बने बनाये होते हैं। हम उन्हें स्वीकार करते हैं, व्यवहार में लाते है इसलिये कि इनकी गहराई पीढ़ियों की है और इसी कारण ये तथ्य सामूहिक जीवन के अभिन्न अंग है। हमें शिक्षा ने बताया है कि इन सामाजिक तथ्यों में अधिकार है और इसलिये हमें इन्हें मान्यता व सम्मान देना चाहिये। जब अपनी व्यक्तिगत चेतना में व्यक्ति इन सामूहिक संवेगों को व्यक्त करता है तो महत्त्वपूर्ण बात यह होती है कि इनकी भागीदारी करते समय व्यक्ति में एक विशेष उत्साह और ऊर्जा आ जाती हैं। यह इसलिये कि व्यक्ति जानता है कि यह सब करना उसका अपना कुछ नहीं है, केवल मात्र समाज का आदेश है।

(6) *सामाजिक तथ्य वस्तुतः सामाजिकता* (Sociability) *है*

सामाजिक तथ्यों की उत्पत्ति समाज से होती है। इनका विकास समाज की ऐतिहासिकता में है। किसी भी समाज में सामाजिक तथ्य व्यक्ति विशेष के नहीं होते, सम्पूर्ण समाज के होते हैं। जैसा समाज होगा, जैसा उसका मिजाज होगा, उसी के अनुरूप उसके सामाजिक तथ्य होंगे। भारतीय समाज में अभिवादन करते समय महिलाएँ पुरुषों से हाथ नहीं मिलाता। यह एक सामाजिक तथ्य है। इसकी एक ऐतिहासिकता है। इसका पीढ़ी दर पीढ़ी सचार हुआ है। दूसरे शब्दों में *सामाजिक तथ्य समाज की किसी न किसी आवश्यकता की पूर्ति करते हैं।* इसी कारण हम सामाजिक तथ्यों में सामाजिकता, पाते हैं।

(7) *सामाजिक तथ्यों में सार्वभौमिकता* (Universability) *होती है*

सामाजिक तथ्य केवल कुछ समाजों में ही पाये जाते हों, ऐसा नहीं है। यह भी नहीं है

कि सामाजिक तथ्य आदिम समाजों में ही मिलते हों। दुर्खीम इसे विस्तारपूर्वक बताते हैं कि सभी समाजो में सामाजिक तथ्य पाये जाते हैं। यह सम्भव है कि कुछ समाजो में सामाजिक तथ्यों की बाध्यता कमजोर हो, ढीली-ढाली हो। यहाँ यह भी कहना चाहिये कि सामाजिक तथ्य किसी तालाब के पानी कीं तरह ठहराव बनाये हुए हों, ऐसा नहीं है। प्रत्येक पीढ़ी कतिपय नवीन सामाजिक तथ्यों का सृजन करती है और आने वाली पीढ़ियों के लिये इन सामाजिक तथ्यों की बाह्यता और बाध्यता दोनों ही बढ़ जाते हैं।

(8) *सामाजिक तथ्य वस्तुतः कार्य करने, सोचने और अनुभव करने के तरीके* (Ways of Acting, Thinking and Feeling) *है*

दुर्खीम अपनी पुस्तक के पहले अध्याय में जब सामाजिक तथ्य की मीमांसा करते हैं, तो बार-बार यह कहते हैं कि *सामाजिक तथ्य काम करने, सोचने और अनुभव करने की पद्धति है।* उन्हीं के शब्दों में :

सामाजिक तथ्य कार्य करने, सोचने और अनुभव करने के तरीके हैं।

दुर्खीम के इस कथन का आशय यह है कि सामाजिक तथ्य व्यक्ति को सम्पूर्ण रूप से अपनी पकड़ में ले लेता है। यह पकड़ इतनी प्रबल होती है कि यदि कोई व्यक्ति अपने मस्तिष्क में कुछ सोचता है तो उसके सोच पर भी सामाजिक तथ्य का दबाव होता है। मानिये वह सोचता है कि अपने जीवन वृत को किस तरह योजना में बांधे। तब अपने आप उसका सोच उसके परिवार, नातेदारों, नियोजन के अवसर आदि के इर्द-गिर्द घुमता है। इसी तरह जब व्यक्ति इन्हीं क्रियाओं को करता है तो उनमें भी सामाजिक तथ्य की अभिव्यक्ति होती है। सामाजिक तथ्य का प्रभाव व्यक्ति पर इतना अधिक होता है कि उसकी सम्पूर्ण अनुभूति भी सामाजिक तथ्यों के परिवेश में आ जाती है। व्यक्ति के बहुआयामी जीवन पर हर तरह से सामाजिक तथ्यों का प्रभाव होता है।

(9) *सामाजिक तथ्यों को पीढ़ी-दर-पीढ़ी हस्तांतरित किया जाता है*

हमने पिछले पृष्ठों में कहा कि सामाजिक तथ्यों की ऐतिहासिकता, निरन्तरता और उनमें होने वाला बदलाव समाजीकरण द्वारा आते हैं। समाजीकरण औपचारिक भी होता है। शिक्षा एक ऐसा माध्यम है जिसके द्वारा सामाजिक तथ्यों का संचारण एक पीढ़ी से दूसरी पीढ़ी को होता है। होली, दिवाली के त्यौहार, व्रत, पूजन के समारोह और परम्परागत कानून, ये सभी अनौपचारिक शिक्षा के कारण व्यक्ति के जीवन में आते हैं। प्रारम्भ में तो व्यक्ति को सीखाया जाता है कि वह सामाजिक तथ्यों को अपने जीवन में उतारे और बाद में चलकर ये तथ्य अपने आप व्यक्ति के जीवन के अंग बन जाते हैं, व्यक्ति की आदतों में सम्मलित हो जाते हैं।

जब दुर्खीम सामाजिक तथ्य की व्याख्या करते हैं, तो ऐसा करने में उनका उद्देश्य समाजशास्त्र को एक निश्चित ज्ञान की शाखा के रूप में स्थापित करना है। ऐसा करने में वे अगस्त कॉम्ट की तरह नही कहते कि समाजशास्त्र समाज के अध्ययन का विज्ञान है। समाज में तो सब होता है–एक व्यक्ति अपने स्वार्थ के लिये दूसरे व्यक्ति की लाश पर अपने पांव जमाते हुए आगे निकल जाता है। समाज में अत्यधिक विविधता है। ऐसी अवस्था में दुर्खीम के लिये यह आवश्यक हो गया कि वे समाजशास्त्र की अध्ययन सामग्री को कुछ निश्चित सीमाओं में बांधे। इसी कारण उन्होंने कहा कि *समाजशास्त्र वह विज्ञान है जो समाज में प्रयुक्त सामाजिक तथ्यों का अध्ययन करता है।*

ये सामाजिक तथ्य व्यक्ति की चेतना से पैदा नहीं होते। इन तथ्यों की उत्पत्ति समाज की सामूहिक चेतना है। सामाजिक तथ्य व्यक्ति के विचार, उसकी क्रिया और उसकी अनुभूति में व्यक्त होते हैं। *एक तरह से सामाजिक तथ्य समाज के आंकड़े हैं जो गुणात्मक रूप में पाये जाते हैं।* अब प्रश्न उठता है कि यदि समाजशास्त्र सामाजिक तथ्यों का अध्ययन करता है तो समुद्र जैसे इस विशाल समाज में सामार्जिक तथ्यों की पहचान कैसे की जाये। और जब पहचान हो जाये तो इन तथ्यों के अध्ययन की पद्धतियाँ कौन सी होगी। उदाहरण के लिये हम सामूहिक संवेगों, विश्वासों और परम्पराओं का अध्ययन करना चाहते हैं क्योंकि ये सामाजिक तथ्य है। दुर्खीम कुछ ऐसे *नियमों* (Rules) का प्रतिपादन करते हैं जिनका अवलोकन करके हम सामाजिक तथ्यों का वैज्ञानिक अध्ययन कर सकते हैं। अब हम इन नियमों का उल्लेख करेगें।

सामाजिक तथ्यों के अवलोकन के नियम

(Rules for the Observation of Social Facts)

संसार वस्तुओं से भरा पड़ा है। इसमें भाँति-भाँति की वस्तुएॅ हैं। कहीं ईट-पत्थर हैं, तो कही हीरे-जवाहरात कही भवन हैं तो कहीं सड़कें, ईजन और कहीं खेत खलिहान। इधर कुछ सामाजिक वस्तुएं भी हैं–परिवार, विवाह, गोत्र, जाति, वर्ग, इत्यादि। प्राकृतिक विज्ञान सभी भौतिक वस्तुओं को अपने कलेवर में समा लेते हैं–इनका अध्ययन करते हैं। प्राकृतिक विज्ञानों ने एक निश्चित श्रम विभाजन किया है। भौतिक वस्तुओं को भौतिक विज्ञान देखता है; मोटे तौर पर रासायनिक पदार्थों का अध्ययन रसायनशास्त्र करता है और इसी तरह जीव विज्ञान और वनस्पतिशास्त्र अपने-अपने क्षेत्रों में काम करते हैं।

19वीं शताब्दी में जब प्राकृतिक विज्ञान नये-नये अविष्कारों द्वारा समाज के जीवन को सुख शान्ति की ओर ले जा रहे थे तब दुर्खीम और उसकी पीढ़ी के विचारकों ने

सोचा कि जिस प्रकार प्राकृतिक विज्ञान प्राकृतिक *वस्तुओं* (Things) का अध्ययन करते हैं, ठीक इसी तरह समाज विज्ञानों को भी सामाजिक वस्तुओं का अध्ययन करना चाहिये। कुछ इस तरह की विचारधारा ने दुर्खीम को अभिप्रेरित किया कि वे *सामाजिक तथ्यों का वस्तुओं की तरह अवलोकन करें*। ऐसा करने के कुछ निश्चित लाभ हैं। जब रसायनशास्त्र किसी मरीज के रक्त की जांच करता है तो प्रयोगशाला में काम करने वाला व्यक्ति मरीज की सामाजिक आर्थिक प्रतिष्ठा को देखकर रक्त का परिणाम नहीं देता। उसके लिये तो रक्त केवल रक्त है, वस्तु है और उसे बिना किसी पूर्वाग्रह के रक्त को जाँचना है। वस्तु में कोई प्राण नहीं होता। उस पर कोई तनाव या शिकन नहीं आती और इसीलिये बिना किसी पक्ष या विरोध के उसकी जांच हो जाती है। कुछ इसी तरह सामाजिक तथ्य का मूल्यांकन भी किया जा सकता है, ऐसी धारणा दुर्खीम की थी। समाज के जो भी संवेग, मनोवेग, विश्वास आदि हैं उन्हें वस्तु की तरह समझना चाहिये, यह दुर्खीम का सुझाव है। जब वे समाजशास्त्रीय पद्धति के नियमों का उल्लेख करते हैं तो वे प्रथम तथा सर्वाधिक मौलिक नियम को जिसे समाजशास्त्रीय अनुसंधानकर्ताओं को अपनाना चाहिये, इस तरह रखते हैं :

सामाजिक तथ्यों पर वस्तुओं के रूप में विचार किया जाये (Consider Social Facts as Things)

विज्ञान वस्तुओं को समझे, उनका विश्लेषण करे इससे पहले ही इन वस्तुओं के बारे में व्यक्ति के मस्तिष्क में कुछ विचार होते हैं। जैसी जिसकी समझ होती है उसके अनुसार वह वस्तुओं को उसके दिमाग में बैठाता है। लोग समझते थे कि सूरज पृथ्वी के चारों ओर चक्कर लगाता है, लोग सोचते थे कि मलेरिया बुखार किसी बुरी शक्ति के श्राप के कारण है। होता यह है कि आदमी जिस पर्यावरण में रहता है, उसके बारे में कुछ न कुछ अपने विचार अवश्य बनाता है। ये विचार ही उसके व्यवहार को नियंत्रित करते हैं। आदमी के बारे में अपना मानस बना लेता है। यहाँ तक कि ऐसे ही अवलोकन द्वारा वह किसी भी विचारधारा का विश्लेषण कर लेता है। ऐसा करने में वह अवलोकन भी करता है लेकिन यह अवलोकन कुछ इस तरह का होता है जिसका प्रयोजन केवल पूर्व निर्धारित विचारधारा को प्रमाणित करना ही होता है। इस तरह का कोई भी विश्लेषण वस्तुगत परिणाम नहीं दे सकता।

दुर्खीम सामाजिक तथ्यों को, यहां तक कि संवेग और मनोभाव को, वैज्ञानिक पद्धति से देखना चाहते हैं। वे कहते हैं कि कई सामाजिक तथ्य मनोवैज्ञानिक होते हैं लेकिन इनका उद्‌गम समाज की यथार्थता होती है। इसी कारण ये तथ्य सामाजिक तथ्य हैं। समाजशास्त्रीय पद्धति के कुछ नियम दुर्खीम ने निश्चित किये हैं। ये नियम सामाजिक तथ्यों के अवलोकन से सम्बन्धित हैं। दुर्खीम द्वारा प्रतिपादित कुछ मुख्य

नियम इन प्रकार हैं :

(1) सामाजिक तथ्यों को वस्तुओं की तरह देखना चाहिये।

(Consider social facts as things)

(2) सभी पूर्वाग्रहों का उन्मूलन करना चाहिये।

(All pre-conceptions must be eradicated)

(3) अध्ययन की विषय-सामग्री को परिभाषित करना चाहिये।

(Define the subject-matter of study)

(4) सामाजिक तथ्यों को व्यक्तिगत प्रगटीकरणों से पृथक करके अध्ययन करना चाहिये।

(Social Facts should be studied independent of their individual manifestations)

(1) सामाजिक तथ्यों को वस्तुओं की तरह देखना चाहिये

समाजशास्त्रीय पद्धति के नियमों में दुर्खीम का आधार वाक्य यह है कि *सभी सामाजिक तथ्य वस्तु हैं।* विज्ञान वस्तुओं का अध्ययन करता है और इसलिये सामाजिक तथ्य भी समाजशास्त्री के लिये वस्तु ही हैं। यह बात नहीं है कि दार्शनिकों और मनोवैज्ञानिकों ने सामाजिक तथ्यों का अध्ययन नहीं किया हो। लेकिन इन तथ्यों के अध्ययन के पीछे जो बहुत बड़ी भूल रही है वह यह कि इन तथ्यों के बारे में हमने पहले से ही धारणाएं बना रखी हैं। रोचक बात यह है कि ये धारणाएँ वास्तविकता के साथ मेल नहीं खाती। समाजशास्त्र में इन पूर्व धारणाओं की भूल के प्रति दुर्खीम के पूर्ववर्ती समाजशास्त्रियों ने विचार न किया हो, ऐसा भी नहीं है। स्वंय दुर्खीम उद्धरण देकर कहते हैं कि सबसे पहली बार *कॉम्ट ने यह कहा था कि सामाजिक प्रघटनाओं को प्राकृतिक तथ्यों की तरह समझना चाहिये। कॉम्ट ने स्थापित किया कि समाजशास्त्र की अध्ययन सामग्री विचार (Idea) है।* उन्होंने विस्तार पूर्वक इस प्राक्कल्पना को रखा कि मनुष्य का विकास उद्विकास द्वारा हुआ है। यह उद्विकास एक निश्चित व्यवस्था से हुआ है और इसलिये समाजशास्त्र को उद्विकास की इस व्यवस्था का अध्ययन करना चाहिये। इस दृष्टि से सामाजिक तथ्यों को विज्ञान की तरह समझने का सबसे पहला प्रयास कॉम्ट का था यद्यपि उन्होंने इन तथ्यों को वस्तु के नाम से सम्बोधित न करके *प्राकृतिक तथ्यों* (Natural Facts) की तरह समझा।

स्पेन्सर ने भी मानव समाज को समाजशास्त्र की अध्ययन सामग्री की तरह प्रस्तुत किया। उनके लिये *समाज मनुष्यों का एक सहयोगी संगठन था, इसमें सहकार की*

भावना थी। और इसी सहकार व संगठन का अध्ययन, उनके अनुसार समाजशास्त्र की अध्ययन सामग्री थी। इस दृष्टि से व्यक्तियों का संगठन समाज था। कहीं पर भी स्पेन्सर ने समाज को वस्तु की तरह नहीं समझा। वे तो विशुद्ध रूप से इसे मानवीय संगठन समझते थे। दुर्खीम ने कॉम्ट और स्पेन्सर दोनों की सामाजिक प्रघटना और समाज की अवधारणाओं का खण्डन किया है। कॉम्ट और स्पेन्सर इन सामाजिक प्रघटनाओं को या *समाज को एक अवधारणा मात्र समझते रहे। जैसे समाजशास्त्र की अन्य अवधारणाएँ हैं, वैसे ही उनके लिये सामाजिक प्रघटना और समाज भी केवल अवधारणा मात्र थे। दूसरे शब्दों में इन विचारकों ने कभी भी सामाजिक तथ्यों को वस्तु की तरह नहीं जाना।* इसका परिणाम यह हुआ कि समाजशास्त्री समाज के अध्ययन में वैज्ञानिक *तटस्थ उपागम* (Neutral Approach) नहीं अपना पाये। दुर्खीम कहते हैं कि जैसे ही सामाजिक प्रघटनाओं को हम वस्तु समझने लगते हैं, अपने आप उनके अध्ययन का उपागम वैज्ञानिक बन जाता है।

दुर्खीम सामाजिक तथ्यों के विश्लेषण की परम्परा को सम्पूर्ण समाज विज्ञानों में देखते हैं। उनका कहना है कि कॉम्ट और स्पेन्सर के अतिरिक्त कई अन्य समाज वैज्ञानिकों ने सामाजिक तथ्य के अध्ययन की बराबर उपेक्षा की है। उदाहरण के लिये दर्शनशास्त्र में आचार संहिता का विशद् विवेचन मिलता है। आचार वह प्रघटना है जो वैयक्तिक चेतना के ऊपर है। लेकिन ये विचारक कहीं भी आचार संहिता के अध्ययन के लिये वैज्ञानिक पद्धति नहीं अपनाते, न ही वे आचार को तटस्थ और निरपेक्ष भाव से देखते हैं। इसके परिणामस्वरूप समाज विज्ञानों में जो वैज्ञानिक कसाव आना चाहिये, नहीं आ पाया।

राजनैतिक अर्थशास्त्र में सामाजिक तथ्यों का विवेचन किया जाता है। इन तथ्यों को वस्तुनिष्ठ रूप से भी देखा जाता है। लेकिन अर्थशास्त्रियों के लिये वस्तुनिष्ठा और कुछ न हो कर धन का संचय मात्र रह जाता है। वे कहते हैं कि *प्रत्येक व्यक्ति अधिक से अधिक धन संचय करना चाहता है।* दुर्खीम का इन अर्थशास्त्रियों से प्रश्न है: उन्हें कैसे ज्ञात हुआ कि आदमी का एक मात्र उद्देश्य धन प्राप्त करना है? इस प्रश्न के प्रति अर्थशास्त्री मौन हैं। दुर्खीम कहते हैं कि अर्थशास्त्रियों ने अपने मन में धारणा बना रखी है कि आदमी अधिकतम धन संचय करना चाहता है। मतलब हुआ अर्थशास्त्र के पास भी सामाजिक तथ्यों यानी वस्तुनिष्ठा के अध्ययन के लिये कोई वैज्ञानिक पद्धति नहीं है।

दुर्खीम सम्पूर्ण समाज विज्ञानों का गहन अध्ययन करने के बाद इस निष्कर्ष पर पहुँचते हैं कि *समाज विज्ञानों में कभी भी सावधानी पूर्वक यह स्थापित करने का प्रयत्न नहीं किया गया कि ये विज्ञान वस्तुतः विज्ञान हैं और इसके लिये उन्हें सामाजिक तथ्यों*

को केवल वस्तुओं की तरह देखना चाहिये। अब जब दुर्खीम यह निश्चय कर लेते हैं कि समाजशास्त्र को सामाजिक तथ्यों का अध्ययन करना चाहिये, तब स्वाभाविक रूप से प्रश्न उठता है कि *इन तथ्यों की पहचान (Identification) कैसे की जाये?* इस पहचान के लिये दुर्खीम कुछ सूत्र रखते हैं:

सामाजिक तथ्यों की वस्तु की तरह पहचान के आधार
(Criteria for the Identification of Social Facts as Things)

दुर्खीम के विवेचन में अधिक स्थान इस समस्या को दिया गया है कि हम किन आधारों पर जाने कि अमुक घटनाएं सामाजिक तथ्य हैं। सामाजिक तथ्यों की घटना की तरह पहचान करने के उन्होंने निम्न लक्षण दिये हैं:

(1) सामान्य विज्ञान तथ्य की पहचान करते हैं

हम किसी भी विज्ञान को लें, प्राकृतिक या सामाजिक, सभी का सर्वप्रथम उद्देश्य अपने अध्ययन की प्रघटनाओं की पहचान होती है। रसायनशास्त्र पहचान करके पेट्रोलियम को अपने अध्ययन का तथ्य मानता है। ठीक इसी तरह समाज विज्ञानों और समाजशास्त्र को भी सामाजिक तथ्यों की पहचान निश्चित करनी चाहिये। यह विज्ञान की परम्परा है और समाजशास्त्र इसका अपवाद नहीं है।

(2) तथ्य का एक निश्चित अर्थ होता है

जब तक तथ्य के बारे में, उसके अर्थ के बारे में, सामान्य सहमति नहीं है, हम आगे नहीं बढ़ सकते। जो कुछ तथ्य का अर्थ लिया जाता है, वह स्पष्ट होना चाहिये। अर्थ के लिये तथ्य का अवलोकन आवश्यक है। अब यहाँ हमें जब तथ्य का अर्थ निकालना होता है *तो यह अर्थ बाहर से थोपा जाने वाला नहीं होना चाहिये। अर्थ वहीं होना चाहिये जो प्रघटना में अन्तर्भूत है।* जब अर्थशास्त्री कहते हैं कि मनुष्य धन संचय करना चाहता है तो आर्थिक प्रघटना के इस अर्थ को अर्थशास्त्री ने निकाला है। क्या आर्थिक प्रघटना में इस तरह का अर्थ निहित है? यदि ऐसी संभावना बनती है तब तो प्रघटना का अर्थ सही है। अतः हमें जब प्रघटना के अर्थ को समझना होता है, तो इस अर्थ को प्रघटना में अनार्भूत मूल्यों और गुणों द्वारा ही निश्चित करना चाहिये।

(3) जिस किसी वस्तु का हम अध्ययन करते हैं, उसे वस्तु मानकर चलना चाहिये

सामाजिक प्रघटना के पहचान का एक और आधार दुर्खीम देते हैं। यदि वह सामाजिक प्रघटना है तो यह निश्चित करना चाहिये कि हम इसका अध्ययन एक वस्तु की तरह कर सकते हैं या नहीं। उदाहरण के लिये मनुष्य में संवेग हैं, मनोभाव हैं और यदि उन्हें

हम सामाजिक तथ्य मानते हैं तो हमें तत्काल यह देखना पड़ेगा कि क्या इनको हम वस्तु रूप में देख सकते हैं। इसी तरह मनुष्य के सपने होते हैं, महत्वकांक्षाएँ होती हैं, जिन्हें सामाजिक तथ्य का दर्जा तभी प्राप्त होता है, जब इनको हम वस्तु की तरह देखें।

(4) सामाजिक तथ्य आधार सामग्री (Data) हैं

सामाजिक तथ्यों की एक और पहचान दुर्खीम ने दी है। सम्पूर्ण समाज की छवि, इसकी मनोवृति और इसका मिजाज सामाजिक तथ्यों में निहित होता है। अतः यदि समाज की कोई विश्वसनीय आधार सामग्री है तो वह सामाजिक तथ्य है। हम किसी भी प्रकार के समाज को यांत्रिक या सावयवी-अपने अध्ययन के लिये लें तो यह स्वीकार करके चलना चाहिये कि इसके सामाजिक तथ्य समाज के आधार सामग्री की तरह हैं।

(5) सामाजिक तथ्यों का अध्ययन वस्तुनिष्ठ विधि द्वारा करना चाहिये

अनुसंधानकर्ता को सामाजिक तथ्यों की पहचान करने में एक और बुद्धिमानी करनी होगी। वह बुद्धिमानी यह है कि जिन्हें हम सामाजिक तथ्य कहते हैं क्या वस्तुओं की तरह इनका वस्तुनिष्ठ अध्ययन किया जा सकता है। दुर्खीम यह मानकर चलते हैं कि जब तक सामाजिक तथ्यों को हम वस्तु मानकर नहीं चलते, उनका वस्तुनिष्ठ अध्ययन नहीं किया जा सकता।

(6) सामाजिक तथ्य किसी सामान्य इच्छा से बदले नहीं जा सकते

सामाजिक तथ्य में दृढ़ता होती है, ये तथ्य धरती से जुड़े होते हैं, इन्हें एकाएक बदल पाना मुश्किल है। हमारे कितने ही तीज-त्यौहार हैं, कितनी ही शोभायात्राएं हैं, कितनी की मान्याताएं है, जिन्हें कुछ लोगों के चाहने पर छोड़ा नहीं जा सका। सामाजिक तथ्य ठेठ जनजीवन में अपनी पेठ रखते हैं। छोटे-मोटे आन्दोलन इन सामाजिक तथ्यों को नहीं बदल सकते। कितने की प्रमाण जुटा लो, कितना ही तर्क दे दो, भारतीय समाज का यह सामाजिक तथ्य कि परिवार में पुत्र का जन्म वंशावली को निरन्तरता देता है, वृद्धावस्था में सहायक हो सकता है, जनमानस मानने को तैयार नहीं है। दुर्खीम कहते हैं कि सामाजिक तथ्य जमीन से जुड़ा होता है और इसलिये इसकी जड़े हिलाना सामान्य बात नहीं है। *दूसरे शब्दों में, सामाजिक तथ्य लगभग निरन्तर और स्थायी होता है।*

2. सभी पूर्वाग्रहों का उन्मूलन करना चाहिये

कथा है: श्रवण कुमार अपने वृद्ध माता-पिता को कावड़ में बिठाकर सम्पूर्ण तीर्थों को ले गया। कथा है: भीम ने जहाँ-जहाँ अपनी गदा को भूमि पर पटका, वहाँ-वहाँ कुण्ड बन गये। कथा है: आबू पर्वत के अग्नि कुण्ड से क्षत्रियों की उत्पति हुई। कथाओं का यह

सिलसिला अनन्त है। सामाजिक जीवन के बारे में भी कई तरह की लोकोक्तियाँ है। ये सब मिथक और आख्यान सम्पूर्ण भारतीय जनजीवन में देखने को मिलते हैं। क्या ये सामाजिक तथ्य हैं? क्या इनका वैज्ञानिक पद्धति से अवलोकन किया जा सकता है? यदि सामाजिक तथ्यों को हम विज्ञान के स्तर पर रखना चाहते हैं तो इनका अवलोकन होना आवश्यक है।

दुर्खीम दृढ़तापूर्वक कहते हैं कि हमारे पूर्वजों के अनुभव ने इस बात को सिद्ध कर दिया है कि सत्य के व्यावहारिक अनुभव के लिये स्वंय को संतुष्ठ कर लेना ही पर्याप्त नहीं है। यदि हम सामाजिक तथ्य को वस्तु मानते हैं तो इसका दूसरा सिद्धान्त यह है कि हमें सभी पूर्व अवधारणाओं को समाप्त कर देना चाहिये। इसका बहुत अच्छा दृष्टान्त दार्शनिक *डेकार्टे* (Descarte) है। विज्ञान की नींव डालते समय यदि डेकार्टे ने सभी पूर्व विचारों को संदेह की दृष्टि से नहीं देखा होता तो वे आगे नहीं बढ़ पाते। दुर्खीम की यह निश्चित सलाह है कि *समाजशास्त्री को उन सभी पूर्व अवधारणाओं की उपेक्षा करनी चाहिये जिनका उद्गम विज्ञान के बाहर हुआ है।* विज्ञान चक्षु-इन्द्रियों द्वारा ही ज्ञान प्राप्त करता है और इसलिये सामाजिक तथ्य भी इस कसौटी पर सही उतरने चाहिये।

हमारे मिथक केवल पूर्वाग्रह हैं। इसी तरह हमारे कतिपय संवेग पूर्वाग्रह मात्र हैं। दुर्खीम इन मिथकों और पूर्वाग्रहों को छद्म वेश में आनुभविकता कहते हैं। इनका निर्माण केवल हमारी इनके बारे में छाप के परिणामस्वरूप है। इन मिथकों और पूर्वाग्रहों को हम संवेगात्मक रूप से देखते हैं। न तो इनमें कोई व्यवस्था होती है, न तर्क और न निर्वचन। *ये सब कथन प्रबल तो होते हैं लेकिन ये भ्रमित मस्तिष्क की अभिव्यक्ति मात्र हैं। हम स्वीकार करते हैं कि संवेगों का वैज्ञानिक अध्ययन तो किया जा सकता है, लेकिन ये संवेग वैज्ञानिक सत्य के आधार या कसौटी नहीं बन सकते।*

सामाजिक तथ्यों के अध्ययन का दूसरा नियम, इसलिये, यह है कि जिन सामाजिक तथ्यों का हम अध्ययन करते हैं सबसे पहले उन्हें परिभाषित करना चाहिये। यदि ये सामाजिक तथ्य केवल मिथक हैं, पूर्वाग्रह हैं, तो हमें इन्हें छोड़ देना चाहिये। *हमारे लिये तो सामाजिक तथ्य केवल वे ही तथ्य हैं जिनका वैज्ञानिक कसौटी पर अध्ययन किया जा सके।*

3. अध्ययन की विषय सामग्री को परिभाषित करना चाहिये

समाजशास्त्री के लिये यह आवश्यक है कि वह जिस विषय सामग्री का अध्ययन करता है, उस सामग्री को स्पष्ट रूप से परिभाषित करना चाहिये। उदाहरण के लिये अपराध की घटनाएं हैं। जिस तरह व्यक्ति को बुखार आना, शरीर पर गिल्टियाँ हो जाना, केवल

बीमारी के प्रतीक है, वैसे ही अपराध भी एक बाहरी लक्षण है। संस्कृत में एक श्लोक हैं जिसका अर्थ है कि क्या भूखा आदमी अपराध नहीं करता। इस तरह अपराध तो एक बाह्य लक्षण है और इसका मूल कारण भूख है। अतः अनुसंधानकर्ता को जिस सामग्री का वह अध्ययन करता है, उसका सामाजिक तथ्य के संदर्भ में अर्थ स्पष्ट करना चाहिये।

4. सामाजिक तथ्यों को व्यक्तिगत प्रगटीकरणों से पृथक करके देखना चाहिये

व्यक्तिगत अभिरूचियाँ निश्चित रूप से व्यक्तिगत होती हैं। इन्हें सामाजिक तथ्य नहीं समझा जा सकता। यहाँ हम पुनः दोहरायेगें की दुर्खीम व्यक्तिवाद के घोर विरोधी थे। इसी कारण उनका आग्रह है कि वे वस्तुएं जो हर तरह से निजी हैं, उन्हें छोड़ देना चाहिये। बाह्य विशेषताएँ केवल व्यक्तिगत अभिव्यक्ति हैं। अतः हमें उन विशेषताओं का विवेचन करना चाहिये जो मूलतः सामाजिक प्रघटनाओं के निहित गुण है। दुर्खीम कहते हैं:

> प्रत्येक समाजशास्त्रीय अध्ययन की विषय-वस्तु कुछ सामान्य बाह्य विशेषताओं के आधार पर पहले परिभाषित कुछ प्रघटनाओं के समूह को ग्रहण करें तथा इस परिभाषा की सीमा में आने वाली सभी प्रघटनाओं को इस समूह में सम्मिलित किया जाये।

सामान्य तथा व्याधिकीय तथ्यों में भेद करने के नियम
(Rules for Distinguishing between the Normal and Pathological Facts)

सामाजिक तथ्यों का अध्ययन वस्तुओं की तरह किया जाना चाहिये। जिस भाँति प्राकृतिक विज्ञान वस्तुओं का अध्ययन अवलोकन द्वारा करते हैं, वैसे ही सामाजिक प्रघटनाओं का अध्ययन भी अवलोकन द्वारा होना चाहिये। दुर्खीम कहते हैं कि विज्ञान का यही सामान्य नियम है। लेकिन सभी सामाजिक तथ्य एक समान नहीं होते। इनके धरातल जुदा होते हैं, इनकी अन्तर्वस्तु भिन्न होती है। कुछ ऐसे तथ्य हैं जो अपराध से जुड़े हैं, काला बाजारी से जुड़े हैं, मारपीट से सरोकार रखते हैं और कुछ ऐसे तथ्य भी हैं, जो सृजनात्मक है, समाज की व्यवस्था को बनाये रखते हैं और व्यक्ति के व्यवहार पर लगाम लगाये रखते हैं। दुर्खीम कहते हैं कि यदि सामाजिक तथ्यों की सम्बद्धता और विघटनकारी दृष्टि से वर्गीकरण किया जाये तो ये तथ्य दो तरह के हैं: (1) *सामान्य तथ्य* (Normal Facts) तथा *व्याधिकीय तथ्य* (Pathological Facts)। यद्यपि इन तथ्यों की प्रकृति कुछ अर्थों में एक समान होती है, फिर भी इनमें भिन्नता है। क्या विज्ञान तथ्यों के इन प्रकारों का अन्तर स्पष्ट कर सकता है? यह प्रश्न सबसे अधिक महत्वपूर्ण

है। महत्वपूर्ण इसलिये कि इसके उत्तर में विज्ञान की भूमिका निहित है। इससे विज्ञान और आदमी का सम्बन्ध निश्चित होता है। विज्ञान में दो तरह के सम्प्रदाय हैं: एक सम्प्रदाय का कहना है कि *विज्ञान हमें वह सब कुछ नहीं सीखाता है जिसे हमें जीवन में करना चाहिये। इस सम्प्रदाय के अनुसार चाहिये (Ought) से विज्ञान को कोई सरोकार नहीं है।* विज्ञान का सम्बन्ध तो केवल तथ्यों से हैं और ये तथ्य वे हैं जिनका अवलोकन किया जाता है, जिनका विश्लेषण किया जाता है। विज्ञान का *अच्छे* और बुरे से कोई मतलब नहीं है। यह तो केवल घटनाओं के पीछे जो कारण काम करते हैं, उनका विश्लेषण मात्र करता है। विज्ञान इस प्रश्न पर बराबर मौन रहता है कि हमें किन उद्देश्यों की प्राप्ति करनी चाहिये और इस प्राप्ति की विधि क्या है? भविष्य का मार्ग क्या है, उद्देश्यों की प्राप्ति कैसे की जाये? इसके उत्तर में वैज्ञानिक कहते हैं हमें अनुभूति और मूलधारणाओं द्वारा ऐसे निर्णय करने चाहिये।

वैज्ञानिकों में एक दूसरा सम्प्रदाय है। इस सम्प्रदाय का कहना है कि विज्ञान दुनियाँ को आलोकित कर सकता है। नये आविष्कार देकर सुख सुविधाएँ जुटा सकता है लेकिन यही विज्ञान हमारे हृदय को अंधकार में डुबोये रख सकता है। इसलिये हृदय को अपना रास्ता स्वंय खोजना चाहिये। इस तरह के विवाद पर टिप्पणी करते हुए दुर्खीम लिखते हैं:

> विज्ञान अपने सम्पूर्ण या लगभग सम्पूर्ण महत्व तथा परिणामस्वरूप अपने अस्तित्व का प्रमुख औचित्य खो बैठता है। ऐसी यर्थाथता का ज्ञान व्यर्थ है जो हमारे जीवन में काम न आ सके। इस प्रश्न का हम उत्तर दे सकते हैं कि प्रघटनाओं के कारणों को बता करके विज्ञान उनकी सृष्टि के कारणों को प्रस्तुत करता है।

दुर्खीम ने दृढ़तापूर्वक इस तथ्य को रखा है कि विज्ञान हमारे लिये शौकिया नहीं है। मानव जीवन में इसकी एक निश्चित भूमिका है। यदि विज्ञान हमें सर्वोतम लक्ष्य नहीं बता सकता तो वह उसे प्राप्त करने के लिये सर्वोतम साधन कैसे बता सकेगा। यदि विज्ञान अंतिम लक्ष्यों की प्राप्ति के लिये हमारा पथ प्रदर्शन नहीं कर सकता तो गौण लक्ष्यों अथवा साधनों के बारे में भी वह समान रूप से शक्तिहीन होता है।

जब समाजशास्त्र सामाजिक तथ्यों का अध्ययन करता है तब इसे सभी तरह के तथ्यों को देखना चाहिये। इसमें अपराध भी सम्मिलित है। वैसे अपराध कम या ज्यादा सभी समाजों में पाये जाते हैं। समाज तो किसी भी *सावयव* (Organism) की तरह है जैसे किसी भी शरीर में सामान्य *रुग्णता* (Morbidity) तो होती ही है। जब यह रूग्णता अपने सामान्य स्तर पर होती है तो मनुष्य इसकी चिन्ता नहीं करता। संस्कृत भाषा में एक लोकोक्ति है: शरीरं व्याधि मन्दिरं, यानी शरीर रोग का घर है। यह रोग

जब असामान्य हो जाता है, तब चिन्ता का विषय बनता है। ठीक कुछ इसी तरह समाज में जब अपराध, कुरीतियाँ अधिक बढ़ जाती हैं तो इसे व्याधिकीय समझा जाता है। ऐसी अवस्था में इन असामान्य सामाजिक तथ्यों का अध्ययन भी समाजशास्त्र के अध्ययन क्षेत्र में आता है। यह *सामाजिक रूग्णता* (Social Morbidity) है। यदि सावयव के संदर्भ में ही चर्चा करें तो दो मुख्य प्रश्न उठते हैं: व्याधिकीय तथ्य किसे कहते हैं? और इसी तरह, स्वास्थ्य किसे कहते हैं? दुर्खीम ने इन दोनों प्रश्नों का उत्तर दिया है।

सामान्य तथ्य और असामान्य तथ्य किसे कहते हैं?

सामान्य तथ्य सावयव के संदर्भ में वह है जिसके अनुसार मनुष्य का शरीर अपने पर्यावरण के साथ अनुकूलन कर लेता है। सर्दी-गर्मी पड़ती है, मौसम में एकाएक परिवर्तन आते हैं। जब शरीर इन सबके साथ अपना ताल मेल स्थापित कर लेता है तो यह उसका स्वास्थ्य है। *स्वस्थ अवस्था में रूग्णता न्यूनतम होती है। समाज में भी जो व्यवस्था बनी हुई है वह चलती रहती है तो इसको बनाये रखने वाले सामाजिक तथ्य सामान्य हैं। इस अवस्था में व्याधिकीय कारक जैसे अपराध, डकैती, अपहरण, बलात्कार, आत्महत्या, आदि सामान्य यानी न्यूनतम होते हैं। इस तरह सामान्य सामाजिक तथ्य वे हैं जो समाज की यथास्थिति को बनाये रखते हैं और इनमें व्याधिकीय तत्व सामान्य दर में होते हैं, इतने अधिक नहीं होते कि समाज की व्यवस्था और कानून बिगड़ जाये। असामान्य सामाजिक तथ्य जब अत्यधिक व्यापक हो जाते हैं, समाज का सामान्य जन जीवन ठप्प हो जाता है, तो ऐसे तथ्य असामान्य सामाजिक तथ्य हैं।*

सामान्य और असामान्य तथ्यों में अन्तर

सामान्य और असामान्य तथ्यों का अन्तर इस प्रकार है:

(1) *व्यापकता:* दुर्खीम ने दोनों प्रकार के तथ्यों की पहचान के लिये कुछ नियम बनाये हैं। सामान्य तथ्यों की बहुत बड़ी पहचान यह है कि ये तथ्य *व्यापक* (General) होते हैं। विवाह, जाति, वर्ग, व्यवसाय, राजनीति, उत्पादन व्यवस्था, आदि ऐसे तथ्य हैं जो सम्पूर्ण समाज में पाये जाते हैं। हर व्यक्ति किसी न किसी व्यवसाय से, मित्रता से, गाँव या शहर से जुड़ा होता है। *यही इसकी व्यापकता है।* दुर्खीम व्यापकता के इस अन्तर को स्पष्ट करते हुए कहते हैं:

> हम उन सामाजिक दशाओं को सामान्य कहेगें जो सर्वाधिक व्यापक हैं और दूसरी को अस्वस्थ या व्याधिपूर्ण।

इस व्यापकता के पीछे बहुत बड़ा कारण यह है कि समाज के वे तथ्य जो अधिकतम लोगों के लिये लाभदायक होते हैं, व्यापक होते हैं–लगभग सभी उन्हें अपनाते हैं। व्यापकता के विपरीत असामान्य सामाजिक तथ्य हैं। असामान्य तथ्यों का प्रसार सीमित होता है। ये तथ्य समाज के लिये हानिकर होते हैं। इन तथ्यों की समाज निन्दा करता है। *इसी कारण असामान्य तथ्यों में व्यापकता बहुत कम होती है। अतः सामान्य और असामान्य सामाजिक तथ्यों का बुनियादी अन्तर यह है कि सामान्य सामाजिक तथ्यों में अधिकतम व्यापकता होती है जबकि असामान्य सामाजिक तथ्यों में व्यापकता सीमित होती है।*

इस बिन्दु पर पहुँच कर दुर्खीम ने एक महत्वपूर्ण बात कही है। उनका कहना है कि *सामान्य सामाजिक तथ्यों की यह व्यापकता स्थान और काल की सापेक्षिक होती है।* अमेरीका में रोमांटिक विवाह सामान्य बात है। जबकि यही सामान्य बात हमारे देश के किसी गाँव या कस्बे में सामान्य नहीं होती। यह स्थान की सापेक्षिकता है। हमारे देश में कोई 50 वर्ष पहले स्त्रियों का जिन्स का पेन्ट पहनना व्यापक नहीं था। इसी देश में आज इस पहनावे की व्यापकता है। स्वतन्त्रता से पहले यहाँ अपराध की दर कम थी आज यह बढ़ गयी है। *अतः सामान्य और असामान्य तथ्य समय और स्थान के साथ सापेक्षिक हैं।*

(2) *उपयोगिताः* सामान्य व असामान्य तथ्यों में दूसरा अन्तर उपयोगिता का है। कोई भी समाज उन तथ्यों को स्वीकार नहीं करता जो समाज के लिये हानिकारक होते हैं। अतः इन दोनों प्रकारों के तथ्यों का बहुत बड़ा अन्तर उपयोगिता का है। इस संदर्भ में दुर्खीम का कहना है कि *यह आवश्यक नहीं है कि प्रत्येक सामान्य तथ्य अनिवार्य रूप से अधिक उपयोगी हो। इसी तरह से यह भी आवश्यक नहीं है कि वे तथ्य जो उपयोगी हों सामान्य तथ्य ही हों।* दुर्खीम लिखते हैं:

> यदि यह सत्य है कि जो कुछ सामान्य है, वह आवश्यक हुए बिना उपयोगी हों, तो यह सत्य नहीं है कि जो कुछ उपयोगी है, वह सब सामान्य है।

(3) *घटनाक्रमः* दुर्खीम ने सामान्य और असामान्य तथ्यों के नियमों का एक और अन्तर *घटनाक्रम* (Law of Course of Events) द्वारा भी प्रस्तुत किया है। जब कभी हम किसी सामान्य तथ्य की पहचान करते हैं तो हमें यह भी जान लेना चाहिये कि अतीत में क्या इस सामाजिक तथ्य को सामान्य तथ्य ही समझा गया था। यदि यह सामान्य तथ्य था तो इसके पीछे जो कारण थे उनका पता भी लगाना चाहिये। किसी भी तथ्य के सामान्य होने के लिये यह आवश्यक है कि इसके पीछे जो ऐतिहासिक कारण हों, घटनाएं हों, उनकी खोज भी पर्याप्त रूप से होनी चाहिये। असामान्य तथ्यों

पर इस तरह की ऐतिहासिक कसौटी लागू नहीं होती।

(4) *समाज के विकास का स्तरः* सामान्य सामाजिक तथ्य सभी समाजों में एक समान व्यापकता और उपयोगिता रखते हों, यह आवश्यक नहीं है। हर समाज के विकास का अपना एक स्तर होता है। विकास की रेखा पर सभी समाज एक ही बिन्दु पर खड़े नहीं मिलते। मतलब हुआ सामान्य और असामान्य तथ्य समाज के विकास या पिछड़ेपन से जुड़े हुए हैं। आदिम समाज जो पिछड़ा होता है, उसमें जब चोरियाँ होती हैं तो कोई किसी की बकरी उठा ले जाता है और कोई खेत में खड़ी फसल के एक भाग को काटकर ले जाता है। *जैसा समाज वैसे उसके असामान्य तथ्य,* महानगर के असामान्य तथ्य कुछ और तरह के होते हैं। यहाँ चोर पूरी कार को ही उठाकर ले जाते हैं।

इसलिये जब सामान्य और असामान्य सामाजिक तथ्यों की पहचान की जाती है, तब हमें सम्बन्धित समाज के विकास की अवस्था को अवश्य देखना चाहिये।

सामाजिक प्रकारों यानी समाजों के वर्गीकरण के नियम

(Rules for the Classification of Social Types)

सामाजिक तथ्य चाहे वह सामान्य हो अथवा असामान्य, समाज के सन्दर्भ में सापेक्षिक है। एक तथ्य किसी समाज के लिये सामान्य हो सकता है, वही तथ्य दूसरे समाज के लिये असामान्य। तथ्य का सामान्य असामान्य होना समाज की प्रकृति और संरचना पर निर्भर है। जब तथ्यों का सम्बन्ध समाज के साथ है, तब दुर्खीम समाज के वर्गीकरण के नियमों की चर्चा करते हैं। दुनियाँ भर के समाज विभिन्नता से परिपूर्ण हैं। क्या इन समाजों को हम कतिपय श्रेणियों में बाँट नहीं सकते? और यदि बांटना शुरू करते हैं तो किस समाज को किस श्रेणी में डाले, क्या इसके कुछ नियम गड़े जा सकते हैं? दुर्खीम ने समाजशास्त्रीय पद्धति के नियमों में इस तरह का प्रयास किया है। यहाँ हमें यह नहीं भूलना चाहिये कि दुर्खीम ने समाज के वर्गीकरण के ये नियम 20 वीं शताब्दी के प्रारम्भ में बनाये थे। इसके बाद समाजशास्त्र में समाज के वर्गीकरण के कई प्रयास हुए हैं। कई तरह के नियम बने हैं। अतः दुर्खीम ने जो नियम बनाये हैं वे उस समय के समाजशास्त्र के विकास के संदर्भ में देखे जाने चाहिये।

दुर्खीम कहते हैं कि इतिहासकारों में समाज के वर्गीकरण के सम्बन्ध में दो सम्प्रदाय हैं: एक सम्प्रदाय का कहना है कि प्रत्येक समाज का अपना एक व्यक्तित्व होता है, अपना एक इतिहास होता है। जैसे प्रत्येक शरीर का अपना एक गठन होता है, एक कॉठी होती है, विशिष्ट संगठन, विधि-व्यवस्था, नैतिकता, और आर्थिक स्वरूप होता है, वैसे ही प्रत्येक समाज का भी अपना एक परिवेश होता है, एक ऐतिहासिक पहचान

होती है। इस तरह की विचारधारा में विश्वास करने वाले इतिहासकार, दुर्खीम कहते हैं, *नामवादी* (Nominist) कहे जाते हैं। इस विचारधारा के विपरीत दार्शनिकों का एक सम्प्रदाय है। ये दार्शनिक *चरम रूप में यर्थाथवादी* हैं। इनका कहना है कि समाजों में कितनी ही विशिष्टता हो, कितना ही अन्तर हो, फिर भी वे एक ही मानवीय स्तर पर होते हैं। दर्शनशास्त्री तो सभी समाजों में एक अमूर्त रूप देखते हैं। प्रत्येक समाज का जन्म होता है, वयस्क अवस्था आती है, और इसके बाद प्रौढ़ अवस्था। जैसे अधिकांश सभ्यताएं समाप्त हो गयी वैसे ही पूरे के पूरे समाज रूग्ण हो जाते हैं। दार्शनिकों का प्रयास तो यह रहा है कि वे विभिन्न समाजों को उनके लक्षणों के आधार पर, समान लक्षण निकालकर एक ही धरातल पर खड़ा कर देते हैं। समाजों के वर्गीकरण का यह विवाद समाज विज्ञानों में नया नहीं था। दुर्खीम से पहले स्पेन्सर ने इसको उठाया था।

स्पेन्सर इस बात को अच्छी तरह समझ गये थे कि समाजों का विकास मुख्यतया दो अवस्थाओं में से होकर गुजरा है: प्रारम्भ में छोटे समाज थे। इन्हें सामान्य समाज कहते हैं। कई सामान्य समाज मिलकर *मिश्रित समाज* (Compound Society) बनते हैं। स्पेन्सर के शब्दों में:

> हमने देख लिया है कि सामाजिक उद्विकास छोटे तथा सरल समूहों से प्रारम्भ होता है तथा उन समूहों को बड़े समूहों में बदलकर प्रगति करता है। और इस प्रकार से पुनर्संगठित होकर ये समूह अपने समान ही दूसरे समूहों से मिलकर और भी बड़े समूहों का निर्माण करते हैं। अतः हमारा वर्गीकरण प्रथम तथा सरलतम प्रणाली के समाजों से प्रारम्भ होना चाहिये।

स्पष्टतः समाजों का वर्गीकरण, स्पेन्सर के हिसाब से, (1) सरल समाज और (2) मिश्रित समाज हो सकते हैं। लेकिन स्पेन्सर ने उद्विकास का नियम तो बता दिया—सरल समाज से मिश्रित समाज—पर उन्होंने कहीं पर भी यह नहीं बताया कि सरल समाज के कौन से लक्षण हैं और मिश्रित समाज के कौन से। दुर्खीम ने इस काम को उठाया उन्होंने कहा कि

> हमारे लिये यही एक मात्र मार्ग बचता है कि हम एक सरल समाज उसे कहें जो ऐसा अकेला, कार्यरत सम्पूर्ण है जो किसी के अधीन नहीं है और जिसके भागों में एक नियामक केन्द्र के होने अथवा न होने पर भी सार्वजनिक उद्देश्यों के लिये परस्पर सहयोग बना रहता है।

आगे चलकर दुर्खीम कहते हैं कि सरल समाज में *खण्ड* (Segment) नहीं होते। दूसरे शब्दों में *सरल समाज में अतिरिक्त अन्य कोई सरल समाज सम्मिलित नहीं होता। इस सरल समाज में अतीत में भी किसी तरह के खण्ड या अन्य समाज नहीं होने*

चाहिये। उदाहरण के लिये घुमक्कड़ों का झुण्ड सरल समाज का सही उदाहरण है। घुमक्कड़ों के समाज में न तो पहले कभी सरल समाज सम्मिलित था और न अब। यह समाज व्यक्तियों के योग से बना है। इस कारण दुर्खीम कहते हैं कि घुमक्कड़ों के झुण्ड से सरल और कोई समाज नहीं हो सकता। सरल समाज के इन कतिपय लक्षणों के उपसंहार में दुर्खीम लिखते हैं:

> हम समाजों के वर्गीकरण को संगठन के उस मात्र के अनुसार प्रारम्भ करेगें, जिसे वे प्रस्तुत करते हैं। इसमें पूर्णतया सरल समाज अथवा *एकवृत खण्डीय समाज* (One Segmental Society) को आधार मानेगें। इन प्रकारों के अन्दर हम विभिन्न प्रकारों में इस आधार पर भेद करेगें कि क्या उनमें प्रारम्भिक वृतखण्डों का पूर्ण विलय हुआ है अथवा नहीं।

जब सरल समाज में एक से अधिक खण्ड हो जाते हैं, जब इसकी *सामाजिक रचना* (Social Morphology) जटिल हो जाती है, तब वह मिश्रित समाज बन जाता है। अब जब हम सामाजिक तथ्यों का विश्लेषण करते हैं तो हमें इन तथ्यों को इन दो प्रकार के समाजों—सरल और मिश्रित समाज—में देखना चाहिये।

सामाजिक तथ्यों की व्याख्या के नियम
(Rules for the Explanation of Social Facts)

जब हम सामाजिक तथ्यों का विश्लेषण करते हैं तो निश्चित रूप से हमें इस विश्लेषण को उन समाजों के साथ जोड़ना है जिनमें ये सामाजिक तथ्य पाये जाते हैं। अधिकांश समाजशास्त्री जब सामाजिक प्रघटनाओं का—परिवार, जाति, वर्ग—अध्ययन करते हैं तो केवल यही देख लेते हैं कि ये प्रघटनाएं समाज के लिये कितनी उपयोगी हैं, इनकी भूमिका क्या है, और इनके साथ कौन से संवेग जुड़े हुए हैं। ऐसा करके वे समझते हैं कि उन्होंने अपना कर्तव्य पूरा कर लिया। उदाहरण के लिये कॉम्ट मानव जाति की सम्पूर्ण प्रगतिशील शक्ति का सम्बन्ध मनुष्य की इस मौलिक प्रवृति से जोड़ता है कि मनुष्य निरन्तर अपनी स्थिति में सुधार करता रहता है। यह सुधार करने की प्रेरणा, उसे प्रगतिशील शक्ति से मिलती है। स्पेन्सर के अनुसार यही प्रगतिशील शक्ति मनुष्य को अधिकाधिक सुख प्राप्ति की ओर धकेलती है। लेकिन दुर्खीम अगस्त कॉम्ट और स्पेन्सर के कथन से संतुष्ट नहीं हैं। उनका प्रश्न है: आखिर कोई भी तथ्य समाज के लिये उपयोगी क्यों है? इसका मतलब यह हुआ कि स्पेन्सर और कॉम्ट इन तथ्यों के साथ में यह मानकर चलते हैं कि इनमें कुछ ऐसे निहित तत्व हैं जो व्यक्तियों को सुख देते हैं। यह दृष्टिकोण स्पष्टतः उपयोगितावादी है। उनका तो तर्क है कि जब हम किसी सामाजिक प्रघटना की व्याख्या करते हैं तब हमें इस प्रघटना को उत्पन्न करने वाले

प्रभावी कारणों तथा इन प्रघटनाओं द्वारा किये जाने वाले कार्यों की खोज करनी चाहिये। जब हम इस तरह की खोज कर लेगें तब हमारे लिये सामाजिक तथ्यों का विश्लेषण निश्चित हो जायगा।

प्रश्न है: सामाजिक तथ्यों की व्याख्या कैसे की जाये? दुर्खीम ने इस व्याख्या के कुछ नियम दिये हैं:

(1) तथ्यों का उद्गम समाज से है, व्यक्ति से नहीं

जिन्हें हम सामाजिक तथ्य कहते हैं, उनकी उत्पति की खोज की जानी चाहिये। यह देखा जाना चाहिये कि क्या जिन्हें हम सामाजिक तथ्य कहते हैं, अतीत में भी वे सामाजिक तथ्य समझे जाते थे। *किसी भी स्थिति में व्यक्तिगत चेतना को सामाजिक तथ्य का दर्जा नहीं देना चाहिये।*

(2) सामाजिक तथ्य समाज की आवश्यकताओं की पूर्ति करते हैं

बहुत स्पष्ट है, सामाजिक तथ्य व्यक्तिगत हितों की पूर्ति नहीं करते। सामाजिक तथ्यों का बहुत बड़ा उद्देश्य समाज की आवश्यकताओं को पूरा करना है।

(3) सामाजिक तथ्य सामाजिक प्रक्रियाओं में निहित हैं

सामाजिक तथ्य बेजान नहीं होते, उनमें ठहराव नहीं होता। इसी कारण इन तथ्यों की उत्पति को सामाजिक समूह की आन्तरिक संरचना में देखना चाहिये। कोई भी समाज सामाजिक प्रक्रियाओं द्वारा गतिशील बना रहता है। इसी कारण सामाजिक तथ्यों की वास्तविक उत्पत्ति समाज और उसकी प्रक्रियाओं में देखने मिलती है।

समाजशास्त्रीय प्रमाणों की स्थापना से सम्बन्धित नियम
(Rules Relative to Establishing Sociological Proofs)

यदि हम कार्य के पीछे जो कारण हैं, उन्हें प्रमाणित करना चाहते हैं तो इसकी बहुत बड़ी पद्धति तुलना है। तुलनात्मक विधि द्वारा हम समानताओं और विभिन्नताओं का लेखा-जोखा कर सकते हैं। किसी भी समाजशास्त्रीय पद्धति का बहुत बड़ा उद्देश्य घटनाओं के पीछे जो कारण हैं, उसकी खोज करना है। समाजशास्त्री, प्रयोगशाला में तो काम करता नहीं, प्रघटनाएं उसके नियंत्रण से बाहर रहती हैं। *ऐसी अवस्था में एक मात्र तुलनात्मक पद्धति ही ऐसा नियम है जिसके द्वारा हम तथ्यों का विश्लेषण कर सकें। दुर्खीम के लिये, तुलनात्मक विधि एक विश्वसनीय विधि है जिसे समाजशास्त्री प्रयोग में ला सकते हैं। दुर्खीम तुलनात्मक विधि को अप्रत्यक्ष रूप से विज्ञान की प्रयोगात्मक विधि मानते हैं।*

दुर्खीम समाजशास्त्रीय विधियों में ऐतिहासिक विधि को उपेक्षा की दृष्टि से देखते हैं। यह उपेक्षा श्रम विभाजन में स्पष्ट हो जाती है। तुलनात्मक विधि पर बल देते हुए वे कहते हैं कि आत्महत्या के कई कारण होते हैं। इसका मतलब यह हुआ कि आत्महत्या कई प्रकार की है। किस आत्महत्या के पीछे कौन से कारण हैं, इसका ज्ञान तो हमें तुलनात्मक विधि द्वारा ही हो सकता है।

अपनी पुस्तक *समाजशास्त्रीय पद्धति के नियम* के अंतिम भाग में अपने कुछ निष्कर्ष देते हैं। उनका यह कहना है कि यदि समाजशास्त्र एक स्वतन्त्र अकादमिक विधा है तो इसे एक अपनी निश्चित अध्ययन विधि भी अपनानी होगी। उन्होंने समाजशास्त्र को एक विज्ञान की हैसियत देने की कोशिश अपनी रचनाओं में की है। उन्होंने इन रचनाओं में जहाँ तक सम्भव हुआ है, वैज्ञानिक विधियों को अपनाया है। वे पहले दर्जे के प्रत्यक्षवादी हैं। उच्च श्रेणी के आनुभविकवादी हैं। वे अवलोकन और तुलनात्मक विधि के प्रबल समर्थक थे। अपने इस उपसंहार में वे आग्रहपूर्वक कहते हैं कि *समाजशास्त्र एक विज्ञान हैं* और इसलिये अनिवार्य रूप से इसकी अध्ययन विधि भी वैज्ञानिक होनी चाहिये।

अध्याय 5

आत्महत्या : व्यक्ति और समाज
(Suicide : Individual and Society)

यदि दुर्खीम की पुस्तक श्रम विभाजन सामूहिक चेतना की अवधारणा को प्रस्तुत करती है तो उनकी *'आत्महत्या'* (Suicide, 1987) सामूहिक दबाव के सिद्धान्त को। यदि कोई *आत्महत्या* पुस्तक का सतही विवेचन करे तो उसे लगेगा कि इसकी समस्याएं श्रम विभाजन से एकदम भिन्न् हैं। कहाँ तो यांत्रिक और सावयवी सुदृढ़ता और कहाँ सामूहिक चेतना और सामूहिक प्रतिनिधान की अवधारणाएं और कहाँ आत्महत्या। इस तरह जल्दबाजी में विकसित की गयी समझ सही नहीं है। पारसंस कहते हैं कि आत्महत्या में जिन आवधारणाओं और जिस सोच को प्रस्तुत किया गया है, वह श्रम विभाजन में उठायी गयी विचारधारा मात्र ही है। विशेषता यह है कि दुर्खीम ने श्रम विभाजन में जो मुद्दे उठाये थे, उन्हें सांख्यिकीय रूप से आत्महत्या में रखा है। यहाँ भी वे सुख शान्ति की अवधारणा की आलोचनात्मक पड़ताल करते हैं।

आत्महत्या दुर्खीम का एक वृहद् मोनोग्राफ है। यह रचना दुर्खीम ने सामूहिक चेतना के समानान्तर प्रस्तुत की है। वे इसमें यह प्रतिपादित करते हैं कि समाजशास्त्रीय विश्लेषण में सांख्यिकीय विधियाँ यद्यपि अनिवार्य नहीं है, फिर भी उपयोगी अवश्य हैं। दुर्खीम ने यूरोप की जनसंख्या के विभिन्न देशों से ऑकड़े एकत्र किये हैं। इन ऑकड़ों का उन्होंने दो तथ्यों के विश्लेषण के लिये प्रयोग किया है। पहला प्रयोग तो यह है कि आत्महत्या की दर में जो विभिन्नता दिखायी देती है, उसका विश्लेषण मनोविज्ञान, प्रजातीय, भूगोल आदि द्वारा किया गया है। वे इन सब तथ्यों को निरर्थक मानते हैं। ऑकड़ों का दूसरा प्रयोग वे यह बताने में करते हैं कि उन्होंने आत्महत्या के विश्लेषण का जो समाजशास्त्रीय सिद्धान्त रखा है, वह प्रबल है। जब 1897 ई. में

दुर्खीम ने आत्महत्या लिखी, तब सांख्यिकीय विज्ञान अधिक विकसित नहीं था।

वास्तव में आत्महत्या के पीछे जो *अभिप्रेरक* (Motive) होते हैं, उनके मापने की विधियाँ भी प्रमाणित नहीं थी। विशेष बात यह है कि दुर्खीम पहले व्यक्ति थे जिन्होंने समाजशास्त्र के किसी मोनोग्राफ में सांख्यिकीय पद्धति को अपनाया।

रेमण्ड एरॉ जब दुर्खीम की आत्महत्या का विश्लेषण विचारधारा के संदर्भ में करते हैं तो उनकी टिप्पणी है कि *यह पुस्तक सैद्धान्तिक स्तर पर उनके श्रम विभाजन से जुड़ी हुई है। वास्तविकता तो यह है कि जहाँ श्रम विभाजन पुस्तक समाप्त होती है, वहीं उनकी आत्महत्या की रचना प्रारम्भ होती है।* दुर्खीम सावयवी समाज के बढ़ते हुए श्रम विभाजन को स्वीकार करते हैं। वास्तव में वे इससे खुश हैं। सावयवी श्रम विभाजन एक सामान्य विकास है जिसमें समाज में गैर-बराबरी और विभेदीकरण बढ़ते हैं। वे इस तथ्य को स्वीकार करते हैं कि जब सावयवी समाज का उद्विकास होता है तब अपने आप विभिन्न धन्धों में अन्तर आता है, व्यक्तियों में विभेदीकरण विकसित होता है, परम्परा का दबाव घटने लगता है, तर्क बुद्धि विकसित होती है और किसी भी नये काम को करने के लिये व्यक्ति में पहल करने की क्षमता आती है। दुर्खीम स्वीकार करते हैं कि सावयवी समाज की केवल यह रूपहली तस्वीर ही नहीं, एक विकृत तस्वीर भी है। इस समाज में यह आवश्यक नहीं है कि प्रत्येक व्यक्ति सुख-शान्ति का भागीदार हो। *इसी समाज में तनाव से आक्रान्त व्यक्ति कभी भी आत्महत्या कर सकता है। आत्महत्या का मुद्दा इस तरह अत्यधिक रूप से विकसित श्रम से जुड़ा हुआ है। आत्महत्या व्यक्ति और समाज के तालतेल में व्यवधान होने की अभिव्यक्ति है। इस भाँति जहाँ आत्महत्या में दुर्खीम ने व्यक्ति और समाज के सावयवी समाज में जो सम्बन्ध है, उसका लेखा-जोखा है; वहीं इस पुस्तक में इस तथ्य का भी विवेचन है कि किन दशाओं में समाज का प्रभुत्व व्यक्ति पर देखने को मिलता है।*

वास्तव में, श्रम विभाजन पुस्तक के अंतिम खण्ड में दुर्खीम ने सावयवी समाज में पैदा हुई *व्याधिकीय* (Pathology) अवस्था का विवरण प्रस्तुत किया है। यहीं पर दुर्खीम ने *एनोमी* (Anomie) यानि मानकहीनता की अवधारणा को भी काम में लिया है। यद्यपि वे एनोमी का प्रयोग सावयवी समाज में पैदा हुए विघटनकारी कार्यों के विश्लेषण में करते हैं, आत्महत्या में आकर यह अवधारणा प्रभावी रूप से काम में ली गयी है। सावयवी समाज में एनोमी की अवधारणा को उन्होंने आर्थिक संकट, कामगार का अपने कार्य के साथ अनुकूल न होना, आदि के विश्लेषण में किया है। आधुनिक समाज जो वास्तव में विभेदीकृत समाज है – गैर-बराबरी से भरे पड़े हैं, इन समाजों में कामगारों का अपने काम के प्रति असंतोष होना स्वाभाविक है। यह सम्भव नहीं है कि प्रत्येक व्यक्ति को उसकी मनोभावनाओं और इच्छाओं के अनुसार काम मिले। ऐसी

अवस्था में व्यक्ति का निराशा और तनाव से घिर जाना स्वाभाविक है।

आत्महत्या व्यक्ति केन्द्रीत नहीं है। इसका सम्बन्ध सामूहिक जीवन या समाज से जुड़ा है। यांत्रिक समाज में व्यक्ति की भूमिका और उसके *कार्य* जन्म और सामूहिक दबाव या प्रभाव द्वारा निश्चित किये जाते हैं। ऐसे यांत्रिक समाज में किसी भी व्यक्ति के लिये यह सम्भव नहीं है कि वह मनमाना जीवन अपनाये। वह तो समाज द्वारा निर्धारित परम्पराओं, विश्वासों और भावनाओं के जुए को अपने कंधों पर उठाये फिरता है। ऐसे व्यक्ति में अपनी निजी इच्छाएँ और महत्वकांक्षाएँ नहीं होती। आधुनिक समाजों में व्यक्तिवाद प्रभावपूर्ण होता है। अपनी योग्यता के अनुसार प्रत्येक व्यक्ति चाहता है कि उसे अपनी इच्छानुसार नौकरी धन्धा मिले। वह चाहता है कि उसके जो भी इरादे हैं, पूरे किये जायें। *इस दृष्टि से आधुनिक सामाजिक व्यवस्था का यह नियम है कि व्यक्ति के साथ बराबर सामाजिक न्याय का सिद्धान्त लागू हो।* दुर्खीम की *निश्चित मान्यता है कि आधुनिक समाजों में स्थायित्व तभी सम्भव है, जब हम न्याय के प्रति सम्मान रखे। आज के आधुनिक समाजों की केन्द्रीय समस्या इसलिये व्यक्ति और समूह के सम्बन्धों की है।* ऐसे समाजों में व्यक्ति किसी भी स्थिति में सामाजिक दबाव को ऑख मूँदकर सहन करने के लिये तैयार नहीं है। इसके परिणाम स्वरूप व्यक्ति हमेशा चुनौतियों से घिरा रहता है। व्यक्ति की समाज से इतनी अधिक अपेक्षाएँ होती हैं कि समाज कभी भी इनकी पूर्ति नहीं कर सकता।

आत्महत्या पुस्तक में दुर्खीम जहाँ एक ओर आधुनिक समाजों के व्याधिकीय पहलुओं को देखते हैं, वहीं दूसरी ओर वे व्यक्ति और समूह के सम्बन्धों को भी उजागर करते हैं। एक ओर दुर्खीम यह बताने की कोशिश करते हैं कि किस सीमा तक व्यक्तियों के व्यवहार को सामूहिक वास्तविकता निश्चित करती है और वहीं दूसरी ओर कहाँ तक आत्महत्या व्यक्ति पर इस दबाव के परिणाम को आत्महत्या में देखता है। *जब आत्महत्या होती है तो इसका मतलब यह हुआ कि व्यक्ति ने समाज के दबाव को स्वीकार नहीं किया और उसके लिये उसकी जीवनी से बढ़कर और क्या हो सकता था, वह आत्महत्या कर लेता है। आत्महत्या इस तरह व्यक्ति और समाज के बीच के सम्बन्धों के दरार की अभिव्यक्ति है। इस कथन में दुर्खीम निश्चित है कि आत्महत्या कोई व्यक्तिगत्त घटना नहीं है। यह तो समाज द्वारा की गयी व्यक्ति की मौत है। हत्यारा समाज है, व्यक्ति नहीं।*

आत्महत्या पुस्तक की विषयवस्तु

(Subject Matter of Suicide)

दुर्खीम ने 1897 ई. में अपनी रचना आत्महत्या लिखी थी। इससे पहले उनकी सभी

पुस्तकों का अनुवाद 1938 ई. तक अंग्रेजी भाषा में हो गया था। केवल आत्महत्या ही ऐसी रचना है जिसका अंग्रेजी भाषा में अनुवाद 1951 ई. में हुआ। इसका यह अर्थ न लिया जाये कि किसी भी तरह आत्महत्या दुर्खीम की एक घटिया रचना है। वास्तव में अनुवाद की इस प्रक्रिया में कहीं न कहीं व्यवधान बना रहा और इस तरह एक लम्बी अवधि के बाद फ्रेन्च भाषा में कैद यह पुस्तक अंग्रेजी भाषा में आयी। आज तो समाजशास्त्रीय पुस्तकों में अमेरिका और ब्रिटेन में सांख्यिकीय विधि का प्रयोग एक फेशन बन गया है। इस संदर्भ में 1897 ई. में दुर्खीम का पूरी दक्षता के साथ इस विधि का आत्महत्या में प्रयोग करना अपने आप में एक महत्वपूर्ण तथ्य है। जब दुर्खीम ने आत्महत्या सम्बन्धी ऑकड़ों का संग्रह प्रारम्भ किया तो उनके सामने कई कठिनाइयाँ आयी। उन दिनों यूरोप में सरकारी कार्यालय ऑकड़ों का संग्रह बड़े ही बेतरतीब ढंग से करते थे। कहीं भी ऑकड़े किसी एक निश्चित विधि से नहीं रखे जाते थे। ऐसी अवस्था में दुर्खीम का ऑकड़ों को एकत्र करना वास्तव में बड़ा भागीरथ कार्य था।

दुर्खीम की इस रचना की विधि ऐतिहासिक और सांख्यिकीय है वे इस पुस्तक में सम्पूर्ण रूप से समाजशास्त्रीय उपागम को अपनाते हैं। यह पहली बार था कि दुर्खीम ने व्यक्ति को समाज के साथ जोड़कर देखा। दुर्खीम के युग में व्यक्ति का स्थान सर्वोपरि था। अर्थशास्त्रियों का उपयोगितावाद सर्वोपरि था। दुर्खीम ने पहली बार सामाजिक *वास्तविकता को प्राथमिक स्थान दिया।*

आत्महत्या रचना का एक केन्द्रीय मुहावरा है : तर्क बुद्धि जीवन की समझ अपने आप में एक नैतिक प्रतिबद्धता है। दूसरे शब्दों में दुर्खीम का कथन है कि मनुष्य जीवन तर्क प्रधान है और यह तर्क बुद्धि ही नैतिकता है। आत्महत्या रचना को उन्होंने तीन खण्डों में बाँटा है। पहले खण्ड में वे आत्महत्या के *अतिरिक्त सामाजिक कारकों* (Extra Social Factors) का उल्लेख करते हैं। वे आत्महत्या के तत्कालीन प्रचलित कारकों जैसे मनोवैज्ञानिक, आनुवंशिक और भौगोलिक– को अस्वीकार करते हैं। इन्हीं कारकों को वे आत्महत्या के अतिरिक्त सामाजिक कारक कहते हैं।

पुस्तक के दूसरे भाग में वे उन सामाजिक कारकों की पहचान करते हैं जो आत्महत्या के लिये उत्तरदायी है। आत्महत्या के ये कारण पूर्ण रूप से सामाजिक हैं। यहाँ यह दोहराना चाहिये कि दुर्खीम अपनी *विधि* (Method) में *अ-रूपान्तरणवादी* (Anti-reductionist) थे। *उनका तर्क था कि सामाजिक प्रघटनाओं का विश्लेषण गैर-सामाजिक कारकों जैसे मनोविज्ञान, भूगोल, प्रजातीयता आदि द्वारा नहीं किया जाना चाहिये। दुर्खीम का यह आग्रह वस्तुतः सामाजिक कारणता (Social Causation) का है।* इसी खण्ड में वे आत्महत्या के तीन प्रकारों का विस्तृत विवेचन देते हैं।

दुर्खीम की रचना का तीसरा खण्ड महत्वपूर्ण है। यहाँ वे एक सामाजिक प्रघटना के रूप में आत्महत्या की सामान्य प्रकृति का विश्लेषण करते हैं। वे यह *स्थापित करते हैं कि आत्महत्या एक सामाजिक तथ्य है और इसे करना व्यक्ति की इच्छा पर निर्भर नहीं है।* यह तो निश्चित रूप से समाज का दबाव है जो व्यक्ति को अपने स्वयं के शरीर को नष्ट करने के लिये बाध्य करता है।

आत्महत्या की परिभाषा और अर्थ

दुर्खीम ने अपनी रचना के प्रारम्भ में ही आत्महत्या की प्रघटना की परिभाषा दी है। इस परिभाषा का मिजाज निषेधात्मक है। दुर्खीम के पूर्ववर्ती विचारकों ने आत्महत्या को जिस तरह परिभाषित किया था, वह दुर्खीम को स्वीकार नहीं था। किसी भी आलोचना को प्रस्तुत करने से पहले हम दुर्खीम द्वारा दी गयी परिभाषा की पड़ताल करेंगे। निश्चित रूप से दुर्खीम की यह परिभाषा *विधिशास्त्रियों* (Jurists) से भिन्न है। दुर्खीम के अनुसार :

> आत्महत्या वह होती है जिसमें व्यक्ति *सकारात्मक या नकारात्मक* रूप से ऐसा काम करता है जिसका परिणाम प्रत्यक्ष या अप्रत्यक्ष रूप से वह जानता है, उसके शरीर के नष्ट होने में है।

दुर्खीम की आत्महत्या की इस परिभाषा का विश्लेषण रेमण्ड एरॉ ने किया है। उनके विश्लेषण से निम्न तथ्य स्पष्ट हैं :

(1) व्यक्ति का स्वयं का ऐसा कार्य जो प्रत्यक्ष या अप्रत्यक्ष रूप से उसके जीवन को नष्ट कर दे। जीवन को नष्ट करने के दो विकल्प उसके सामने हैं : एक विकल्प तो प्रत्यक्ष है। इसमें वह अपने आपको गोली दाग देता है और उसका तुरन्त देहान्त हो जाता है। यह आत्महत्या का प्रत्यक्ष और सकारात्मक विकल्प है। दूसरा विकल्प नकारात्मक या अप्रत्यक्ष है। इसमें व्यक्ति भोजन करना बन्द कर देता है, जीवन का पोषण समाप्त कर देता है या आग से धधकती हुई इमारत के बाहर नहीं निकलता। इस तरह की अप्रत्यक्ष गतिविधि जीवन लीला को समाप्त कर देती है।

(2) आत्महत्या करते समय व्यक्ति को यह मालूम होना चाहिये कि जो कुछ वह कह रहा है उसके परिणामस्वरूप उसकी मृत्यु हो जायेगी। यदि इस तरह की चेतना उसमें नहीं है तो और वह किसी क्रिया को करते समय मर जाता है तो यह केवल दुर्घटनावश हुई मृत्यु ही समझी जायेगी।

दुर्खीम द्वारा दी गयी आत्महत्या की इस परिभाषा में वे सब घटनाएं तो हैं जिन्हें सामान्यतया लोग आत्महत्या की श्रेणी में रखते हैं, लेकिन वे घटनाएँ भी हैं जिनमें

व्यक्ति अपनी प्रतिष्ठा के कारण भी अपने आप को नष्ट कर देते हैं। जब युद्ध में किले को दुश्मन घेर लेते हैं जैसा कि राजस्थान के चित्तौड़गढ़ किले में हुआ और अपने ऐतिहासिक गौरव को रखने के लिये पुरुष व स्त्री जौहर करते हैं तो इसे भी आत्महत्या कहना चाहिये। इस तरह की आत्महत्या अपनी शूरवीरता और शान को बनाये रखने के लिये होती है। आत्महत्या के ये दृष्टान्त सामान्य आत्महत्या की श्रेणी में नहीं आते। सामान्य श्रेणी में तो निराश प्रेमी या प्रेमिका, दिवालिये व्यापारी या परीक्षा में असफल होने वाले विद्यार्थी के दृष्टान्त सम्मिलित हैं।

आत्महत्या की इस परिभाषा को अपने विश्लेषण की कसौटी मानकर दुर्खीम कुछ महत्वपूर्ण निष्कर्ष रखते हैं:

(1) किसी एक जनसंख्या में आत्महत्या की आवृति या उसकी दर लगभग एक जैसा होता है।

(2) आवृति की यह स्थिरता सम्पूर्ण समाज या प्रान्त या सम्भाग में देखी जा सकती है।

(3) आत्महत्या की आवृति या उसकी दर मनमाने ढंग से नहीं बदलती। इनमें जो भी उतार चढ़ाव होते हैं, उसके कई कारण हैं।

इस निष्कर्ष के बाद दुर्खीम कहते हैं कि यह एक समाजशास्त्री का काम है कि वह आत्महत्या की घटनाओं के उतार-चढ़ाव के जो कारण हैं, उनका पता लगाये। उसे यह देखना है कि ऑकड़ों की स्थिरता में जो परिवर्तन आता है, वह किन कारकों से जुड़ा हुआ है। यहाँ दुर्खीम की सामाजिक कारणता का विश्लेषण प्रारम्भ होता है।

आत्महत्या के अर्थ और उसकी परिभाषा के लिये हम सम्पूर्ण पुस्तक का एक गहन अध्ययन करें तो हमें कुछ तात्विक तथ्य मिलेंगे। मुख्य बात यह है कि दुर्खीम *अ-रूपान्तरणवादी* (anti-reductionists) थे और वे इसी कारण आत्महत्या का अर्थ सामाजिक कारणों में ही खोजते हैं। उनके विवरण के आधार पर, जो आत्महत्या के अर्थ को स्पष्ट करता है, तीन प्रस्ताव रखे जा सकते हैं :

(1) *जिस किसी धर्म प्रधान समाज में एकीकरण अधिक होगा, उतनी ही कम आत्महत्याएं इस समाज में होगी और इसी प्रकार जिस धर्म प्रधान समाज में एकीकरण जितना अधिक कमजोर होगा, आत्महत्याएं उतनी ही अधिक होगी।* उदाहरण के लिये कैथोलिक धर्मावलम्बियों में जिनमें रुढिवादिता होती है, धर्म का व्यक्ति पर नियन्त्रण अधिक होता है, आत्महत्याएं कम होती हैं। दुर्खीम ने देखा कि प्रोटेस्टेन्ट धर्मावलम्बियों में जिनमें व्यक्ति पर अनुशासन कम होता है, आत्महत्याएं अधिक होती हैं।

मतलब हुआ : एकीकरण जितना अधिक होगा आत्महत्याएं उतनी ही कम होगी, एकीकरण जितना थोड़ा होगा, आत्महत्याएं उतनी ही अधिक होगी। आत्महत्या और एकीकरण में विपरीत (Inverse) सम्बन्ध हैं।

(2) *जिस किसी समाज में पारिवारिक और नातेदारी एकीकरण अधिक होगा, उसमें आत्महत्याएं उतनी ही कम होगी। इसी तरह ऐसे समाज में जहाँ एकीकरण कम होगा, आत्महत्याएं उतनी ही अधिक होंगी।*

मतलब हुआ : अधिक एकीकरण में कम आत्महत्याएं और कम एकीकरण में अधिक आत्महत्याएं। यहाँ भी आत्महत्या और एकीकरण का विपरीत सम्बन्ध है।

ऐसे परिवार जिनमें पति-पत्नी झगड़ते रहते हैं, आये दिन मनमुटाव होता रहता है, आत्महत्या की दर बढ़ने की सम्भावना अधिक है। और ऐसे परिवार जिनमें मेल-जोल है, सभी आम राय से काम करते हैं यानि जो परिवार एकजुट है, उसमें आत्महत्या की सम्भावना थोड़ी है।

(3) *ऐसे समाज जिनमें राजैतिक एकीकरण और सुदृढ़ता अधिक है, उनमें आत्पहत्याएं कम होती हैं जबकि उन देशों में जिनमें राजनैतिक अस्थिरता है, हिंसा की घटनाएं अधिक होती हैं यानि विघटन अधिक होता है उनमें आत्महत्या की दर ऊंची होती है।*

यहाँ भी दुर्खीम ने देखा कि एकीकरण जितना अधिक होगा, आत्महत्याएं उतनी ही कम होगी और एकीकरण जितना निम्न होगा आत्महत्याएं उतनी अधिक होंगी।

सामान्यतया किसी भी अनुशासित समाज में व्यक्ति समुदाय के आदेशानुसार दबाव और परम्परा के अनुसार काम करता है। सावयवी समाज में विभिन्नता के होते हुए भी यदि समाज में सम्बद्धता है तो आत्महत्याएं कम होंगी। *आत्महत्या का भूगोल, मनोविज्ञान और मानसिक रोग किसी से भी न तार्किक सम्बन्ध है और न ही आनुभविक। आत्महत्या एक ऐसा सामाजिक तथ्य है जिसका सम्बन्ध बराबर समाज और सामाजिक संरचना के साथ रहा है। अधिक खुलासे के साथ कहें तो आत्महत्या परिवार, नातेदारी, गोत्र, जाति, वर्ग और नगर तथा शहर से जुड़ी है। सामाजिक संरचना की ये संस्थाएं आत्महत्या की दर को, उसकी आवृति को निश्चित करती हैं। सब मिलाकर आत्महत्या सामाजिक सुदृढ़ता से जुड़ी है, सुदृढ़ता अधिक तो आत्महत्या कम, सुदृढ़ता कम तो आत्महत्या अधिक।*

आत्महत्या के अतिरिक्त सामाजिक कारक
(Extra Social Factors of Suicide)

दुर्खीम आत्महत्या की समस्या और उसके अर्थ को परिभाषित करने के बाद व्यवस्थित रूप से उन विश्लेषणों का खण्डन करते हैं जो आत्महत्या को समझाते हैं। आत्महत्या कोई दुर्खीम के समय में ही समस्या बनकर नहीं उभरी थी। आदिकाल से आत्महत्या होती रही है। प्रत्येक युग ने अपने-अपने दृष्टिकोण से इसकी व्याख्या भी की है। दुर्खीम ने उनके समय में जिस तरह आत्महत्या की व्याख्या की जाती थी, उसका खण्डन किया है। इस खण्डन में वे पूर्ववर्ती विचारकों और मनोवैज्ञानिकों को भी सम्मिलित करते हैं। शायद दुर्खीम के आत्महत्या के मोनोग्राफ का इतना सम्मान इसलिये है कि उन्होंने परम्परागत विश्लेषण से मुक्ति प्राप्त की। ये सब रुढिगत कारक जो आत्महत्या के कारणों का विश्लेषण करते हैं, के अनुसार सही कारण नहीं है। *कारण तो हैं, लेकिन अतिरिक्त हैं।* आत्महत्या के सामाजिक कारणों को या समाजशास्त्र के आत्महत्या के सिद्धान्त को देने से पहले दुर्खीम अतिरिक्त कारकों का उल्लेख करके , उनका खण्डन करते हैं।

दुर्खीम ने आत्महत्या के अतिरिक्त कारकों में सामान्यतया कई कारक दिये हैं। यदि इन कारकों को श्रेणियों में बाँटा जाये तो पारसंस के अनुसार दो श्रेणियाँ बनती हैं : (1) मानसिक और मनोव्याधिकीय कारक और (2) आनुवंशिकता और पर्यावरण। आत्महत्या के कारकों की इन दो श्रेणियों का दुर्खीम खण्डन करते हैं। इस खण्डन के बाद वे आत्महत्या के प्रकार और स्वयं के आत्महत्या के सिद्धान्त का प्रतिपादन करते हैं।

मानसिक और मनोव्याधिकीय कारक
(Psychological and Psychopathic Factors)

(1) आत्महत्या के अभिप्रेरक (Motives)

मनोवैज्ञानिकों ने और विशेषकर मनोरोग विशेषज्ञों ने आत्महत्या के कारणों का विशद् विवेचन किया है। मनोवैज्ञानिक यह दृढ़तापूर्वक कहते हैं कि किसी भी क्रिया के पीछे और विशेषकर किसी भी अपराध का कोई न कोई अभिप्रेरक अवश्य होता है। कोई किसी की चलते फिरते हत्या नहीं करता। और इसी तरह कोई भी व्यक्ति अपने हाथ से ही अपने माथे पर गोली नहीं मारता। इसके पीछे कोई न कोई अभिप्रेरण होता ही है।

दुर्खीम ने अभिप्रेरण के कारक को आत्महत्या के संदर्भ में देखा है। जब कभी हम

आत्महत्या का विश्लेषण करें तो हमें यह नहीं भूलना चाहिये कि दुर्खीम ने अपनी इस वैज्ञानिक रचना में 26,000 आत्महत्याओं का अध्ययन किया है। यह अध्ययन यूरोप के सभी प्रमुख देशों को सम्मिलित करता है। इस निदर्शन में दुर्खीम ने विभिन्न उम्र समूहों, लिंग समूहों, विवाहितों आदि का प्रतिनिधित्व किया है। उनके सहयोगी *मारसल मॉस* (Marcel Mauss) ने इस क्षेत्रीय कार्य को किया है।

अभिप्रेरण सम्बन्धी अध्ययन इसी वृहद सर्वेक्षण का एक भाग है। *दुर्खीम ने पाया कि आत्महत्या की एक जैसी आवृति और दर में अभिप्रेरण का कारक समान रूप से पाया जाता है।* इसका अर्थ हुआ कि अभिप्रेरण *कोई प्रभावी चर (Variable) नहीं है।* आत्महत्या के किसी भी विश्लेषण में उपयोगितावादी आग्रहपूर्वक कहते हैं कि *मनुष्य की क्रियाएँ विवेकशील (Rational) होती हैं और इसलिये उसकी आत्महत्या भी विवेकशील है, यानि आत्महत्या के पीछे जो अभिप्रेरण है वह तथ्य पूर्ण हैं। लेकिन दुर्खीम को विश्लेषण में अभिप्रेरण का चर कहीं भी प्रभावी नहीं दिखायी देता। इसी कारण दुर्खीम आत्महत्या के एक कारक या विश्लेषण के रूप में अभिप्रेरण का कोई सरोकार नहीं मानते।*

पारसंस ने और इसी तरह दुर्खीम की पुस्तक आत्महत्या के अनुवादक *जार्ज सिम्पसन* (George Simpson) ने भी इस बात को स्वीकार किया है कि दुर्खीम ने अभिप्रेरण के कारक को जिस तरह अस्वीकार किया है, वह संदेहास्पद है। इन आलोचकों का तर्क है कि आज *अभिप्रेरक विश्लेषण* (Motive analysis) और संवेगात्मक जीवन के जो लक्षण हैं, उनकी व्याख्या के कई नये तरीके विकसित हो गये हैं। दुर्खीम के समय में *सिगमण्ड फ्रायड* (Sigmund Freud) ने *अचेतन मस्तिष्क* (Unconscious Mind) की व्याख्या प्रारम्भ की ही थी। वास्तव में दुर्खीम के समय अभिप्रेरक विश्लेषण की विधा विकसित नहीं हुई थी। और इसी कारण में वे निदर्शन समूह में इसकी समाज उपस्थिति पाकर इसके महत्व को नकार गये हों। इस संदेह के होते हुए भी यह निश्चित है कि दुर्खीम अभिप्रेरक कारक को आत्महत्या का कोई सशक्त कारण नहीं मानते । इसकी स्थिति तो अतिरिक्त कारक की ही बनी रहती है।

(2) आत्महत्या का कारण उन्माद (Insanity) है

वास्तव में दुर्खीम ने आत्महत्या के अतिरिक्त कारकों में मनोव्याधिकीय अवस्थाओं (Psychopathic States) का उल्लेख किया है। समाज में कुछ बीमारियों की दर सापेक्षिक रूप से स्थायी होती है। इस तरह की बीमारियों में पागलपन या उन्माद भी है। यदि हम तार्किक रूप से यह स्वीकार करें कि उन्माद प्रत्येक आत्महत्या में होता है तो कार्य-कारण खोजने का यह प्रयास सफल होगा। कई मनोवैज्ञानिकों का जिनमें

एस्क्विरोल (Esquirol) भी है, का कहना है :

आत्महत्या में मानसिक अलगाव के सभी लक्षण मिलते हैं।

जब एक आदमी अपने हाथ से अपना शरीर नष्ट करता है तो वह उन्माद की अवस्था में है और यह उन्माद मानसिक अलगाव के कारण है। एस्क्विरोल इस तरह के आत्महत्या सम्बन्धी नियम को रखने के बाद यह सुझाव देते हैं कि क्योंकि आत्महत्या का कारण व्यक्ति स्वयं की इच्छा न होकर उसका उन्माद या मानसिक अलगाव है और इसलिये इस अपराध के कारण उसे दण्ड नहीं दिया जाना चाहिये। मनोरोग चिकित्सकों में *फेलरेट* (Falret) और *मोरेयूडिटोडर्स* (Moreaudetours) भी लगभग आत्महत्या का यही कारण बताते हैं। इन विद्वानों ने प्रश्न रखा है : क्या हमें आत्महत्या को मानसिक अलगाव का परिणाम समझना चाहिये ? इस प्रश्न का उत्तर मनोव्याधिकीय विद्वान सकारात्मक रूप में देते हैं। 1845 ई. में डॉक्टर *बोर्डिन* (Bourdin) ने एक छोटी सी पुस्तिका निकाली थी जिसने चिकित्सा की दुनियाँ में तहलका मचा दिया। *इस पुस्तिका में भी यही स्थापित किया गया है कि एक आदमी आत्महत्या अलगाव की स्थिति में ही करता है।*

दुर्खीम ने आत्महत्या के इस उन्मादी या पागलपन के कारण को स्वीकार नहीं किया है। उन्होंने तर्क दिया कि *कुछ उन्मादी व्यक्तियों द्वारा आत्महत्या कर लेने के आधार पर ही यह कहना कि सभी उन्मादी व्यक्ति आत्महत्या करते हैं या आत्महत्या करने वाले सभी व्यक्ति उन्मादी होते हैं, सही तर्क नहीं है।* यहाँ हम दुर्खीम के इस तथ्य को पुनः दोहरायेंगे कि *दुर्खीम उन्माद या पागलपन को आत्महत्या का कारण तो मानते हैं, लेकिन यह कारण अतिरिक्त या गौण है। यह मनोवैज्ञानिक सिद्धान्त का सामाजिक प्रघटना के विश्लेषण में रूपान्तरण (Reduction) मात्र है।*

(3) खिन्नता का कारण (Melancholy)

मानसिक व्याधिकी से जुड़ा हुआ आत्महत्या का दूसरा कारण खिन्नता है। इसमें व्यक्ति को कोई ऐसा सदमा या मानसिक आघात पहुँचता है जिसके कारण वह अपना दिमागी संतुलन खो बैठता है। उसमें तनाव आ जाता है और वह इस आघात को सहन नहीं कर पाता। उसको आत्महत्या ही एक सुरक्षित विकल्प दिखायी देता है। उदाहरण के लिये अपने किसी निकट के व्यक्ति की मृत्यु या व्यापार में एकाएक घाटा व्यक्ति के लिये असहनीय बन जाता है। ऐसी परिस्थिति में की गयी आत्महत्या खिन्नता के कारण की गयी आत्महत्या कही जाती है। आत्महत्या के इस मनोव्याधिकीय विश्लेषण को भी दुर्खीम अस्वीकार करते हैं।

(4) प्रेत-बाधा (Obsessive) आत्महत्या का कारण

आत्महत्या का यह कारण भी मनोव्याधिकीय है। व्यक्ति के दिमाग में कोई एक मानसिक ग्रन्थि पैदा हो जाती है। यह मानसिक ग्रन्थि उसकी स्वयं की महत्वाकांक्षा हो सकती है या पीड़ा भी। यह मानसिक ग्रन्थि उसे बराबर सालती रहती है। उस पर किसी हथोड़े की तरह चोट करती रहती है। इस ग्रन्थि के कारण वह आत्महत्या करने के लिये बाध्य हो जाता है। दुर्खीम अन्य मनोव्याधिकीय कारकों की तरह आत्महत्या के प्रेतबाधा कारक को भी अस्वीकार करते हैं।

(5) आवेगात्मक (Impulsive) आत्महत्या का कारण

आत्महत्या का आवेगात्मक कारण भी मनोवैज्ञानिक है। कई बार भावनाओं के वशीभूत होकर व्यक्ति आवेग में आ जाता है। यह आवेग उसे *अविवेकी* (Irrational) बना देता है। सामान्य आदमी से लेकर साहसी और बहादुर व्यक्तियों में भी कभी-कभी आवेग आ जाता है। इस आवेग में क्षण भर उसे लगता है कि यदि वह आत्महत्या कर ले तो सहज रूप से अपने आपको सभी तरह की चिन्ताओं से मुक्त कर लेगा। ऐसा व्यक्ति जब समुद्र के किनारे या पहाड़ के किसी चढ़ाव पर खड़ा होता है, तब एकाएक उसे आवेग आता है कि वह यदि एक छलांग लगा दे या पिस्तौल के घोड़े को दबा दे तो क्षण भर में मुक्त हो जायेगा। ऐसा आवेग लम्बे समय तक नहीं रहता। अभी आया और अभी गया। आने और जाने के बीच की अवधि ऐसी है, जिसमें व्यक्ति आत्महत्या कर सकता है।

उपसंहार

ऊपर हमने आत्महत्या के मनोव्याधिकीय और मनोवैज्ञानिक कारकों का उल्लेख किया है। दुर्खीम का कहना है कि कई मनोचिकित्सकों और मनोवैज्ञानिकों ने वैयक्तिक आत्महत्या का अध्ययन किया है और वे इस निष्कर्ष पर पहुँचे है कि इन आत्महत्याओं का कारण मानसिक बीमारी है। *मनोचिकित्सक कहते हैं कि अधिकांश लोग जो स्वयं अपनी जीवन लीला समाप्त करते हैं, मानसिक रूप से व्याधिकीय होते हैं। उनकी यह आत्महत्या मानसिक अवस्था की प्रवृति के कारण होती है। इस तरह के मनोवैज्ञानिक विश्लेषण का दुर्खीम तुरन्त खण्डन करते हैं।* दुर्खीम द्वारा दिये गये खण्डन को रेमण्ड एरॉ भी स्वीकार करते हैं। वे लिखते हैं :

> दुर्खीम यह स्वीकार करते हैं कि आत्महत्या करने के प्रति एक मनोवैज्ञानिक झुकाव होता है, इस झुकाव का विश्लेषण मनोव्याधिकीय पद में किया जा सकता है। कुछ निश्चित परिस्थितियों में स्नायु रोगी निश्चित रूप से अपने आपको मार देने

की अवस्था में होते हैं, *लेकिन दुर्खीम कहते हैं कि वह शक्ति जो आत्महत्या को निश्चित करती है, मनोवैज्ञानिक न होकर सामाजिक होती है।*

हमें सावधानीपूर्वक इस तथ्य पर मनन करना चाहिये कि आत्महत्या के दो निर्णायक तत्व हो सकते हैं : मनोवैज्ञानिक झुकाव (Psychological Predisposition) और सामाजिक निश्चिय या संकल्प (Social Determination)। इन दोनों कारकों पर हमें विवाद करने की आवश्यकता है।

मनोवैज्ञानिक झुकाव और सामाजिक संकल्प या निश्चिय के *सूत्र* को सिद्ध करने के लिये दुर्खीम *सहवर्ती विभिन्नता* (Concomitant Variation) विधि को लगाते हैं। वे अलग-अलग जनसंख्याओं की आत्महत्या की दर पर विभिन्नता के सूत्र को लागू करते हैं और यह सिद्ध करने का प्रयास करते हैं कि *मनोव्याधिकीय स्थिति और अपराधों में कोई सहसम्बन्ध नहीं है।* दूसरे शब्दों में स्नायु रोगी का आत्महत्या करना आवश्यक नहीं है और इसी तरह हर आत्महत्या करने वाला स्नायु रोगी नहीं होता। *मतलब हुआ स्नायु रोग और आत्महत्या में कोई सहसम्बन्ध नहीं है।* उदाहरण के लिये दुर्खीम कहते हैं कि विभिन्न धर्मावलम्बियों का अध्ययन बताता है कि यहुदियों में स्नायु रोगी या पागल अधिक पाये गये थे, *जबकि इनकी जनसंख्याओं विशेषकर के अपराध करने वालों की दर बहुत थोड़ी थी।* इसका मतलब हुआ कि यहुदियों में स्नायु रोगी के अधिक होने पर आत्महत्या भी अधिक होनी थी लेकिन ऐसा नहीं पाया गया। स्पष्टतः मनोव्याधिकीय कारकों और आत्महत्या में सहसम्बन्ध नहीं है।

आत्महत्या के मनोवैज्ञानिक और व्याधिकीय कारणों का जो खण्डन दुर्खीम ने किया है उसके आधारर पर निश्चित रूप से यह कहा जा सकता है कि आत्महत्या का कारण मनोव्याधिकीय झुकाव न होकर सामाजिक निश्चय या संकल्प है। और सांख्यिकीय दृष्टि से आत्महत्या और मनोव्याधिकीय कारण सहगामी नहीं हैं।

आनुवंशिकता और पर्यावरण के कारक
(Factors of Heredity and Environment)

मनोवैज्ञानिक और मनोव्याधिकीय कारकों को आत्महत्या का कारण अस्वीकार करते हुए दुर्खीम आनुवंशिकता और पर्यावरण का विश्लेषण करते हैं। आनुवंशिकता के अन्तर्गत वे *प्रजाती* (Race) को लेते हैं और पर्यावरण को वे उसके विशाल अर्थ *ब्रह्माण्ड* (Cosmic) रूप में लेते हैं। इसमें वे जलवायु और मौसम को सम्मिलित करते हैं। वास्तव में दुर्खीम जब प्रजाति और आत्महत्या के सहगामी सम्बन्धों को देखते हैं तो वे मद्यपान और कतिपय मनोव्याधिकीय कारकों को भी अपने विश्लेषण में सम्मिलित करते हैं। आनुवंशिकता और पर्यावरण का विश्लेषण वे विशुद्ध रूप से आनुभविक

आधार पर करते हैं। वे इस निष्कर्ष पर पहुँचते हैं कि आत्महत्या का इन पूर्ववर्ती विचारकों ने जो विश्लेषण किया है, वह समस्या के निदान में, किसी भी तरह सहायक नही हैं। इस निष्कर्ष पर पहुँचते हुए भी *दुर्खीम यह सिद्ध करने में सफल नही हुए कि आनुवंशिकता और पर्यावरण का आत्महत्या से कोई सरोकार नहीं है।* दुर्खीम का आरोप तो यह है कि पूर्ववर्ती विचारकों ने आनुवंशिकता और पर्यावरण के आत्महत्या के साथ जो सम्बन्ध हैं, उन्हें पूरी तरह से प्रमाणित नहीं किया है। यहाँ हम आत्महत्या और प्रजाति तथा आत्महत्या और पर्यावरण के सह सम्बन्धों का उल्लेख करेगें।

(1) क्या आत्महत्या के लिये प्रजाति उत्तरदायी है ?

समाज विज्ञानों में दुर्खीमकालीन युग में यह लगभग स्थापित था *कि प्रत्येक प्रजाति में आत्महत्या करने की अवृति के कुछ निश्चित लक्षण होते हैं। इन विचारकों के अनुसार एक प्रजाति दूसरी प्रजाति से कुछ जैवकीय और मनोवैज्ञानिक लक्षणों से भिन्न है। दुर्खीम कहते हैं कि यदि इस तरह आत्महत्या का वास्तव में प्रजाति के साथ सम्बन्ध है तो यह भी स्थापित होना चाहिये कि प्रजाति में कुछ ऐसी जैवकीय प्रवृति (Organic disposition) है जो आत्महत्या करने के लिये प्रेरित करती है।*

क्या प्रजाति और आत्महत्या में कुछ इस तरह का सम्बन्ध है ?

आत्महत्या और प्रजाति के सहगामी सम्बन्ध का विश्लेषण करने से पहले दुर्खीम प्रजाति को परिभाषित करते हैं। इन लक्षणों के होते हुए भी किसी न किसी कारण से समूह का एक या अधिक सदस्यों में अन्तर होता है और वह अन्तर एक व्यक्ति को दूसरे से भिन्न कर देता है। वास्तव में प्रजाति एक जैवकीय कोटि है और उसकी जो कुछ संस्कृति है वह सीखी हुई है। इसी कारण *प्रिचार्ड* (Prichard) लिखते हैं :

> प्रजाति पद से हमारा मतलब व्यक्तियों के उस समूह से है जिसमें कम या अधिक रूप में कुछ ऐसे लक्षण पाये जाते हैं जो आनुवंशिकता से एक पीढ़ी से दूसरी पीढ़ी को संचारित होते हैं, इन लक्षणें का उद्‌गम कैसा ही क्यों न हो।

दुर्खीम ने प्रिचार्ड के अतिरिक्त अन्य मानवशास्त्रियों जैसे *ब्रोका* (M. Broca) आदि की परिभाषा का उद्धरण देकर यह स्थापित किया है कि प्रजाति में जैवकीय लक्षण एक पीढ़ी से दूसरी पीढ़ी को संचारित होते हैं। इस जैवकीय संचारण में ऐसी जटिलता आ जाती है कि हमारे लिये एक प्रजाति को दूसरी प्रजाति से भिन्न एंग्लो-सेक्सन प्रजातियों का उल्लेख करते हैं, लेकिन कोई भी व्यक्ति स्पष्ट रूप से इन प्रजातियों के अन्तर को वैज्ञानिक स्पष्टता के साथ नही बता सकता। यहाँ महत्वपूर्ण बात यह है कि *कोई भी समाजशास्त्री जब प्रजाति के प्रभावों को सामाजिक प्रघटनाओं पर देखता है तो उसे सावधानीपूर्वक अपना अनुसंधान करना चाहिये।* इस तरह की

समस्या को हल करने के लिए यह देखना चाहिये कि एक प्रजाति दूसरी प्रजातियों से किन लक्षणों के आधार पर भिन्न है। यह इसलिये कहना पड़ता है कि आज प्रजाति को लेकर समाज विज्ञानों में बड़ा भ्रम है।

प्रजाति के अर्थ के बाद यह देखना चाहिये कि किन प्रजातियों में आत्महत्या करने के प्रति अधिक झुकाव है और किन में कम। तथ्यों के आधार पर दुर्खीम पाते हैं कि *जर्मन* प्रजाति की आत्महत्या के प्रति अधिक प्रवृति है। लेकिन जब हम *जर्मन* कहते हैं तो निश्चित रूप से हमारा तात्पर्य राष्ट्रीयता से है, प्रजाति से नहीं। और जब इस तरह से हम आंकड़ों को देखते है तो हमारा निष्कर्ष सही नहीं निकलता। यह इसलिये कि जर्मनी में रहने वाले लोगों के जो भी कुछ लक्षण है वे आनुवंशिक नही हैं, सभ्यताजनक हैं दुर्खीम कहते हैं कि जब कभी विचारक प्रजाति और आत्महत्या के सहसम्बन्ध को देखते हैं तो वे प्रजाति की परिभाषा वैज्ञानिक अर्थ में नहीं दे पाते।

प्रजाति का अर्थ वस्तुतः आनुवंशिकता से है। दुर्खीम अपने खण्डन में आग्रहपूर्वक कहते हैं *कि आत्महत्या और आनुवंशिकता में कोई सहसम्बन्ध नहीं है।* यह कहना कि बढ़ती हुई उम्र के साथ आत्महत्या का प्रतिशित बढ़ जाता है, इस कल्पना के साथ मेल नहीं खाता कि आत्महत्या का मुख्य कारण आनुवंशिकता से संचारित होता है। कई बार आनुवंशिकतावादी यह भी प्रमाण देते हैं कि एक ही परिवार में बार-बार आत्महत्या होना आनुवंशिकता और आत्महत्या का सह सम्बन्ध है। आनुवंशिकतावादी लेखक अपनी प्राक्कल्पना के प्रमाण में *प्रेवोस्ट-पेराडोल* (Prevost-Paradol) के परिवार का उल्लेख प्रायः करते हैं। 19वीं शताब्दी मे प्रेवोस्ट फ्रान्स के जाने-माने लेखक थे। वे अमेरीका में राजदूत भी थे। फ्रान्स और एशिया के युद्ध की घोषणा पर उन्होंने आत्महत्या कर ली। लगभग 30 वर्ष बाद उनके पुत्र ने एकदम भिन्न परिस्थितियों में आत्महत्या की। प्रेवोस्ट के परिवार में एक के बाद कई सदस्यों ने आत्महत्या की। *आनुवंशिकतावादी इन आत्महत्याओं का निष्कर्ष निकालते हैं कि इस परिवार में आत्महत्या के प्रति जो झुकाव था, वह आनुवंशिक था।* लेकिन दुर्खीम इस प्रकार की प्राक्कलपनाओं को अस्वीकार करते हैं। उनके अनुसार इस तरह का सम्पूर्ण विश्लेषण व्यक्तियों के लक्षणों पर आधारित है और इसमें कहीं भी इस तथ्य पर ध्यान नही दिया गया है कि व्यक्ति आत्महत्या सामाजिक बाध्यता के कारण करते हैं। इस बात के कोई पक्के प्रमाण नहीं हैं कि आनुवंशिकता आत्महत्या के गुणों को जैवकीय रूप से एक पीढ़ी से दूसरी पीढ़ी को देते हैं। यह सम्भव है कि कुछ ऐसे अवसर आ जाते हैं कि एक ही परिवार के लोग आत्महत्या कर लेते हैं। दुर्खीम आगे कहते हैं कि यदि जैवकीय मनोवैज्ञानिक आनुंवशिकता आत्महत्या के लिये उत्तरदायी है तो इसका प्रभाव पुरुष और स्त्रियों पर समान रूप से पड़ना चाहिये। किसी भी अर्थ में आत्महत्या

लैंगिक (Sexual) नहीं है और इसलिये इसका कोई कारण नहीं दिखायी देता कि आनुवंशिकता केवल आदमियों को ही प्रभावित करती है और स्त्रियों को नहीं। यह इसलिये कि स्त्रियों में आत्महत्या न्यूनतम होती है। *अतः इस निष्कर्ष पर पहुँचना भूल नहीं होगी कि आत्महत्या का सम्बन्ध किसी भी तरह आनुवंशिकता से नहीं है।*

(2) कहां तक पर्यावरण अर्थात भौगोलिक कारण आत्महत्या के लिये उत्तरदायी है?

दुर्खीम आत्महत्या के सह सम्बन्ध को भौगोलिक कारकों के साथ देखते हैं। सभी भौगोलिक कारकों जैसे जलवायु, मौसमी तापमान, आदि को वे *ब्रह्माण्ड* (Cosmic) की वृहद श्रेणी में सम्मिलित करते हैं। भूगोलवेत्ता *मोरसेली* (Morselli) का कहना है कि आत्महत्या का देशान्तर रेखांश और अक्षांश के साथ सह सम्बन्ध है। इसी तरह यूरोप के उत्तर दक्षिण में न्यूनतम आत्महत्याएं होती है। इस प्रकार का सह सम्बन्ध बताते हुए दुर्खीम दबी जबान से बोलते हैं, लेकिन जलवायु और तापमान को आत्महत्या करने की प्रवृति के साथ जोड़ने में जिन तथ्यों की आवश्यकता है, वे उन्हें प्रस्तुत नही करते। *दुर्खीम का तो विश्वास है कि बिना किसी जलवायु और तापमान के, सभी देशों में आत्महत्या लगभग समान रूप से देखने को मिलती है।* यह अवश्य है कि किसी एक ऐतिहासिक युग में एक देश में आत्महत्याएं कम होती हैं और दूसरे युग में अधिक। जब सभ्यता के युग में रोम यूरोप की राजधानी थी, वहाँ आत्महत्याएं अधिक होती थी। लेकिन 20वी शताब्दी के प्रारम्भ में यहां आत्महत्या की प्रवृति कम हो गयी। *दुर्खीम कहते हैं कि आत्महत्या की अपेक्षा समाज की सुदृढ़ता या असुदृढ़ता उसकी दर को निश्चित करती है। वास्तव में हमें लोगों की आत्महत्या करने की प्रवृति को जलवायु व तापमान में न देख करके सभ्यता की सुदृढ़ता व असुदृढ़ता में देखना चाहिये।*

दुर्खीम के तत्कालीन समाज में मोन्टेस्क्यू के निष्कर्षों का प्रभाव भी अधिक था। मोन्टेस्क्यू का कहना था कि ऐसे देश जहाँ ढंड अधिक पड़ती है और कोहरा छाया रहता है, आत्महत्या के लिये अनुकूल होते हैं। इस विचारधारा को यूरोप ने लम्बे समय तक स्वीकार किये रखा। यद्यपि *एस्क्विरोल ने इस तरह से सिद्धान्त को अस्वीकार किया था फिर भी फालरेट* (Falret) ने इस पर जोर दिया। दुर्खीम कहते हैं आंकड़े निश्चित रूप से किसी इस प्रकार के सिद्धान्त को अस्वीकार करते हैं। कही भी न तो सर्दी और न शरद ऋतु में आत्महत्या का दर अधिकतम स्तर तक पहुंचती है। आदमी जीवन लीला तब समाप्त करना पसन्द करता है जब मौसम उसके लिये किसी भी तरह से कष्टदायक नही होता। दुर्खीम आंकड़ों के आधार पर यह स्थापित करते हैं कि प्रत्येक मौसम में आत्महत्या का अनुपात निश्चित रूप से समान पाया जाता है।

दुर्खीम इस तथ्य को स्वीकार करते हैं कि सामान्यतया गर्मी के मौसम में

आत्महत्याओं की दर बढ़ जाती है। शायद इसी पर *फेरी* **और** *मोरसेली* ने यह निष्कर्ष निकाला कि आत्महत्या का सम्बन्ध तापमान के साथ है। दुर्खीम का विश्लेषण दूसरी तरह का है। उनका कहना है कि *गर्मी के दिनों में दिन लम्बा होता है और उसमें आदमी को समूह से पृथक रहने का समय अधिक मिलता है, अतः उसकी आत्महत्या का कारण तापमान न होकर समूह से उसका पृथक्करण है। दूसरी तरफ सर्दी में दिन छोटा होता है और अन्तः क्रियाएं अधिक होती हैं। इस मौसम में आत्महत्या करने का अवसर बहुत कम मिलता है।*

उपसंहार

दुर्खीम की विधि अ-रूपान्तरवादी और प्रत्यक्षवादी थी। वे केवल तर्क के ऊपर किसी सिद्धान्त को स्वीकार करने के लिये तैयार नहीं थे। वे बराबर आनुभविकता पर जोर देते थे। यह उनकी आनुभविक तथ्यों की प्रमाणिकता ही थी जिसके आधार पर उन्होंने भूगोलवेत्ताओं के सभी निष्कर्षों को अस्वीकार किया। *उनका सामान्य तर्क तो यह था कि आत्महत्या एक सामाजिक प्रघटना है और भूगोल एक भौतिक प्रघटना सामाजिक प्रघटना का सही विश्लेषण भौतिक प्रघटना द्वारा नहीं किया जा सकता।* दूसरा, उन्होंने आनुभविक तथ्यों के आधार पर भूगोलवेत्ताओं के इस सिद्धान्त का खण्डन किया कि कहीं भी जलवायु और तापमान आत्महत्या को प्रभावित नहीं करते। आत्महत्या की प्रवृति पर निश्चित रूप से जो प्रभाव देखने को मिलता है, *वह राजनैतिक सुदृढ़ता और सामाजिक सुदृढ़ता का है।*

आत्महत्या का अतिरिक्त सामाजिक कारण : अनुकरण
(Extra Social Factor of Suicide : Imitation)

आत्महत्या रचना में दुर्खीम की बहुत बड़ी खोज उन कारकों की पहचान करना है जो आत्महत्या की प्रवृति के लिये उत्तरदायी हैं। दुर्खीम कोई शौकिया समाजशास्त्री नहीं थे। वे समाजशास्त्र का व्यावहारिक प्रयोग करना चाहते थे। इसी कारण उन्होंने आत्महत्या के कारकों की खोज की। उनके युग में आत्महत्या का विश्लेषण विचारकों ने नहीं किया हो, ऐसा नहीं था। *लेकिन किसी ने भी आत्महत्या के सामाजिक कारणों की पहचान नहीं की थी। पिछले पृष्ठों में हमने दो श्रेणियों के कारकों मनोव्याधिकीय-मनोवैज्ञानिक और आनुवंशिकता तथा पर्यावरण का विवरण दिया है। अतिरिक्त सामाजिक कारकों के विवेचन में आगे चलकर दुर्खीम एक और मनोवैज्ञानिक अतिरिक्त कारक का उल्लेख करते हैं। यह अतिरिक्त कारक अनुकरण* (Imitation) है। अनुकरण विशुद्ध रूप से एक मनोवैज्ञानिक कारक है। आम बोलचाल में हम अनुकरण का मतलब नकल से लेते हैं। जैसा सब करते हैं, बिना सोचे समझे दूसरा

व्यक्ति भी करने लग जाता है, यह अनुकरण है।

अनुकरण एक व्यक्ति को दूसरे व्यक्तियों के साथ जोड़ता है। लेकिन यह जोड़ किसी भी अर्थ में सामाजिक जोड़ नहीं होती। जैसा सभी पहन रहे हैं या जैसे अन्य लोग तालियों की गड़गड़ाहट करते हैं, वैसे करते हैं, वैसे ही समूह में बैठा व्यक्ति ताली बजाता है। *जो दूसरे लोग ताली बजा रहे हैं, उन्हें वह जानता भी नहीं है और दूसरे लोग भी ताली बजाने व्यक्ति को नहीं जानते।* वास्तव में छींकना, जम्हाई लेना, हँसना, आदि अनुकरण के दृष्टांत हैं। इसी कारण दुर्खीम इन्हें मनोवैज्ञानिक क्रियाएं मानता है। मनोवैज्ञानिकों का कहना हैं कि जब एक नगर या संभाग में लोग आत्महत्या करते हैं तो इसके अनुकरण में दूसरे संभावित लोग भी आत्महत्या करने लगते हैं। *मनोवैज्ञानिकों की दृष्टि में तो आत्महत्या एक संक्रामक रोग है जो अनुकरण द्वारा अपनाया जाता है।*

अनुकरण : अर्थ और परिभाषा

आत्महत्या की परिभाषा और अर्थ को स्पष्ट करते हुए दुर्खीम समाजशास्त्रियों से एक शिकायत करते हैं। उनका कहना है कि कई बार समाजशास्त्री जिन पदों और अवधारणाओं का अपने सिद्धान्त निरूपण में प्रयोग करते हैं, उन्हें परिभाषित नही करते। जब अवधारणा स्पष्ट नहीं होती तो रचनाकर और पाठक दोनों ही मनमाना अर्थ निकालने के लिये स्वतन्त्र हो जाते हैं। ऐसी ही कुछ दुर्घटना अनुकरण के साथ भी हुई है। मनोवैज्ञानिक यह तो आग्रहपूर्वक करते हैं कि आत्महत्या का एक सशक्त कारण अनुकरण है। लेकिन वे कहीं भी इसके अर्थ को साफगोई के साथ नही रखते। अतः हम आत्महत्या और अनुकरण के सहसम्बन्ध को देखें इससे पहले इसका अर्थ स्पष्ट कर लें। दूर्खीम कहते हैं कि उनकी समझ में मनोवैज्ञानिक और समाजवैज्ञानिक अनुकरण के तीन अर्थ निकालते हैं :

(1) *चेतना का स्तरीकरण*
(Levelling of Consciousness)

किसी एक समूह के बीच में ही जब लोग एक या अनेक कारणों से समान गतिविधि करने लगते हैं तो समूह के अधिकांश सदस्यों में चेतना का स्तरीकरण हो जाता है। *प्रत्येक व्यक्ति की निजी चेतना होती है। जब वह समूह में होता है तो किसी कारण उसकी चेतना का स्तर (Level) दूसरे व्यक्तियों की चेतना के स्तर पर आ जाता है और इस तरह अनुकरण की उपस्थिति होती है।* बारिश के मौसम में जब सभी लोग सड़क पर चलते दिखायी देते हैं, एकाएक कुछ लोग बारिश समझकर अपनी छतरी खोल लेते हैं। इसका अनुकरण दूसरे लोग भी अपने आप कर लेते हैं। इसी तरह तालियों की गड़गड़ाहट भी होती है, जयघोष भी होते हैं या किसी रंगारंग कार्यक्रम में

नाचने के लिये पाँव अपने आप थिरकने लगते हैं। *जो प्रक्रिया काम करती है वह यह कि समूह में सम्मिलित होने वाले लोगों की चेतना जब जन समूह के समान स्तर पर पहुँच जाती है, तब समूह का प्रत्येक व्यक्ति समूह की तरह सोचने लगता है, अनुभव करने लगता है।*

यह एक तरह की समन्वयता है—*व्यक्तिगत चेतना का स्तर अन्य व्यक्तियों के स्तर पर आ जाता है।* कुछ मनोवैज्ञानिक अनुकरण की इस परिभाषा को प्रयोग में लाते हैं। अनुकरण इस तरह बिना सोची समझी क्रिया है। इसे करने में व्यक्ति *मौलिक* रूप से कुछ भी नहीं सोचता: *क्योंकि सभी ऐसा करते हैं, क्योंकि सभी गलत नहीं हो सकते, व्यक्ति भी ऐसा करता है।* कुछ इस तरह की सभी ने छतरी खोल ली है, उसे भी छतरी खोल लेनी है। इसमें व्यक्ति के स्वयं का कोई भी सोच नहीं है, उसकी स्वयं की कुछ भी समझ नहीं है। दुर्खीम कहते हैं कि अनुकरण की यह परिभाषा स्पष्ट कम है और अस्पष्ट अधिक। उन्हें यह स्वीकार नहीं है। उनका अस्वीकार करने के पीछे *बड़ा तर्क यह है कि अनुकरण करने वाला अपनी ओर से कुछ नहीं सोचता।*

(2) *अनुकरण मनोवेगात्मक होता है*
(Imitation is Impulsive)

अनुकरण का दूसरा अर्थ मनोवेग के साथ जोड़ा जाता है। व्यक्ति की यह इच्छा होती है कि वह अपने आपका समाज के साथ समन्वय करे। जिस समाज का वह सदस्य है, उसकी परिपाटी को उसे अपनाना चाहिये। इसी कारण उसके मनोवेग सक्रिय हो जाते हैं और उसके इर्द-गिर्द जिस तरह का व्यवहार लोग करते हैं, वह भी करने लगता है। अपने समूह के रीति-रिवाजों, परम्पराओं और इसी तरह क्षेत्रीय कानून का वह अनुकरण करने लगता है। यह भी होता है कि समाज के रीति-रिवाजों को अपनाते हुए वह उनके अर्थ को भी नहीं जानता। विवाह की वेदी पर बैठा हुआ जोड़ा न तो अग्नि के साक्ष्य को समझता है और न सात फेरों के शास्त्रीय अर्थ को। वह तो केवल परम्परा से इन सब क्रियाओं के दौर से गुजरता है। इस संदर्भ में दुर्खीम लिखते हैं:

> किसी भी नैतिकता से परिपूर्ण परम्परा और रीति-रिवाज के अर्थ के बारे में अनभिज्ञ होकर भी हम उसका परिपालन करते हैं। हमारे परिपालन का कारण यह है कि इसके पीछे कोई न कोई सामाजिक अधिकार है।

(3) *अनुकरण केवल अनुकरण के लिये होता है:*
(Imitation for Imitation only)

अनुकरण का यह तीसरा अर्थ है। यह अर्थ सामान्यतया मनोवैज्ञानिकों द्वारा लिया जाता है। जिस क्रिया को हमारे सामने अन्य लोग करते हैं, हम भी उसे दोहरा देते हैं।

अनुकरण में व्यक्ति यह नहीं सोचता कि उसे यह क्रिया क्यों करनी चाहिये। क्योंकि दूसरे लोग करते हैं, इसलिये वह भी करता है: न तर्क, न कारण। वह देखता है कि युवक अब अपने सिर के बालों को चोटी में बांधते हैं, वह भी अनुकरण करने लगता है। वह देखता है कि युवा युवतियों की तरह कान में लोंग पहनने लगे हैं, तो वह भी पहनने लगता है। वह देखता है कि लोग अंग्रेजी के *यस* (Yes) के स्थान पर *याह* कहने लगें है तो वह भी करने लगता है। जब दूसरे जम्हाई लेते हैं, हँसते हैं और रोते हैं तो एक संक्रामण क्रिया की तरह सभी ऐसा करने लगते हैं। दुर्खीम को अनुकरण का यह अर्थ भी स्वीकार नहीं है। बुनियादी रूप से अनुकरण की यह मनोवैज्ञानिक व्याख्या है।

दुर्खीम अनुकरण की व्याख्या करने के बाद इस निष्कर्ष पर पहुँचते है कि *अनुकरण का कोई भी अर्थ जो समाज के प्राधिकार से न जुड़ा हो उन्हें स्वीकार नहीं है।* वास्तव में अनुकरण के जो तीन अर्थ ऊपर दिये गये हैं, परस्पर विरोधी हैं। पहला अर्थ, व्यक्ति की मौलिकता को स्वीकार नहीं करता। क्योंकि सभी लोग ऐसा करते हैं, वह भी ऐसा ही करता है मौलिक नहीं है। इसी तरह तीसरा अर्थ भी बुनियादी रूप से नकल मात्र है। क्योंकि सभी लम्बी चोटी रखते हैं, वह भी लम्बी चोटी रखता है, केवल नकल है। *यदि अनुकरण का अर्थ जो दूसरा है लिया जाये तो दुर्खीम को स्वीकार है। जब समाज का आदेश है तब व्यक्ति परम्परा और रूढ़ियों को अपना लेता है। यह उसका नैतिक कर्तव्य है। यदि इस नैतिक कर्तव्य का वह पालन नहीं करता है तो समाज उसकी निन्दा करेगा, आलोचना करेगा। सात फेरों का अर्थ न जानते हुए भी पति-पत्नी का जोड़ा इसका परिपालन इसलिये करता है कि इसके पीछे समाज का आदेश है, समाज की मान्यता है। दुर्खीम को अनुकरण का यह तर्क तार्किक और सही लगता है।*

दुर्खीम को मनोवैज्ञानिकों द्वारा दी गयी अनुकरण की व्याख्या स्वीकार नहीं है। उन्होंने यूरोप के आत्महत्या की दर के आधार पर कहा कि *जब कभी सामाजिक पर्यावरण में बदलाव आता है तो एकाएक आत्महत्या की दर बदल जाती है। इधर सामाजिक पर्यावरण में एकाएक बदलाव हुआ तो उधर आत्महत्या की दर में भी एकाएक परिवर्तन आ जाता है।* सामाजिक पर्यावरण से दुर्खीम का मतलब परिवार, विवाह, गोत्र आदि से है। कभी भी सामाजिक पर्यावरण का प्रभाव एक निश्चित क्षेत्र से बाहर नहीं जाता। उदाहरण के लिये जर्मनी में आत्महत्या एक स्थानीय लक्षण है और इसका कारण प्रोटेस्टेन्ट धर्म है। फिर भी जर्मनी के तीन संभाग ऐसे हैं जो आत्महत्या की इस सामान्य प्रवृत्ति के अपवाद हैं। इन तीनों संभागों में आत्महत्या की दर न्यूनतम है। ऐसा लगता है कि ये संभाग टापू की तरह हैं जिनमें जर्मनी के आत्महत्या की दर

की तुलना में न्यूनतम आत्महत्याएँ होती हैं। *इसका मतलब यह हुआ इन तीन संभागों में आत्महत्या के अनुकूल जिस तरह का सामाजिक पर्यावरण चाहिये, वह नहीं है।* यदि अनुकरण को आत्महत्या का कारण माना जाता तो निश्चित रूप से इन तीनों संभागों में भी आत्महत्या की वही दर होती, जो जर्मनी में थी।

वास्तव में आत्महत्या संक्रामक है—यह व्यक्ति से व्यक्ति को पहुँचती है, लेकिन अनुकरण कभी भी आत्महत्या की दर के सामाजिक पहलू को नहीं छुता। *यह सम्भव है कि अनुकरण द्वारा आत्महत्या की दर बढ़े। लेकिन जो आत्महत्या की असमान अभिवृति है उसे यह प्रभावित नहीं करती।* निश्चित शब्दों में दुर्खीम कहते हैं:

> बहुत कम अपवादों में, यह कहा जाना चाहिये कि अनुकरण आत्महत्या का मौलिक कारक नहीं है।

आत्महत्या और अनुकरण के सह सम्बन्धों पर आलोचनात्मक टिप्पणी करते हुए यह कहना चाहिये कि आत्महत्या निश्चित रूप से एक वैयक्तिक घटना है। लेकिन इसके जो कारण है, वे सामाजिक हैं। ऐसी अवस्था में दुर्खीम *गेब्रिल ट्रेड* (Gabriel Tarde) जैसे समकालीन मनोवैज्ञानिकों के आत्महत्या के विश्लेषण से सहमत नहीं है। दुर्खीम की दृढ़ मान्यता है कि *अनुकरण में किसी प्रकार का तर्क, मौलिकता, प्रयोजन तथा उद्देश्य नहीं होता।* इसके विपरीत आत्महत्या के पीछे कोई न कोई प्रयोजन अवश्य होता है। दुर्खीम ने आत्महत्या के सम्बन्ध में जो कतिपय निष्कर्ष रखें हैं, इस प्रकार है:

(1) किसी भी सामान्य समाज में आत्महत्या की मनोवैज्ञानिक और मनोव्याधिकीय कारकों के संदर्भ में सम्यक व्याख्या सम्भव नहीं है।

(2) आत्महत्या की व्याख्या आनुवंशिकता और पर्यावरण के कारकों द्वारा भी नहीं की जा सकती।

(3) आत्महत्या की व्याख्या अनुकरण द्वारा भी होना सम्भव नहीं है।

(4) आत्महत्या निश्चित रूप से एक सामाजिक प्रघटना है और इसलिये इसके कारणों की खोज समाज में ही होनी चाहिये। सामाजिक पर्यावरण द्वारा ही आत्महत्या की समुचित व्याख्या सम्भव है। दूसरे शब्दों में, दुर्खीम के अनुसार आत्महत्या की व्याख्या सामाजिक कारकों जैसे सामाजिक सुदृढ़ता, सामूहिक चेतना, सामूहिक प्रतिनिधान और *मानकहीनता* (Anomie) के संदर्भ में की जानी चाहिये।

दुर्खीम का आत्महत्या के सम्बन्ध में जो समाजशास्त्रीय सिद्धान्त है, उसके निम्न लक्षण हैं:

(1) समाज में जितना अधिक धार्मिक एकीकरण होगा, उतनी ही आत्महत्या की दर कम होगी।

(2) समाज में जितना अधिक स्थानीय या घरेलू एकीकरण होगा, आत्महत्या की दर उतनी ही कम होगी।

(3) समाज में जितना अधिक राजनैतिक एकीकरण होगा, उतनी ही आत्महत्या की दर कम होगी।

(4) आत्महत्या तथा एकीकरण और सुदृढ़ता में विपरीत सम्बन्ध है। सूत्र रूप में इस विपरीत सहसम्बन्ध को हम इस भाँति रखेगें:

1. न्यूनतम आत्महत्या की दर = अधिकतम एकीकरण + अधिकतम सामाजिक सुदृढ़ता
2. अधिकतम आत्महत्या की दर = न्यूनतम एकीकरण + न्यूनतम सामाजिक सुदृढ़ता

आत्महत्या के प्रकार: तीन आदर्श प्रारूप
(Types of Suicide: Three Ideal Types)

दुर्खीम ने आत्महत्या के ऑकड़ों को सांख्यकीय विश्लेषण द्वारा देखा है। उन्होंने ऑकड़ों के आधार पर आत्महत्या को तीन प्रकारों में रखा है। *स्ट्रक्चर ऑफ सोशल एक्शन* में पारसंस कहते हैं कि आत्महत्या के ये प्रकार वस्तुतः *आदर्श प्रारूप* (Ideal Type) हैं। ये इस तरह हैं:

(1) अहंवादी आत्महत्या (Egoistic Suicide)

(2) परार्थवादी आत्महत्या (Altruistic Suicide)

(3) मानकहीनता प्रतिमानहीनता मूलक आत्महत्या (Anomic Suicide)

इस अध्याय के शेष भाग में हम आत्महत्या के इन प्रकारों के अवधारणात्मक स्वरूप का विश्लेषण करते हुए इनके पारस्परिक सम्बन्धों को देखेगें। किसी न किसी तरह से इन अवधारणाओं के पीछे दुर्खीम के जो विचार हैं, उनका उल्लेख उन्होंने श्रम विभाजन में किया है। यहाँ वे अपने आशय को अधिक प्रखरता के साथ रखते हैं। श्रम विभाजन में दुर्खीम ने *यह स्थापित किया था कि जितना अधिक समाज में विभेदीकरण होगा, समाज उतना ही अधिक सुदृढ़ होगा। यहाँ आत्महत्या पुस्तक में वे कहते हैं कि अतिविभेदीकरण होने से समाज में विघटन तो आता है लेकिन, यदि समाज अधिक सुदृढ़ होगा, आत्महत्या की दर उतना ही कम होगी।*

आत्महत्या की रचना का केन्द्रीय मुहावरा व्यक्ति और समाज के बीच के सम्बन्ध

हैं। वे आत्महत्या की सामाजिक प्रघटना को मुख्य रूप से तीन कारणों के साथ जोड़ते हैं: (1) धर्म (2) सामाजिक पर्यावरण, और (3) राजनीति। हम आत्महत्या के इन तीनों प्रकारों का अगले पृष्ठों में सिलसिले वार वर्णन करेंगे।

अहंवादी आत्महत्या
(Egoistic Suicide)

अहंवादी आत्महत्या प्रायः वे लोग करते हैं जिनका *अहं* (Ego) बहुत प्रबल होता है। ऐसे व्यक्ति अपने स्वयं को समाज से बहुत ऊंचा समझते हैं। उनकी व्यक्तिगत चेतना का तालमेल सामाजिक चेतना के साथ नहीं बैठता। ऐसा व्यक्ति समाज, समुदाय या समूह के सामूहिक जीवन से मुक्त होता है। अहंवादी व्यक्ति किसी तरह अपनी स्वार्थपूर्ति में लीन होता है। स्वयं के अहं के प्रबल होने के कारण यह व्यक्ति समाज के साथ कदम मिलाकर नहीं चल सकता। *परिणामस्वरूप इस व्यक्ति का जीवन उपेक्षित, एकाकी और तिरस्कृत हो जाता है।* उसके ऊपर समाज के नियंत्रण का कोई प्रभाव नहीं पड़ता। परिणामस्वरूप अहंवादी व्यक्ति समाज में रहकर भी अपने आपको अकेला व असहाय मानता है। अतः इस मानसिक तथा यथार्थ स्थिति में जब व्यक्ति और समूह के उद्देश्य भिन्न हो जाते हैं, सामाजिक चेतना एवं व्यक्तिगत चेतना में कोई साम्य नहीं रहता। जब अहंवादी व्यक्ति को लगता है कि समाज के बीच में वह अकेला रह गया है, आत्महत्या करने के अतिरिक्त, उसके पास कोई विकल्प नहीं है। *कई बार अहंवादी आत्महत्या को इसी कारण स्वार्थपरक आत्महत्या भी कहते हैं।*

अहंवादी आत्महत्या की घटनाएँ सम्पूर्ण यूरोप में मिली हैं। दुर्खीम ने विभिन्न प्रकार के इन ऑकड़ों में सह सम्बन्ध देखने का प्रयास किया है। अहंवादी आत्महत्या के कारणों की वे खोज करते हैं। ऑकड़ों में इस खोज से सह सम्बन्ध मिलता है। उनके अनुसार अहंवादी आत्महत्या के निम्न लिखित चार मुख्य कारण हैं:

(1) धार्मिक,

(2) शिक्षा,

(3) सामाजिक पर्यावरण यानी परिवार और विवाह, और

(4) राजनीतिक अवस्था।

1. आत्महत्या और धर्म

यदि दुर्खीम के काल के यूरोप के धार्मिक मानचित्र को देखें तो हमें वहाँ तीन मुख्य धर्म मिलते हैं: (1) कैथोलिक, (2) प्रोटेस्टेन्ट, और (3) यहूदी। इन तीनों धर्मावलम्बियों का

अध्ययन दुर्खीम ने किया है। उन्होंने पाया कि *प्रोटेस्टेन्ट धर्म की तुलना में कैथोलिक और यहूदी धर्मों में आत्महत्या की दर बहुत थोड़ी है।* दुर्खीम धर्म और आत्महत्या के इन ऑकड़ों का तुलनात्मक अध्ययन प्रस्तुत करते हैं। उनका प्रश्न है: कैथोलिक और यहूदी धर्मों में आत्महत्या की दर कम क्यों हैं? इसके कारण क्या हैं? इन प्रश्नों का उत्तर देने से पहले, वे ऑकड़े प्रस्तुत करते हैं:

	धर्म प्रधान देश	प्रति दस लाख निवासियों की आत्महत्या का औसत
1.	प्रोटेस्टेन्ट धर्म प्रधान देश	190
2.	मिश्रित धर्म प्रधान देश (प्रोटेस्टेन्ट तथा कैथोलिक)	96
3.	कैथोलिक धर्म प्रधान देश	58

ऑकड़े स्पष्ट रूप से बताते हैं कि यूरोप के इन देशों में धर्म और आत्महत्या का एक निश्चित सह सम्बन्ध है। स्वीट्जरलैण्ड में कैथोलिक धर्मावलम्बियों की आत्महत्या की दर प्रोटेस्टेन्ट धर्मावलम्बियों से लगभग चार या पाँच गुणा कम है। इसी देश में यहूदियों में भी आत्महत्या का दर प्रोटेस्टेन्ट धर्मावलम्बियों से कम है। यह दर कैथोलिक धर्मावलम्बियों से भी निम्न है। *सब मिलाकर यहूदी और कैथोलिक धर्मावलम्बियों की आत्महत्या की दर प्रोटेस्टेन्ट धर्मावलम्बियों से कम है।* लेकिन यहूदियों का आत्महत्या की दर कम होने का कारण केवल धार्मिक ही नहीं है, सामाजिक भी है। एक और प्रश्न उठता है: कैथोलिक और यहूदी धर्मावलम्बियों के धर्म में ऐसी कौनसी बातें हैं जिनके कारण इनमें आत्महत्या की दर निम्न हो जाती है? इस प्रश्न का उत्तर दुर्खीम देते हैं।

कैथोलिक और प्रोटेस्टेन्ट दोनों ही ईसाई धर्म हैं, फिर भी इनमें अन्तर है। दोनों ही धर्म आत्महत्या निषेध पर समाज में जोर देते हैं। दोनों ही आत्महत्या करने वालों को नैतिक दृष्टि से पापी समझते हैं। दोनों ही धर्म कहते हैं कि कब्र के बाद नया जीवन प्रारम्भ होता है, जहाँ आत्महत्या करने वाले को सजा दी जाती है। फिर भी प्रोटेस्टेन्ट धर्म में आत्महत्या की दर अधिक है, और कैथोलिक में कम, ऐसा क्यों?

दुर्खीम का कहना है कि यहूदी धर्म में भी चर्च की धार्मिक क्रियाएँ यन्त्रवत की जाती है। लेकिन यहूदी और कैथोलिक दोनों सम्प्रदायों में आत्मा पर संयम रखने पर अधिक जोर दिया जाता है। कहा जाता है कि यदि आत्मा किसी कार्य को करने के लिये कहे तो ऑख बन्द करके इस कार्य को करना चाहिये। कैथोलिक धर्मावलम्बी तो यह स्वीकार करते हैं कि उनका धर्म बना बनाया है और उसमें कोई काट-छाँट नहीं की जा सकती। इस धर्म में प्राधिकार का सोपान बना हुआ है और इसमें किसी तरह का

कोई परिवर्तन नहीं लाया जा सकता।

प्रोटेस्टेन्ट धर्म की संरचना कुछ अधिक लचीली है। इस धर्मावलम्बी के हाथ में बाईबिल की पौथी थमा दी जाती है और इस पौथी का कोई भी निर्वचन उस पर थोपा नहीं जाता। यहाँ व्यक्तिवाद को पूरी छूट है। इस कार्य में आत्मा की खोज को पूरी स्वतन्त्रता है। कैथोलिक, प्रोटेस्टेन्ट और यहूदी धर्मों को यदि तुलनात्मक दृष्टि से देखें तो *कैथोलिक और यहूदी धर्म में रूढ़िवादिता अधिक है।* व्यक्ति को किसी तरह की स्वतन्त्रता नहीं है, जबकि प्रोटेस्टेन्ट धर्मावलम्बी सापेक्षिक रूप से स्वतन्त्र होते हैं।

दुर्खीम प्रोटेस्टेन्ट धर्मावलम्बियों में आत्महत्या की दर कैथोलिक व यहूदी धर्मावलम्बियों की तुलना में बहुत अधिक पाते हैं। *इसी कारण उनका निष्कर्ष है कि किसी धार्मिक समाज में यदि सुदृढ़ता अधिक है जैसी कि वे कैथोलिक व यहूदी धर्मावलम्बियों में पाते हैं, तो उनमें आत्महत्या की दर निम्न होती है। प्रोटेस्टेन्ट धर्मावलम्बियों में सुदृढ़ता ढीली है, इसी कारण उनमें आत्महत्या की दर अधिक है। आत्महत्या और धर्म का इस प्रकार का सह सम्बन्ध दुर्खीम ने यूरोप के देशों में पाया।*

(2) आत्महत्या और शिक्षा

अहंवादी आत्महत्या और शिक्षा में भी दुर्खीम ने सह सम्बन्ध पाया है। अपने अन्वेषण के ऑकड़ों को ध्यान में रखकर दुर्खीम प्रश्न उठाते हैं: क्या ज्ञान प्राप्ति या शिक्षा ग्रहण करने के परिणामस्वरूप लोगों का सामान्य विश्वास कमजोर हो जाता है और इसके परिणाम स्वरूप आत्महत्या की प्रवृति बढ़ जाती है? दुर्खीम ने अपने इस प्रश्न के उत्तर में ऑकड़ों की पड़ताल की है। वे कहते हैं कि यहूदियों में अकादमिक जीवन पद्धति अपनाने की परम्परा रही है। यूरोप के जिन देशों में यहूदी बहुतायत रूप से पाये जाते हैं, उनमें बौद्धिक जीवन प्राप्त करने की प्रबल भावना होती है। ऑकड़े बताते हैं कि अधिक शिक्षा या ज्ञान की प्राप्ति का परिणाम आत्महत्या करने की प्रवृति को बढ़ाता है।

शिक्षा और आत्महत्या के इस सह सम्बन्ध की व्याख्या में दुर्खीम कहते हैं कि जब एक यहूदी पढ़-लिख जाता है तो निश्चित रूप से समाज के सामान्य विश्वासों, संवेगों और विशेषकर धर्म की मान्यताओं में उसकी आस्था कमजोर हो जाती है। इस कमजोरी के कारण यहूदियों में ही क्यों, सभी पढ़े-लिखे लोगों में अनपढ़ लोगों की तुलना में आत्महत्या करने की प्रवृति अधिक होती है।

दुर्खीम पुन: ऑकड़ों का उल्लेख करते हुए कहते हैं कि *स्त्रियों की तुलना में पुरुषों में आत्महत्या करने की दर अधिक होती है।* सामान्यतया स्त्रियों में पुरुषों की तुलना में शिक्षा थोड़ी है। वे रुढ़िवादी होती हैं और धार्मिक ग्रन्थ उनके लिये जिस मार्ग को

संचालित करते हैं, किसी अन्धे व्यक्ति की तरह वे इस पर चलती रहती हैं। *दुर्खीम का मतलब है कि जब कभी व्यक्ति समूह की सुदृढ़ता से अलग-थलग हो जाता है, वह अहंवादी आत्महत्या के निकट पहुँच जाता है।*

दुर्खीम ने व्यवसायों को भी शिक्षा के साथ जोड़ा है। वे कहते हैं कि प्रायः उच्च शिक्षा वाले व्यक्ति अच्छे धन्धों में लगे होते हैं। वर्ग व्यवस्था में उनका स्थान ऊंचा होता है। *वे उच्च शिक्षा व्यवसायियों में भी आत्महत्या का दर अधिक पाते हैं।*

(3) आत्महत्या और सामाजिक पर्यावरण

पिछले पृष्ठों में हमने देखा है कि दुर्खीम आत्महत्या और भौतिक पर्यावरण में कोई सह सम्बन्ध नहीं पाते हैं। लेकिन वे आँकड़ों के आधार पर बताते हैं कि *सामाजिक पर्यावरण में उन्होंने परिवार और विवाह को सम्मिलित किया है। उनका निष्कर्ष है कि विवाहित व्यक्तियों की अपेक्षा अविवाहित व्यक्तियों में आत्महत्या की दर थोड़ी होती है।* इटली में उदाहरण के लिये दस लाख व्यक्तियों के पीछे 102 विवाहित व्यक्ति आत्महत्या करते हैं, जबकि अविवाहितों का दर केवल 77 है। विवाहितों में आत्महत्या अधिक होने का कारण परिवार में व्याप्त टूटन है। जब पति-पत्नी में सामंजस्य नहीं बैठता, तनाव बना रहता है, तब अहंवादी आत्महत्या की प्रवृति बढ़ जाती है।

दुर्खीम यह भी बताते हैं कि विवाहित व्यक्तियों की तुलना में विधुर आत्महत्या अधिक करते हैं। इसका बहुत बड़ा कारण यह है कि विधुर व्यक्ति परिवार से एकदम छुटा हुआ होता है। वह एकाकी जीवन बीताता है। यही उसका सामाजिक पर्यावरण उसे आत्महत्या करने के लिये अभिप्रेरित करता है।

(4) आत्महत्या और राजनीतिक अवस्था

दुर्खीम अपनी चिर-परिचित थीसिस पर दृढ़ हैं और कहते हैं कि जब किसी देश की राजनीतिक सुदृढ़ता में दरारें आने लगती हैं, सुदृढ़ता ढीली होने लगती है, तब आत्महत्या की दर बढ़ जाती है। वे कहते हैं कि ऐसे राजनीतिक समाज को उद्विकास और निर्माण की प्रक्रिया में होते हैं, उनमें आत्महत्या लगभग नहीं पायी जाती। जैसे ही कोई राष्ट्र विघटित होने लगता है, लोगों में अहंवादी आत्महत्या करने की प्रवृति बढ़ जाती है। रोम और ग्रीस में जब परम्परागत राजनीतिक व्यवस्था में उतार आया, तब अपने आप उसमें आत्महत्या की दर बढ़ गयी। लेकिन दुर्खीम यह भी कहते हैं कि जब कोई राष्ट्र आपात या संकटकालीन स्थिति में होता है, आत्महत्या का ग्राफ नीचे गिरने लगता है। फ्रान्स में 19 वीं शताब्दी में जब-जब क्रान्तियाँ हुई हैं उस अवधि में आत्महत्या की दर घट गयी है। सम्पूर्ण यूरोप के आँकड़े इस तथ्य को *प्रमाणित करते हैं*

कि आत्महत्या का सह सम्बन्ध राजनीतिक समाज के साथ जुड़ा हुआ है।

परार्थवादी आत्महत्या

(Altrustic Suicide)

दुर्खीम ने वैसे स्पष्ट रूप से कहीं भी परार्थवादी आत्महत्या की परिभाषा नहीं दी है। वे और शायद ऐसा करने की आवश्यकता भी उन्हें नहीं थी। परार्थवादी आत्महत्या को कई बार पर सुख परक आत्महत्या भी कहते हैं। दुनियाँ में कई लोग ऐसे होते हैं जो समुदाय के हित के लिये स्वयं को न्यौछावर कर लेते हैं। स्वयं की ईहलीला समाप्त कर देते हैं। ऐसे व्यक्ति अपने आपको नगण्य समझते हैं। सामान्यतया यह माना जाता है कि अहंवादी आत्महत्या आदिम और असभ्य समाजों में नहीं होती। इस कथन में सच्चाई भी है। यह सत्य है कि दूर-दराज क्षेत्रों में रहने वाले आदिवासियों में अहंवादी आत्महत्या नहीं होती। इसका कारण यह है कि इन यांत्रिक समाजों में व्यक्ति अपने आपको समाज के विश्वास और संवेगों के साथ में जोड़ लेता है। उसकी पहचान उसके समाज से ही होती है। इन समाजों में व्यक्ति तो गुमनाम होता है। इसी कारण अहंवादी आत्महत्या इन समाजों में नहीं होती।

फिर भी इन समाजों में आत्महत्या तो होती है। यह आत्महत्या परार्थवादी होती है। दुर्खीम परार्थवादी आत्महत्या का विवेचन दो दृष्टान्तों द्वारा करते हैं। इन दृष्टान्तों के पीछे उनका महत्वपूर्ण सवाल यह है: क्या आदिम समाजों में आत्महत्या को करना समूह की आवश्यकता है? दूसरे शब्दों में कहाँ तक समुदाय यह चाहता है कि व्यक्ति अपनी ईहलीला समाप्त कर दे। इस महत्वपूर्ण प्रश्न को केन्द्रीय बनाकर दुर्खीम दो दृष्टान्त देते हैं। संयोगवश उनका पहला दृष्टान्त हमारे देश से सरोकार रखता है। वे कहते हैं कि जब पति की मृत्यु के बाद स्त्री विधवा हो जाती है, तब *परम्परा से समाज इस विधवा से यह अपेक्षा करता है कि वह अपने पति के साथ चिता में जल मरे।* यहाँ यह कहा जाता है कि पति के साथ जल मरने का निर्णय पत्नी लेती है। लेकिन इसमें पत्नी का निर्णय कोई निर्णय नहीं है। विधवा यह जानती है कि यदि वह सती नहीं होगी तो उसके वैधव्य का शेष जीवन समाज के दबाव के कारण दुखी हो जायेगा। अतः उसके सती होने का निर्णय वस्तुतः समाज का निर्णय है। समाज ऐसा समझता है कि सती होने पर उसकी पवित्रता बनी रहेगी। सती होना वस्तुतः आत्महत्या है। मध्यकालीन युग में स्त्रियाँ जौहर करती थी। यह भी आत्महत्या का एक प्रकार है। दुर्खीम का दूसरा दृष्टान्त जहाज के केप्टेन का है जो अपनी क्षति को सहन न कर सकने के कारण, स्वयं के जीवन को समाप्त कर देता है।

दुर्खीम ने इन दो दृष्टान्तों के अतिरिक्त कई अन्य दृष्टान्त भी दिये हैं। ऐसा करने

में वे *बारथोलीन* (Bartholin) का संदर्भ देते हैं। वे कहते हैं कि डेनिश फौजी अपनी वृद्धावस्था में खाट में पड़े रहकर मरना अपमानजनक मानता है। वृद्धावस्था और बीमारी से पीड़ित होकर मरना उसके लिये कलंक है। इसी कारण वे फौजी आत्महत्या कर लेते थे। कुछ देशों में यह भी परम्परा है कि जब कोई राजा या उसका सेनापति मर जाता है तो उसके अनुयायियों को आत्महत्या करने के लिये बाध्य किया जाता है।

दुर्खीम एक श्वांस में आदिम समाज में होनी वाली आत्महत्याओं का ब्यौरा दे जाते हैं। आदिम या यांत्रिक समाजों की ऐसी आत्महत्याएं शहरों या सभ्य समाजों में होने वाली अहंवादी आत्महत्याओं से भिन्न हैं। इन आत्महत्याओं के कुछ विशिष्ट लक्षण हैं। दुर्खीम ने ऊपर आत्महत्या के जो दृष्टान्त दिये हैं वे आत्महत्या की निम्नलिखित तीन श्रेणियों में से किसी एक में आते हैं:

(1) आदमियों की वे आत्महत्याएँ जो वृद्धावस्था या बीमारी की दहलीज पर पहुँचने पर की जाती है,

(2) अपने पति की मृत्यु पर की गयी आत्महत्या—सती और जौहर,

(3) अपने मुखिया की मृत्यु पर अनुयायियों या नौकरों द्वारा आत्महत्या करना।

आत्महत्या की इन तीनों श्रेणियों में जब व्यक्ति अपने आपको नष्ट करता है तो वह यह जानता है कि ऐसा करने का निर्णय उसके स्वंय का है। न वह इसे अपना अधिकार मानता है। दूसरी तरफ इन परिस्थितियों में आत्महत्या करना वह अपना धर्म समझता है। यदि फौजी खाट में सड़-सड़ कर मरता है तो वास्तव में यह कलंक का जीवन है। पति की मृत्यु के बाद पत्नी का जीवित रहना, परलोक में पति का साथ छोड़ देना है। जब मालिक ही चला गया तो मातहतों का संसार को भोगना कृतघ्नता है। ऐसी कुछ मान्यताएं उन समाजों की है जिनके सदस्य आत्महत्या करने वाले हैं। इसीलिये दुर्खीम कहते हैं कि इन आत्महत्याओं के पीछे बहुत बड़ा उद्देश्य अपने धर्म का पालन करना है और यदि कोई इस धर्म का पालन नहीं करता तो समाज किसी न किसी रूप में दण्ड अवश्य देता है। समाज का दबाव और प्रभाव इन सब आत्महत्याओं के पीछे शक्तिशाली कारक है। *ऐसी आत्महत्याएं अतः समाज द्वारा थोपी गयी आत्महत्याएं हैं।*

दुर्खीम समाज के दबाव के कारण की गयी आत्महत्याओं को परार्थवादी आत्महत्या कहते हैं। इन आत्महत्याओं में व्यक्ति का स्थान बहुत गोण है। वह तो केवल निमित्त मात्र है और निर्देश तो समाज की परम्पराओं और रूढ़ियों का है। वे समाज जिनमें सामाजिक सुदृढ़ता अधिक होती है, परार्थवादी आत्महत्याओं की दर को बढ़ाती है। आदिम समाजों में यह सुदृढ़ता होती है और इसी कारण इन समाजों में

परार्थवादी आत्महत्याओं की दर अधिक होती है। ठीक इसके विपरीत, वे समाज जिनमें सुदृढ़ता लुंज-पुंज होती हैं, ढीली-ढाली होती है, उनमें परार्थवादी आत्महत्या की दर निम्न होती है। यहाँ व्यक्तिवाद प्रभावी होता है।

परार्थवादी आत्महत्या से सम्बन्धित विश्लेषण को देने के बाद दुर्खीम कुछ तथ्यों को देते हैं। वे कहते हैं कि अधिकारियों की अपेक्षा सामान्य सैनिकों में आत्महत्या करने की दर अधिक होती है। "यहाँ इसका कारण व्यक्तिवाद अथवा अहं न होकर कुछ ओर है, क्योंकि सैनिकों को सामूहिक जीवन यापन करना पड़ता है। अतः यह स्पष्ट है कि इस प्रकार की आत्महत्या व्यक्ति केवल अपने ही स्वार्थ के लिये न करके, कभी-कभी परोपकारी बनकर समाज या वृहद समाज के हितों के लिये भी अपनी जान दे देता है। यह परार्थवादी आत्महत्या है। उदाहरण के लिये साइगोन के बौद्ध भिक्षुकों ने अपने देश के लिये आत्मदाह किया।" स्वतन्त्रता आन्दोलन में या किसी युद्ध में जब जीवन लीला समाप्त की जाती है तो यह परार्थवादी आत्महत्या है।

यहाँ हमें यह कहना चाहिये कि परार्थवादी आत्महत्या की प्रवृति सामान्यतया विकसित देशों में नहीं देखने मिलती। इन देशों में तो व्यक्तिवाद अपनी पराकाष्ठा पर होता है। सभी लोग सुबह से शाम तक अपने स्वार्थ सिद्धि में लगे होते हैं। यहाँ आत्महत्या का जो सामान्य स्वरूप देखने को मिलता है, वह या तो अहंवादी होता है या प्रतिमानहीनता मूलक। अविकसित देशों और उनमें भी आदिम समाजों में आत्महत्या का जो प्रकार मिलता है, वह परार्थवादी होता है।

एशिया में कई देशों में इस शताब्दी के चौथे दशक में हजारों की संख्या में स्वतन्त्रता प्राप्ति के लिये परार्थवादी आत्महत्याएं की हैं। हाल में दक्षिण अफ्रीका में जो स्वतन्त्रता आयी है उसके पीछे भी कई परार्थवादी आत्महत्याओं का इतिहास है। *लगता है ज्यों-ज्यों दुनियाँ के देश विकसित होते जायेगें और व्यक्तिवाद का सिर ऊंचा उठता जायेगा, परार्थवादी आत्महत्याएं अपने न्यूनतम स्तर पर पहुँच जायेगी।*

मानकशून्यता या प्रतिमानहीनतामूलक आत्महत्या
(Anomic Suicide)

आत्महत्या के आदर्श प्रारूप का तीसरा प्रकार प्रतिमानहीनता मूलक आत्महत्या है। सामाजिक जीवन में अत्यधिक विभेदीकरण, विशिष्टीकरण तथा श्रम विभाजन के कारण जैवकीय सुदृढ़ता की स्थिति में अपेक्षित सामाजिकता, सामूहिक चेतना और प्रकार्यात्मक निर्भरता की क्षमता का अभाव हो जाता है। व्यक्ति इन परिस्थितियों में समाज से अलग-थलग पड़ जाता है। दुर्खीम इसे प्रतिमानहीनता या मानकशून्यता की स्थिति कहते हैं। *अतःसामाजिक पार्थक्य और समूहगत सम्बन्ध के अभाव के कारण की गयी*

आत्महत्या प्रतिमानहीनता मूलक आत्महत्या है।

दुर्खीम को आत्महत्या का यह तीसरा आदर्श प्रारूप अधिक रोचक लगता है। आधुनिक समाजों में सामान्य रूप से पायी जाने वाली यह प्रतिमाहीनतामूलक आत्महत्या जिसे दुर्खीम *एनोमिक* (Anomic) आत्महत्या भी कहते है, बहुत रोचक है। दुर्खीम ने एकत्र ऑकड़ों में आत्महत्या की आवृति और आर्थिक संकट में सह सम्बन्ध पाया है। सांख्यिकी बताती है कि *आर्थिक संकट की अवधि में और इससे अधिक रोचक अत्यंत समृद्धि में आत्महत्या की दर बढ़ जाती है। मतलब हुआ कि आर्थिक कठिनाइयों में और आर्थिक समृद्धि मे आत्महत्याएँ अधिक होती हैं।* एक और रोचक तथ्य ऑकड़ों के विश्लेषण से प्राप्त होता है और वह यह है कि जब राजनीतिक घटनाओं का तीव्रता के साथ उलटफेर होता है, तब भी आत्महत्या की आवृति में कमी आ जाती है। *उदाहरण के लिये युद्ध काल में आत्महत्या की दर न्यून हो जाती है।* दुर्खीम इस भाँति यूरोप के विभिन्न देशों के ऑकड़ों के विश्लेषण से दो निष्कर्ष निकालते हैं :

(1) सामाजिक अशांति के समय में आत्महत्या की दर बढ़ जाती है।

(2) महान घटनाओं के समय में (जैसे कि युद्ध) आत्महत्या की दर न्यून हो जाती है।

इन निष्कर्षों ने दुर्खीम को आत्महत्या के तीसरे आदर्श प्रारूप को बनाने के लिये प्रेरित किया और यह आदर्श प्रारूप एनोमिक आत्महत्या का है। इस अवधारणा को दुर्खीम ने श्रम विभाजन में भी काम में लिया था। वास्तव में दुर्खीम के सामाजिक दर्शन में *ऐनोमी* (Anomie) की अवधारणा केन्द्रीय है। उनकी प्राथमिक रूचि आधुनिक औद्योगिक समाजों में थी। आधुनिक समाज उनकी कुंठा थे। ये समाज सामाजिक विघटन और व्यक्ति तथा समाज के ढीले होते हुए सम्बन्धों से ग्रसित थे।

ऐनोमिक आत्महत्या वह प्रकार है जो *आर्थिक संकट से बढ़ता है। यह वह प्रकार है जिसकी आवृति विवाह-विच्छेद में देखने मिलती है।* दुर्खीम पुरुष और स्त्री के विवाह-विच्छेद और आत्महत्या की आवृति के सह सम्बन्ध की पड़ताल करते हैं।

वास्तव में, दुर्खीम को जो सांख्यिकी प्राप्त हुई है, उसका सही विश्लेषण करना कठिन हो जाता है। फिर भी वे कहते हैं कि विधुर व्यक्ति में परिव्यक्त स्त्री की तुलना में आत्महत्या करने की प्रवृति अधिक होती है। वैवाहिक जीवन में स्त्री की तुलना में पुरुष को स्वतन्त्रता अधिक रहती है। दुनियाँ भर में वैवाहिक जीवन की कुछ ऐसी परम्पराएँ हैं जिनके अनुसार पुरुष एक सीमा तक अपने आपको स्वतन्त्र अनुभव करते हैं। स्त्रियाँ इस तुलना में वैवाहिक जीवन में अधिक अनुशासित होती हैं। यहाँ यह नहीं भूलना चाहिये कि दुर्खीम ने ये जो कुछ निष्कर्ष निकाले हैं, इनका सम्बन्ध समकालीन यूरोप से

है, आज के यूरोप से नहीं। जब व्यक्ति विधुर हो जाता है तब उसमें अनुशासनहीनता आ जाती है। उसकी इच्छाओं और संतोष में खाई आ जाती है। और इस कारण वह आत्महत्या कर लेता है।

दुर्खीम आँकड़ों का विश्लेषण सावधानीपूर्वक करते हैं। वे कहते हैं कि *ऐनोमिक आत्महत्या में जीवित रहने की दशाएँ आधुनिक समाज में बिगड़ जाती हैं। ऐसे समाज में सामूहिक अस्तित्व पर रीति-रिवाज का नियंत्रण नहीं रहता, व्यक्ति दिन-रात भाग दौड़ में लगा रहता है, एक तरह की चूहा दौड़ है, गला काटने वाली प्रतियोगिता है। और इस जान लेवा भागदौड़ में उसकी महत्वकांक्षाएँ और उसका संतोष जैसे के जैसे धरे रह जाते हैं। व्यक्ति बेचेन हो जाता है, दिन रात असंतोष उसे सालता है और वह आत्महत्या के आवेग से ग्रसित हो जाता है।*

आँकड़ों के आधार पर दुर्खीम ने ऐनोमिक आत्महत्या का जो विश्लेषण किया है, उसे हमने ऊपर रखा है। अब वे आत्महत्या का सामाजिक सिद्धान्त रखते हैं। वे दृढ़तापूर्वक कहते हैं कि आत्महत्या का जो आदर्श प्रारूप उन्होंने अपने तीन प्रकारों में रखा है, वह अनिवार्य रूप से मनोवैज्ञानिक है। *अहंवादी आत्महत्या वस्तुतः समाज के प्रति उदासीनता है ; इसमें जीवन के प्रति किसी प्रकार का लगाव नहीं होता। परार्थवादी आत्महत्या वह आत्महत्या है जिसमें व्यक्ति में मनोविकार आ जाते हैं और ऐनोमिक आत्महत्या वह आत्महत्या है जिसमें व्यक्ति विरक्त हो जाता है, चिड़चिड़ा बन जाता है और उसे लगने लगता है कि आधुनिक जीवन में उसका अस्तित्व किसी मतलब का नहीं है। उसकी महत्वाकांक्षाएँ उससे कोसो दूर चली जाती हैं।*

जब दुर्खीम यह स्थापित कर देते हैं कि आत्महत्या के तीनों प्रकार वास्तव में मनोवैज्ञानिक हैं। उदासीनता, मनोविकार, चिड़चिड़ापन या विरक्ति आदि सभी लक्षण निश्चित रूप से सामाजिक लक्षण नहीं है, इनकी विशेषता मनोवैज्ञानिक है। इसी कारण इन तीन प्रकार की आत्महत्याओं में व्यक्ति प्रधान है, मनोवैज्ञानिक लक्षण प्रखर हैं, सामाजिक लक्षण नहीं। यह सब कहने के बाद दुर्खीम अपने चरम निष्कर्ष में आत्महत्या की सामाजिक व्याख्या संक्षेप में इस प्रकार प्रस्तुत करते हैं।

आत्महत्या एक निजी प्रघटना है यद्यपि अनिवार्य रूप से इसके कारण सामाजिक हैं। कुछ सामाजिक शक्तियाँ होती हैं जो सम्पूर्ण समाज में काम करती हैं। इन सामाजिक शक्तियों का उद्गम व्यक्तियों से नहीं है। लेकिन समाज से हैं। ये सामाजिक शक्तियाँ वास्तविक हैं, यथार्थ हैं। ये शक्तियाँ ही आत्महत्या का निर्धारण करती हैं, आत्महत्या की कारण हैं।

आत्महत्या के वास्तविक कारक वस्तुतः सामाजिक शक्तियाँ हैं। ये सामाजिक

शक्तियाँ हर समाज के साथ बदलती हैं, हर समूह के साथ बदलती हैं, और हर धर्म के साथ बदलती है। इन सामाजिक शक्तियों का जन्म समूह से होता है और पृथक-पृथक व्यक्तियों से नहीं। इस तरह का निष्कर्ष हमें पुनः दुर्खीम की समाज की अवधारणा के बुनियादी तत्वों पर ले आता है। समाजों की प्रकृति *विजातीयता* (Heaterogeneity) की होती है। व्यक्ति समान नहीं होते। उनमें गैर-बराबरी होती है। समाजों में जो भी प्रघटनाएं हैं, वस्तुतः वे सामाजिक शक्तियाँ हैं जिनका आधार समाज होता है न कि व्यक्तियों का कोई जोड़ । सब व्यक्ति मिलकर ही सामाजिक शक्तियों को बनाते हैं और इसलिये शक्ति का कोई भी विश्लेषण समाज से जुड़ा होना चाहिये। *इस तरह समाज में कुछ विशिष्ट सामाजिक प्रघटनाएं होती हैं जो वैयक्तिक प्रघटनाओं पर नियंत्रण रखती हैं। ये समाज की ही शक्तियाँ हैं जो व्यक्तियों को स्वयं की हत्या करने के लिये बाध्य कर देती हैं, यद्यपि व्यक्ति इस विश्वास के साथ चलता है कि जो कुछ उसने किया है, केवल अपनी इच्छा से ।*

अध्याय 6

धार्मिक जीवन के प्रारंभिक स्वरूप : धर्म और ज्ञान मीमांसा
(The Elementary Forms of Religious Life : Religion and Epistemology)

दुर्खीम की सम्पूर्ण रचनाओं में *धार्मिक जीवन के प्रारंभिक स्वरूप* रचना सर्वोत्तम समझी जाती है। सर्वोत्तम इसलिये कि यह एक गहन अध्ययन है, अपनी प्रकृति में मौलिक है और इसमें जिस विचारधारा को दुर्खीम श्रम विभाजन के रचना काल से विकसित कर रहे थे, यहाँ अपनी चरम सीमा पर है। इस रचना में दुर्खीम ने आदिम समाजों के अध्ययन के आधार पर एक सिद्धान्त को विकसित किया है। वैसे दुर्खीम ने बहुत सामान्य काम किया है। आस्ट्रेलिया की जनजातियों की टोटम और गोत्र व्यवस्था उनके अध्ययन की विषय सामग्री है। फिर भी उन्होंने इसमें जो सिद्धान्त विकसित किया है, वह अपने आप में बहुत महत्वपूर्ण है। दुर्खीम के लिये धर्म कोई नया विषय नहीं था। अपने प्रारंभिक जीवन में यहूदी होने के कारण वे धर्म से अधिक जुड़े हुए थे। जब उन्होंने अपना लेखन कार्य प्रारम्भ किया, तब यांत्रिक समाजों की सुदृढ़ता में धर्म की भूमिका को अपने विश्लेषण का आधार बनाया था। इसके बाद उन्होंने उनके द्वारा सम्पादित शोध पत्रिका में धर्म की परिभाषा पर एक अच्छा निबन्ध लिखा था। आत्महत्या पर पुस्तक पूरी करने के पश्चात लगभग 15 वर्ष बाद उन्होंने धर्म के प्रारंभिक स्वरूपों पर यह पुस्तक लिखी। *इस पुस्तक का बहुत बड़ा निष्कर्ष यह है कि किसी भी धर्म का सार समाज है। जैसा समाज होगा, वैसे ही उसके देवी-देवता होंगे। भगवान या देवी-देवता की छवि लोगों में कैसी होगी, इसे समाज निर्धारित करता है।* हमारे देश में कहते हैं कि एक बार रामचरित मानस के रचयिता तुलसीदास वृंदावन गये

थे। वहाँ उन्होंने होठों पर बांसुरी धरे कृष्ण की मूर्ति को देखा। तुलसीदास ने मूर्ति को नमन करके कहा : यह छवि बहुत भव्य है लेकिन वे तो इस मूर्ति को धनुष बाण लिये देखना पसंद करते हैं। मतलब है देवी-देवताओं की मूर्तियाँ समाज द्वारा गड़ी गयी है। जैसा समाज चाहता है वैसी मूर्तियाँ है। दुर्खीम ने धर्म की व्याख्या कुछ इसी तरह से की है।

दुर्खीम की इस पुस्तक में तीन अवधारणाएँ प्रमुख हैं : समाज, विज्ञान और धर्म। इन तीनों अवधारणाओं में घनिष्ठ सम्बन्ध है। दुर्खीम के समकालीन पेरेटो और वेबर ने भी इन तीन अवधारणाओं के पारस्परिक सम्बन्धों को देखा है। सच में देखा जाये तो 19 वीं शताब्दी के अन्त में धर्म की स्थिति संकटग्रस्त थी। विज्ञान के अनुसंधानों ने और विज्ञान की बढ़ती हुई साख के आगे आम जनजीवन ने धर्म के प्रति जो आस्था थी उसके प्रति संदेह पैदा कर दिये थे। दुर्खीमकालीन युग में पेरेटो ने धर्म की समस्या को उठाया। उन्होंने इसकी परिभाषा की। जब वे *अ-तार्किक क्रिया* (Non Logical Action) की व्याख्या करते हैं तो इसमें मनोवेग, संवेग, विश्वास और मूल्यों के साथ धर्म को भी सम्मिलित करते हैं। *पेरेटो के लिये अ-तार्किक क्रिया का अध्ययन वस्तुतः धार्मिक क्रियाओं का अध्ययन था।* यही उनके लिये समाजशास्त्र के अध्ययन की विषय सामग्री थी।

कार्ल मार्क्स और अन्य विचारकों ने धर्म का विश्लेषण आर्थिक सन्दर्भ में किया है। मार्क्सवाद धर्म को भौतिक परिप्रेक्ष्य में देखता है। वेबर ने धर्म की समस्या को अपने अध्ययन का विषय क्षेत्र बनाया। उन्होंने विश्व के छः बड़े धर्मों का तुलनात्मक अध्ययन अपने अध्ययन के लिये लिया। वेबर की विशेषता यह है कि धर्म का सम्बन्ध वे पूँजीवाद के साथ जोड़ते हैं। उनका निष्कर्ष था कि ईसाई धर्म के काल्विन सम्प्रदाय में ऐसे आचार थे जो पूँजीवाद को विकसित करते थे। वेबर ने हिन्दू धर्म का अध्ययन भी किया। यहाँ उनका परिणाम था कि हिन्दू धर्म में ऐसे आचार नहीं हैं, जो पूँजीवाद को बढ़ावा दें।

रोचक बात यह है कि सभी *प्रत्यक्षवादियों* (Positivists) ने धर्म के किसी भी अध्ययन को उपेक्षा की दृष्टि से देखा है। दुर्खीम के युग में अकादमिक क्षेत्र में लोग यह मानकर चलते थे कि यदि कोई विचारक प्रत्यक्षवादी है, तो वह धर्म के अध्ययन से अपने आपको अछूता रखेगा। दुर्खीम का धर्म का अध्ययन रोचक इसलिये भी है कि प्रत्यक्षवादी होकर भी दुर्खीम ने धर्म का अध्ययन किया है। दुर्खीम ने अपने इस अध्ययन में धर्म और समाज के सम्बन्धों को रखा है। उन्होंने वेबर की तरह कोई तुलनात्मक अध्ययन नहीं किया। यदि हम इस रचना को विषय सामग्री की दृष्टि से देखें, तो यह बहुत सामान्य है। *उन्होंने आस्ट्रेलिया की कुछ जनजातियों और आदिम*

समाजों को अपने अध्ययन के लिये लिया है। इन समाजों का उन्होंने विवरण दिया है। यह विवरण टोटेम *(Totem)* और *गोत्र (Clan) की सीमाओं में बंधा हुआ है। इससे आगे दुर्खीम नहीं बढ़ते। इस दृष्टि से देखें तो धार्मिक जीवन के प्रारंभिक स्वरूपों का यह अध्ययन एक मोनोग्राफ मात्र है।*

दुर्खीम का धर्म के अध्ययन का यह मोनोग्राफ, पारसंस की दृष्टि में अत्यंत उच्च कोटि की रचना है। सतही तौर पर तो इस रचना में किसी भी पाठक को कोई महत्वपूर्ण तथ्य नहीं दिखायी देगा। सामान्य पाठकों की तो इसमें कोई रूचि नहीं हो सकती। इस रचना का बहुत बड़ा मूल्य यह है कि इसके अंतिम भागों में दुर्खीम ने जो सैद्धान्तिक विश्लेषण दिया है, उसकी तुलना कहीं देखने को नहीं मिलेगी। इसी कारण पारसंस कहते हैं कि *एक दृष्टि से धार्मिक जीवन के प्रारंभिक स्वरूप पुस्तक आस्ट्रेलिया की जनजातियों के टोटेमवाद पर एक तकनीकी मोनोग्राफ है, वहीं दूसरी दृष्टि से समाजशास्त्रीय सिद्धान्त में यह एक अत्यंत मूल्यवान कृति है।* यहाँ पर भी हम दुर्खीम के इस सैद्धान्तिक विश्लेषण से अधिक सरोकार रखते हैं। समाजशास्त्रीय सिद्धान्त के क्षेत्र में, पुनः पारसंस कहते हैं, जो विद्वान जुड़े हुए हैं उनके लिये दुर्खीम की यह पुस्तक एक मील का पत्थर है। कोई भी विचारक दुर्खीम के इस स्तर पर पहुँच पाया हो, इसमें पारसंस को संदेह है। सब मिलाकर दुर्खीम की यह कृति जहाँ सैद्धान्तिक है, वहीं अव्वल दर्जे की आनुभविक रचना भी है।

रेमण्ड ऐराँ एक उच्च् कोटि के सिद्धान्तवेत्ता हैं। उनका कहना है कि एक सामान्य आदिवासी समाज के अध्ययन के आनुभविक ऑकड़ों के आधार पर दुर्खीम ने धर्म के सम्पूर्ण सार को इस रचना में उड़ेल दिया है। यह पुस्तक वस्तुतः गागर में सागर है। मनुष्य के अन्तर्तम में जो विचार होते हैं, उन्हीं को उकेलने का काम दुर्खीम ने इस अध्ययन द्वारा किया है। एरॉ कहते हैं कि *दुर्खीम वास्तव में धर्म और समाज के साथ, विज्ञान को भी जोड़ते हैं।* दुर्खीम के युग में विज्ञान का बहुत बड़ा बौद्धिक और नैतिक प्रभाव औद्योगिक समाजों पर था। तब यूरोप के समाज *व्यक्तिवादी और विवेकशील* (Individualist and Rationalist) बन गये थे। विज्ञान की महिमा और गरिमा तब उच्चतम समझी जाती थी। कोई भी व्यक्ति विज्ञान को लांध कर आगे बढ़ सकता था लेकिन किसी भी कीमत पर न तो विज्ञान की उपेक्षा कर सकता था और न इसके सबक को चुनौती दे सकता था। 20 वीं शताब्दी के प्रारम्भ में पहुंच कर जनजीवन की यह धारणा बन गयी थी कि समाज में विज्ञान का स्थान सर्वोच्च है। विज्ञान की इस अवधारणा ने व्यक्तिवाद और विवेकशीलता को वृद्धि दी। इसके परिणामस्वरूप धर्म के प्रति लोगों के विश्वास में कमी आ गयी। हर एक समाज को कुछ सामान्य विश्वासों की आवश्यकता रहती है। ये विश्वास ही आदमी को जीवित रखते हैं।

लेकिन जब ये विश्वास विज्ञान की आवश्यकताओं पर खरे नहीं उतरते तो समाज का आधार खिसक जाता है। इस समस्या का निदान दुर्खीम के पास था।

दुर्खीम ने जो सुझाव और प्रस्ताव रखे, वास्तव में चमत्कारी थे। *सबसे महत्त्वपूर्ण कथन जो दुर्खीम ने दिया वह यह था कि धर्म समाज की मान्यताओं का रूपान्तरण मात्र है। यदि समाज वैज्ञानिक और विवेकशील है तो धर्म भी वैज्ञानिक और विवेकशील बन जायेगा।*

दुर्खीम ने कहा कि आज तक का इतिहास यह बताता है कि मनुष्य ने कभी चाहे वह ईश्वर हो या देवी देवता, पूजा नहीं की है, जो वास्तविक न हो, जिसे लोग धार्मिक विश्वास कहते हैं, *वह वस्तुतः सामूहिक सामाजिक यर्थाथता है।* अगर धर्म और समाज के सम्बन्धों को इस तरह देखें तो ज्ञात होगा कि धर्म का विज्ञान विश्वास और मूल्यों का भी पुनर्निर्माण कर देगा। ऐसा दुर्खीम नहीं मानते कि केवल विज्ञान ही सामूहिक विश्वास का निर्माण कर देगा। लेकिन जैसा कि *बर्गसन* (Bergson) ने कहा है कि भविष्य के समाज में ऐसी क्षमता होगी कि वह नये देवी देवताओं को जन्म देगा। यह कोई नयी बात नहीं हैं। बर्गसन कहते हैं कि अतीत में भी हमारे देवी-देवता थे, वे समाज के रूपान्तरण मात्र थे। उस युग में और बहुत सीमा तक आज भी विज्ञान और धर्म में जो प्रतिवाद है, उसका निदान दुर्खीम ने अपनी इस पुस्तक में प्रस्तुत किया है। सभी धर्मों में निहित जो यर्थाथता है, विज्ञान उसकी पहचान करता है और ऐसा करके किसी नये धर्म को जन्म न देकर हम में यह विश्वास पैदा करता है कि हम जैसे देवताओं की आवश्यकता प्रतीत करते हैं, उनका जन्म हो जायेगा। इस सम्बन्ध में दुर्खीम ने जो कहा है वह उन्हीं के शब्दों में इस तरह है :

> धार्मिक हेतु केवल सामाजिक और नैतिक हेतुओं के प्रतीक हैं। (Religious interests are merely the symbolic form of Social and Moral interests)

दुर्खीम ने धर्म और समाज के इस सम्बन्ध के विश्लेषण में कॉम्ट का उल्लेख किया है। कॉम्ट का कहना था कि एक व्यक्ति धर्म को व्यवस्थित रूप से स्थापित कर सकता है। दुर्खीम इसे स्वीकार नहीं करते। उनका तर्क है कि धर्म किसी व्यक्ति विशेष की उपज नहीं है, यह तो एक प्रकार का सामूहिक निर्माण है। होता यह है कि समाज के जो भी विचार, संवेग और विश्वास होते हैं, उनका रूपान्तरण धर्म में हो जाता है। कॉम्ट ने ऐसा कुछ नहीं कहा था।

धर्म की तिहरी विषय-वस्तु

धार्मिक जीवन के प्रारंभिक स्वरूपों को दुर्खीम ने विशेष अर्थ में लिया है। वे इसे

प्रारंभिक (Elementary) इसलिये कहते हैं कि इसकी व्यापकता को उन्होंने आदिम समाजों यानि सरल समूहों में देखी है। समाज के विकास में आदिम समाज प्राथमिक हैं और उनमें जो धार्मिक व्यवस्था है, वह भी प्राथमिक ही है। इसी धारणा को केन्द्रीय बनाकर दुर्खीम ने पुस्तक का शीर्षक, धार्मिक जीवन के *प्रारंभिक स्वरूप*, रखा है। इस पुस्तक के कुल तीन खण्ड हैं। इन तीन खण्डों में उन्होंने जो कुछ विवरण और विवेचन दिया है, उसे रेमण्ड एरॉ ने तीन प्रकार की *विषय-वस्तुओं* (Themes) में बाँटा है :

(1) गोत्र व्यवस्था और टोटेमवाद का विवरणात्मक अध्ययन

इस भाग में दुर्खीम ने कई पृष्ठ स्याह किये हैं। यही उनकी विषयवस्तु है। इस सम्पूर्ण विषय-वस्तु का कोई भी संक्षिप्तीकरण बहुत कठिन है।

(2) धर्म के सार का सिद्धान्त

विषय वस्तु के दूसरे भाग में दुर्खीम गोत्र और टोटेम के अध्ययन के ऑकड़ों के आधार पर धर्म का जो सामान्य सिद्धान्त बनता है, उसका विवरण देते हैं। इसमें वे सर्वप्रथम धर्म की परिभाषा देते हैं। धर्म सार को रखते हैं।

(3) धर्म का सामाजिक संदर्भ में निर्वचन

विषय वस्तु के इस तीसरे भाग में दुर्खीम धर्म की अनिवार्य सामाजिक प्रकृति का विवेचन करते हैं और यहीं पर वे जिसे आज हम *ज्ञान मीमांसा का समाजशास्त्र* (Sociology of Knowledge) कहते हैं, उसे सैद्धान्तिक परिप्रेक्ष्य में प्रस्तुत करते हैं।

इस पुस्तक में दुर्खीम की अध्ययन विधि वही है जो हमें उनकी पूर्व रचनाओं में मिलती है। वे पहले चरण में धर्म की परिभाषा देते हैं और इसके बाद दूसरे चरण में उन सिद्धान्तों का खण्डन करते हैं जो इस समय प्रचलित थे। पुस्तक के अंतिम खण्ड में वे धर्म की सामाजिक अभिधारणा को रखते हैं। *सब मिलाकर इस रचना में उन्होंने आस्ट्रेलिया के आदिम समाजों की आधार-सामग्री के संदर्भ में यह स्थापित किया है कि धर्म की उत्पत्ति समाज से है। जैसा समाज होता है, वैसा ही उसका रूपान्तरण धर्म में होता है। ऐसा करते हुए दुर्खीम ने विज्ञान, समाज व धर्म की पारस्परिकता बतायी है।*

धर्म की व्याख्या : पवित्र और पार्थिव (प्रोफेन)
(Analysis of Religion : Sacred and Profane)

आस्ट्रेलिया के आदिम समाज की गोत्र तथा टोटेम की व्याख्या करने से पहले दुर्खीम ने अपनी पुस्तक के प्रारंभिक भाग में धर्म के सम्बन्ध में कुछ बुनियादी प्रश्न रखे हैं। यहीं पर वे धर्म की व्याख्या करते हैं। यहीं पर उन्होंने पवित्र तथा प्रोफेन या पार्थिव की

अवधारणाओं को प्रस्तुत किया है। वस्तुतः यह एक सैद्धान्तिक अभ्यास है। दुर्खीम जीववाद तथा प्रकृतिवाद के अतिप्राकृत सम्बन्धी सिद्धान्तों का खण्डन भी यहीं पर करते हैं। आगे चलकर उन्होंने टोटेमवाद तथा गोत्र का विवरण दिया है। यह सम्पूर्ण भाग वर्णनात्मक है।

धर्म की परिभाषा और अर्थ : पवित्र और पार्थिव तथा विश्वास और कर्मकाण्ड

'धार्मिक जीवन के प्रारंभिक स्वरूप' पुस्तक में दो परस्पर जुड़े हुए तत्व हैं: धर्म का सिद्धान्त तथा ज्ञान मीमांसा। दुर्खीम ने धर्म की व्याख्या करते हुए दो अवधारणाओं को रखा है : *पवित्र और पार्थिव* (Sacred and Profane)। दुर्खीम दुनियाँ भर की वस्तुओं को दो भागों में रखते हैं। पहली वस्तुएं वे हैं जो *मूर्त* (Concrete) हैं लेकिन यह आवश्यक नहीं है कि इस भाग की सभी वस्तुएं भौतिक ही हों। दूसरे भाग में वे वस्तुएं हैं *जो पवित्र नहीं हैं।* इन्हें दुर्खीम पार्थिव यानी प्रोफेन कहते हैं। दुर्खीम जब संसार की सम्पूर्ण वस्तुओं को इस तरह द्विभागी रूप में रखते हैं तो इस तरह के विभाजन के पीछे वस्तुओं में कोई *अन्तर्भूत* (Intrinsic) अन्तर नहीं होता। उदाहरण के लिये यदि नारियल के फल को पवित्र समझा जाता है तो यह इस कारण नहीं है कि नारियल में कुछ अन्तर्भूत या तात्विक ऐसे तत्व हैं जो इसे पवित्र वस्तुओं की श्रेणी में रखते हों। अन्य कतिपय फलों की तरह नारियल में पोषण के तत्व होते हैं। इसके तेल के माध्यम से भोजन बनाया जाता है और दक्षिण भारत के कतिपय राज्यों में इसकी अत्यधिक भौतिक उपयोगिता है। इन सब अन्तर्भूत लक्षणों के कारण नारियल को हमारे देश में पवित्र नहीं समझते। *नारियल को पवित्र बनाने वाले तत्व को समाज के सदस्यों का नारियल के प्रति सम्मानजनक दृष्टिकोण है। अतः कोई भी वस्तु पवित्र श्रेणी में तभी सम्मिलित की जाती है, जब समाज का इस वस्तु के प्रति सम्मान या आदर होता है।* एक और दृष्टान्त है। हमारे देश में कागज को सभी पवित्र समझते हैं। यदि बच्चों का पाँव कागज को छू जाता है तो हम उसे सीखाते हैं कि हाथ छूकर वे कागज से क्षमा माँगे। हमारे समाज की धारणा है कि ज्ञान सरस्वती की कृपा से अर्जित होता है और यह ज्ञान पुस्तक रूप में कागज में निहित है। अतः कागज का निरादर करना सरस्वती का निरादर करना है। *जनमानस की यही अभिव्यक्ति कागज को पवित्र बना देती है।* इसी भाँति अन्न भी देवता है यानि पवित्र है। सब मिलाकर दुर्खीम धर्म की परिभाषा देने से पहले प्रस्तावना में कहते हैं कि *किसी भी वस्तु में तात्विक या अन्तर्भूत रूप से ऐसे तत्व नहीं हैं जो उसे पवित्र या अपवित्र बनाते हों। समाज की वस्तुओं को देखने की अभिवृति ही वस्तु को पवित्र या पार्थिव श्रेणी में डाल देती है।*

आखिर पवित्र और पार्थिव की अवधारणा कौन बनाता है ? अपने आप में कोई

भी वस्तु पवित्र या अपवित्र नहीं है। समाज जिसे पवित्र कहता है, वह पवित्र है। समाज जिसे पार्थिव कहता है, वह पार्थिव है। हिन्दी के उपन्यासकार भगवती चरण वर्मा की *चित्रलेखा* पुस्तक की केन्द्रीय विशेष वस्तु व्यक्ति और समाज, पाप और पुण्य है। यहाँ उपन्यास की नायिका (चित्रलेखा) यह स्थापित करती है कि न तो कुछ पवित्र है और न अपवित्र। जिसे समाज पवित्र कहता है, वही पवित्र है। इस तर्क का मतलब यह हुआ कि किसी समाज में कोई वस्तु पवित्र होती है और वही वस्तु दूसरे समाज में पार्थिव बन जाती है। उदाहरण के लिये मुसलतानों में सूअर का मांस टोटेम है, यानि निषेध है। वही यह मांस हिन्दुओं के लिये ग्राह्य है। दूसरी ओर गाय का मांस हिन्दुओं के लिये निषेध है, वही गैर-हिन्दुओं में ग्राह्य है। किसी समाज में संक्रान्त की अवधि में दिवाह सम्पन्न करना वर्जित है और किसी में सामान्य। दुर्खीम का थीसिस है *कि पवित्र और पार्थिक की अवधारणा एक समाज से दूसरे समाज में बदलती रहती है। यह सापेक्षिक है।*

जब दुर्खीम धर्म की परिभाषा देते हैं तो इसमें बड़ी दृढ़ता के साथ कहते हैं कि सभी धर्मों का सार किसी सर्वशक्तिमान ईश्वर के प्रति विश्वास नहीं है। दुनियाँ में कई ऐसे ग्रन्थ हैं और बहुत उच्च कोटि के धर्म हैं, जिनमें वैयक्तिक रूप से कोई ईश्वर नहीं होता। उदाहरण के लिये बौद्धधर्म है या बुद्ध धर्म के कतिपय सम्प्रदाय है जो किसी सर्वशक्तिमान ईश्वर के प्रति कोई आस्था नहीं रखते। अतः *धर्म की परिभाषा किसी रहस्यात्मक या अतिप्राकृत धारणा द्वारा नहीं की जा सकती।* इस तरह की कतिपय धारणाएं हाल में देखी जाने लगी है। दुर्खीम कहते हैं :

> *प्राकृतिक (Natural)* को छोड़कर कोई अति प्राकृत शक्ति नहीं होती। लेकिन प्राकृतिक वस्तुओं के बारे में स्पष्ट विचार बनाने से पहले हमें रचनात्मक और वैज्ञानिक ढंग से सोचना चाहिये। किसी भी स्थिति में अतिप्राकृत की धारणा, प्राकृतिक व्यवस्था की धारणा से पहले नहीं आ सकती। धर्म की प्रारंभिक रूपरेखा रखने के बाद दुर्खीम इसकी परिभाषा देते हैं : पवित्र वस्तुओं में विश्वास और कर्मकाण्ड ही धर्म है। जब कई प्रकार की वस्तुओं में समन्वयन और अधीनीकरण के सम्बन्ध इस तरह के होते हैं कि उनकी एक जैसी व्यवस्था हो जाती है, तो समान *विश्वास* और *कर्मकाण्डों* का यह समूह धर्म कहलाता है।

दुर्खीम द्वारा दी गयी धर्म की इस परिभाषा का निष्कर्ष इस तरह है : धर्म सर्वप्रथम पवित्र को मानकर चलता है। इसके बाद पवित्र से जुड़े हुए विश्वासों का समूह में संगठन करता है और अन्त में यह धार्मिक समूह कर्मकाण्डों को लगभग वैज्ञानिक ढंग से व्यवहार में लाता है। इस तथ्य को दुर्खीम ने इस तरह रखा है :

धार्मिक विचारों का प्रारंभिक स्वरूप केवल विश्वास होता है। इसके पश्चात इन

सिद्धान्तों का व्यावहारिक स्वरूप आता है जो पवित्र से सम्बन्धित कर्मकाण्ड कहलाता है। *धर्म विश्वासों और व्यवहारों की एक स्वतन्त्र व्यवस्था है।*

धर्म की व्याख्या में दुर्खीम आगे चलकर कहते हैं कि जब धर्म के अन्तर्गत पवित्र वस्तुओं से सम्बन्धित विश्वास और कर्ममाण्ड होते हैं, तो ऐसी व्यवस्था अपने आप एक नैतिक समुदाय को जन्म देती है। चर्च या हमारे देश में मंदिर और मठ ऐसे ही नैतिक समुदाय हैं। धर्म एक ऐसी शक्ति है जिसका उद्‌गम समाज है। इसके द्वारा समाज के संगठन तथा एकता को सहायता मिलती है। *सब मिलाकर दुर्खीम की धर्म की जो व्याख्या है, उसमें तीन अवधारणाएं सम्मिलित हैं : विश्वास, कर्मकाण्ड और नैतिकता।* सूत्र रूप से हम इस भांति रखेंगे :

पवित्र और पार्थिव

पारसंस ने दुर्खीम द्वारा दी गयी पवित्र की अवधारणा का विश्लेषण किया है। वे कहते हैं कि जब व्यक्ति किसी वस्तु को पवित्र समझता है तो उसके पीछे कोई भी उपयोगितावादी धारणा नहीं होती। पवित्र वस्तु कोई *साधन* (Means) नहीं है जिसके

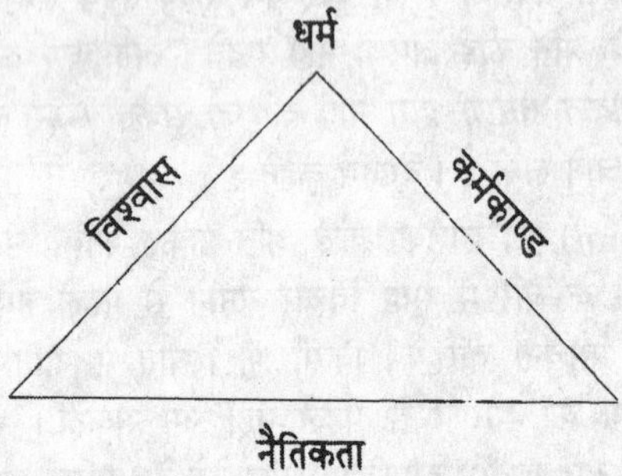

द्वारा किसी *साध्य* (Ends) को प्राप्त किया जा सके। *पवित्र तो अपने आप में एक साध्य है*। पवित्र वस्तुओं के साथ सम्मान और आदर जुड़े हुए हैं। एक उपयोगितावादी विचारक तो कहेगा कि आस्ट्रेलिया की आदिम जाति को अपने टोटेम के जानवर को मार कर खा जाना चाहिये, कम से कम उसका पेट तो भरेगा। लेकिन इस आदिम जाति का सदस्य भूखों रहना पसन्द करेगा लेकिन कभी भी अपने टोटेम के जानवर को किसी भी उपेक्षा से नहीं देखेगा। यह जानवर तो इसके लिये पवित्र वस्तु हैं। उसके प्रति उसमें पर्याप्त सम्मान है। *अतः पवित्र वस्तु के साथ कुछ निश्चित विश्वास जुड़े होते हैं।* यहाँ दुर्खीम एक बुनियादी प्रश्न रखते हैं : पवित्र के प्रति जो भी विश्वास और

आदर है, वह कहाँ से आया ? इनका उद्‌गम कहाँ है ? उत्तर में दुर्खीम कहते हैं कि स्पष्ट रूप से वस्तुओं के प्रति जो विश्वास और कर्मकाण्ड हैं, उनका उद्‌गम वह समाज है, जिसके वे सदस्य हैं।

पवित्र की विशेषताऍं

दुर्खीम ने पवित्र वस्तुओं के प्रति जिन अवधारणाओं को रखा है, उनमें हमें कुछ विशेषताएँ देखने को मिलती हैं। कतिपय विशेषताओं का यहाँ उल्लेख करेंगे :

(1) धर्म का सम्बन्ध पवित्र वस्तुओं के साथ होता है। ये पवित्र वस्तुएँ प्रायः अमूर्त होती हैं, भौतिक होती हैं। दुर्खीम पवित्र के इस मूर्त स्वरूप के प्रति अधिक आग्रही नहीं है। उनका कहना है कि अपवाद रूप में पवित्र वस्तुएँ *अमूर्त* (Abstract) भी हो सकती हैं।

(2) जब हम किसी वस्तु को पवित्र कहते हैं तो इसके पवित्र होने का कारण निश्चित रूप से वस्तु में अन्तर्भूत लक्षण नहीं होते। दृष्टान्त के लिये फूलों को ले। फूलों में कोई तात्विक तत्व नहीं है जो उन्हें पवित्र बनाये। यह तो व्यक्तियों की इन वस्तुओं के प्रति आदर की अभिवृति है, जो उन्हें पवित्र बना देती है। अतः वस्तु के अन्तर्भूत लक्षण की अपेक्षा उसके प्रति समाज का जो दृष्टिकोण है, वही उसे पवित्र बनाता है। *वस्तु अपने आप में कुछ नहीं है।*

(3) ऐसा समझा जाता है कि पवित्र वस्तुओं में कुछ ऐसे गुण होते हैं, कुछ ऐसी विशेष शक्तियाँ होती हैं जो समाज के लिये लाभदायक या हानिकारक हो सकती हैं। वास्तव में ये वस्तुएँ लाभदायक होती ही है यह निश्चित रूप से कहना कठिन है लेकिन लोक मान्यता है कि पवित्र वस्तुओं में ऐसे गुण और ऐसी शक्ति होती है।

(4) लोग पवित्र वस्तुओं के प्रति सामान्य दृष्टकोण नहीं रखते। वास्तव में इन वस्तुओं के प्रति लोगों की अभिव्यक्तियाँ विशेष अभिव्यक्तियाँ होती है।

(5) पवित्र वस्तुएँ उपयोगी नहीं समझी जाती। इनकी बाजार में सौदेबाजी नहीं होती। धर्म का कोई भी सम्बन्ध उपयोगितावादी वस्तुओं के साथ नहीं होता। अनिवार्य रूप से धर्म का सम्बन्ध पवित्र वस्तुओं के साथ होता है।

(6) कुछ पवित्र वस्तुएँ ऐसी हैं जो मूर्त होती हैं और अपने रूप में आनुभविक होती है। इन वस्तुओं को देखा जा सकता है, अनुभव किया जा सकता है और सुना जा सकता है। ये वस्तुएँ वस्तुतः इन्द्रियजन्य होती हैं। ऐसी वस्तुओं का किसी भी सामान्य वैज्ञानिक विधि द्वारा अध्ययन किया जा सकता है। पत्थर, लकड़ी के टुकड़े, आभूषण, परिधान, स्थान और विभिन्न क्रियाएँ, पवित्र वस्तुओं के दृष्टान्त

हैं।

प्रोफेन या पार्थिव : अर्थ व परिभाषा

पवित्र की परिभाषा देने के बाद दुर्खीम पार्थिक वस्तुओं के अर्थ को स्पष्ट करते हैं। उनकी दृष्टि में पार्थिव वस्तुएँ पवित्र वस्तुओं की प्रतिपाद हैं। *वे वस्तुएँ जो पवित्र नहीं है, पार्थिव हैं।* इस तरह की परिभाषा निषेधात्मक या विरोधाभासी है। दूसरे शब्दों में पवित्र का *प्रतिबन्ध* (Anti-Thesis) पार्थिव है। इसका अर्थ यह नहीं हुआ कि पार्थिव वस्तुएँ निकम्मी हैं। इसके विपरीत ये वस्तुएँ समाज के लिये अत्यधिक उपयोगी हैं। इन वस्तुओं के अन्तर्भूत लक्षण आर्थिक और उपयोगिता होते है। मोटरगाड़ी, ईजन, तकनीक आदि हमारे लिये आर्थिक रूप से बहुत उपयोगी हैं। कोई भी वस्तु पवित्र या पार्थिव तब बनती है, जब हम उसे एक विशेष दृष्टिकोण से देखते हैं। सवारियों को ढोने वाली मोटर बस पार्थिव है, आर्थिक उपार्जन का साधन है। यही मोटर बस जब तीर्थयात्रियों को एक मंदिर से दूसरे मंदिर ले जाती है तो स्वयं पवित्र बन जाती है। फूलों की खेती करने वाले किसान के लिये फूल एक फसल है, पण्य वस्तु है, जिन्हें बाजार में बेचा जाना है। इस अभिव्यक्ति से फूल पार्थिव वस्तु हैं। जब कोई धर्मावलम्बी इन फूलों को अपने ईष्टदेव को चढ़ाता है तो ये फूल पवित्र बन जाते हैं। *लेकिन यह निश्चित है कि जब हम किसी वस्तु को उसमें अन्तर्भूत लक्षणों के आधार पर पार्थिव कहते हैं तो इसमें आर्थिक और उपयोगितावादी मूल्य निहित होते हैं।* पार्थिव की परिभाषा में दुर्खीम लिखते हैं :

> पार्थिव वस्तुएँ प्रमुख रूप से आर्थिक और उपयोगी वस्तुएँ हैं। ये वस्तुएँ पवित्र वस्तुओं की प्रतिबन्ध होती हैं।

पार्थिव वस्तुओं की विशेषताएँ

(1) पार्थिव वस्तुओं में उपयोगितावादी विशेषता निहित है। इसी कारण लोग इसे आर्थिक लाभ और हानि की दृष्टि से देखते हैं।

(2) इन वस्तुओं को कभी भी धार्मिक शक्ति के साथ नहीं जोड़ा जाता। न ही इनका सम्बन्ध अतिप्राकृत के साथ होता है।

(3) पार्थिव वस्तुएँ सामान्यतया लौकिक वस्तुएँ होती हैं और इसी कारण इन वस्तुओं को लोग तुलनात्मक दृष्टि से देखते हैं। जब बाजार में सौदा किया जाता है तब वस्तुओं की उपयोगिता तुलनात्मक रूप से देखी जाती है।

(4) लौकिक वस्तुओं के साथ व्यक्ति की धारणाएँ किसी भी बाजार की वस्तु की तरह समझी जाती है। इन लौकिक वस्तुओं के साथ तर्क और विवेक जुड़े होते हैं।

यदि हम धार्मिक और पार्थिव वस्तुओं को तुलनात्मक दृष्टि से देखें तो बहुत स्पष्ट हो जायेगा कि *धर्म के साथ विश्वास अपने प्रारंभिक रूप से ही जुड़ा हुआ है। इसी पर धार्मिक सिद्धान्त बने हैं।* इन विश्वासों को मूर्त रूप देने के लिये कर्मकाण्ड (Ritual) किये जाते हैं। यदि हम हिन्दू धर्म को देखें तो इसके अपने सिद्धान्त हैं। सिद्धान्तों को क्रियात्मक या व्यावहारिक रूप देने के लिये कर्मकाण्ड होते हैं। विभिन्न तरह के व्रत केवल धार्मिक सिद्धान्तों की क्रियान्विति मात्र हैं। सामान्य लोग धर्म के दर्शन को नहीं जानते। वे तो केवल इसकी क्रियान्विति से सरोकार रखते हैं। विवाह में सात फेरे अग्नि के समक्ष लगाने या पाणिग्रहण करने के पीछे क्या सिद्धान्त है, आम लोग इसे नहीं जानते वे तो केवल यही जानते हैं कि ये क्रियाएँ कर्मकाण्ड हैं और इनका परिपालन होना चाहिये। आम लोगों के लिये कर्मकाण्ड केवल कर्मकाण्ड है और इसलिये इसकी क्रियान्विति होनी चाहिये। इस भाँति धर्म का एक सैद्धान्तिक पहलू होता है और इसी से जुड़ा हुआ क्रियान्विति का पक्ष होता है। इस अध्याय के अगले भाग में हम *धार्मिक विश्वासों* (Religious beliefs) और *कर्मकाण्डों* (Rituals) पर दुर्खीम के जो विचार हैं, उनकी व्याख्या करेंगे।

विश्वास और कर्मकाण्ड

(Beliefs and Rituals)

दुर्खीम धर्म की व्याख्या दो टूक वाक्यों में करते हैं। उनका तो यह कहना है कि *धर्म विश्वास और धार्मिक क्रियाओं का एकीकृत रूप है जिसका सम्बन्ध पवित्र वस्तुओं से होता है।* वास्तव में धर्म से जुड़े हुए विश्वास केवल विचार ही नहीं है, न ही ये मात्र मोह भ्रम हैं। यह कहना सही नहीं होगा कि इन विश्वासों से जुड़े हुए विचारों में समाज की वास्तविकता नहीं है। सामान्यतया आम लोगों का विचार है कि धर्म से जुड़े हुए विश्वासों का समाज से कोई सरोकार नहीं होता। अपनी रचना में दुर्खीम कई प्रमाणों के आधार पर यह कहते हैं कि विचारों का सम्बन्ध हर तरह से समाज के साथ है। दूसरे शब्दों में, समाज की जो यर्थाथता है, वही विश्वासों के साथ जुड़े हुए विचारों में निहित है। अतः विचार समाज का पूर्णरूप से प्रतिनिधित्व करते हैं। एक अन्य स्थान पर दुर्खीम कहते हैं कि *समाज ही ईश्वर है।* हमारे देश में प्रायः कहते हैं पंच परमेश्वर है। कहते हैं, जनता जर्नादन है। इन सब अभिव्यक्तियों का निश्चित आशय यही है कि यदि कहीं परमात्मा है तो वह लोगों में हैं, पंचों में है, समाज में है। वास्तव में जनशक्ति परमात्मा के सदृश्य शक्ति है। दुर्खीम धर्म से जुड़े हुए विचारों को एक निश्चित विचारधारा के रूप में रखते हैं। पारसंस ने तो *स्ट्रक्चर ऑफ सोशल एक्शन* में विचारों और कर्मकाण्डों के विश्लेषण को अपने अध्याय में बहुत बड़ा स्थान दिया है। कुछ

इसी तरह का विश्लेषण रेमण्ड एरॉ ने भी *मेन करेन्ट्स इन सोशियोलॉजिकल थॉट* में दिया है।

धार्मिक विचार (Religious Ideas)

धार्मिक विचारों और कर्मकाण्डों में एक बहुत बड़ा बुनियादी अन्तर है। धार्मिक विश्वास तो *विचार* (Thought) का एक स्वरूप या प्रकार है, जबकि कर्मकाण्ड का तात्पर्य *क्रिया* (Action) से है। रोचक बात यह है कि धार्मिक विचारों और क्रिया को स्वायत होते हुए भी धर्म से जुदा नहीं किया जा सकता। किसी भी धर्म के विश्वास को जाने बिना क्रिया को नहीं समझा जा सकता। उदाहरण के लिये हमारे देश में मिथक जब हम पढ़ते या सुनते हैं कि श्रवण कुमार माता-पिता को उठाकर देशाटन पर निकलता है तो यह निश्चित रूप से एक कर्मकाण्ड या क्रिया है। इस क्रिया को हम तभी समझ सकते हैं जब हम इससे जुड़े हुए विश्वास को सही संदर्भ में समझ लें। विश्वास यह है कि हर स्थिति में माता-पिता आदरणीय हैं, सम्माननीय हैं। यदि धर्म विश्वासों से बना है और विश्वास के साथ क्रियाएँ जुड़ी हुई हैं, तो हमें क्रियाओं को समझने के लिये विश्वासों को समझना पड़ेगा। *धर्म, विश्वास और क्रिया एक दूसरे से संश्लिष्ट हैं।* पारसंस धार्मिक विश्वासों या विचारों को विश्लेषण के लिये पृथक करके देखते हैं। वे स्पष्ट शब्दों में लिखते हैं कि *धार्मिक विश्वास वे विश्वास हैं जिनका सरोकार पवित्र वस्तुओं से हैं और कर्मकाण्ड वे क्रियाएँ हैं, जिन्हें धार्मिक वस्तुओं के सम्बन्ध में किया जाता है।* इसी तरह दुर्खीम के अर्थ में धर्म एक एकीकृत व्यवस्था है और इसका सम्बन्ध विश्वासों और धार्मिक क्रियाओं से हैं जो पवित्र वस्तुओं से जुड़ी हुई हैं।

कर्मकाण्ड (Rituals)

प्रत्यक्षवादियों ने कर्मकाण्डों का किसी भी प्रकार का विवेचन उपेक्षा की दृष्टि से देखा है। यदि हम अर्थशास्त्रियों को देखें तो उनके लिये धर्म का कोई भी विवेचन निषेध है। यह इसलिये कि, उनकी समझ में धर्म का वस्तुओं के उत्पादन्न, वितरण विनिमय और उपभोग से कोई सम्बन्ध नहीं है। अर्थशास्त्र ही क्यों अन्य समाज विज्ञान भी जो प्रत्यक्षवादी हैं, धर्म की कोई भी व्याख्या बेमतलब समझते हैं।

पारसंस का कहना है कि जब प्रत्यक्षवादी धर्म की उपेक्षा करते हैं तो उनका सम्बन्ध *साधन-साध्य* (Means-ends) से जुड़ा होता है। इन प्रत्यक्षवादियों के लिये साध्य एक निश्चित आनुभविकता है, जिसे प्राप्त किया जाना है। इस साध्य की वैज्ञानिक रूप से प्रामाणिकता की जाँच की सकती है। वे ये स्वीकार करते हैं कि यदि उपयुक्त साधनों को काम में लाया जा सके तो साध्य की प्राप्ति हो सकती है। अब जब

दुर्खीम का उल्लेख करते हैं तो उनका कहना है कि आस्ट्रेलिया के आदिम समाज में कई ऐसे कर्मकाण्ड हैं जिनके करने से उन्हें जो प्राप्ति होती है वह आनुभाविक नहीं है। फिर भी वे इन कर्मकाण्डों को बराबर करते हैं। आज के इस वैज्ञानिक युग में हम सरलता से इन आदिम जातियों के कर्मकाण्डों को निरर्थक कर सकते हैं। हम कह सकते हैं कि जिन कर्मकाण्डों को साधन समझ कर वे काम में लाते हैं इनसे उनको साध्य यानि लक्षय प्राप्त नहीं होता। दुर्खीम कहते हैं कि इस तरह का हमारा सोच या हमारी ऐसी समझ गलत है। वास्वव में, ये कर्मकाण्ड धार्मिक विश्वासों के साथ जुड़े हुए हैं और इसी कारण इन्हें क्रियान्वित किया जाता है। दुर्खीम के कहने का यह आशय है कि *कर्मकाण्ड विवेकपूर्ण तकनीकी नहीं है। इनका पूरा सम्बन्ध विश्वासों से है।*

दुर्खीम ने ऊपर जो कुछ कर्मकाण्डों के बारे में कहा है उसे हम थोड़ा बोधगम्य रूप में रखेगें। जब प्रत्यक्षवादी कहता है कि किसी कारखानें में आधुनिकीकरण लाने के लिये पर्याप्त पूँजी का निवेश किया जाता है तो साध्य-साधन योजना में यह साधन है। अधिक निवेश होगा तो अधिक लाभ मिलेगा। इस अर्थ में लाभ साध्य है, उद्देश्य है। यहाँ साधन और साध्य का *विवेकपूर्ण* (Rational) सम्बन्ध है। लेकिन जब ट्रोब्रियन्ड टापू के आदिवासी वार्षिक मेले में बड़े-बड़े पत्थरों को लुड़का कर यह स्वीकार करके चलते हैं कि इससे उनके इलाके में अधिक वर्षा होगी, तो उनका यह सोच अर्थात् साधन-साध्य वैज्ञानिक और तकनीकी दृष्टि से सही नहीं है। शायद ये आदिवासी भी इस बात को समझते हों क्योंकि कई बार उन्होंने वार्षिक मेले में पत्थर लुड़कार भी सूखे का अनुभव किया होगा। फिर भी वे इस कर्मकाण्ड को पीढ़ी दर पीढ़ी व्यवहार में लाते हैं। यह उनके लिये साधन है। रोचक बात यह है कि इस साधन से उन्हें साध्य अर्थात् वर्षा प्राप्त होती है या नहीं, इससे इनका कोई सरोकार नहीं। निष्कर्ष यह निकला कि *कर्मकाण्ड के अविवेकपूर्ण (Irrational) और अ-तार्किक होने पर भी लोग इसको व्यवहार में लाते हैं। यह इसलिये कि इसका सम्बन्ध कर्मकाण्ड से जुड़ा है।* कितने ही ऐसे लोग होंगें जो साल-दर-साल व्रत और कथा करते हैं, जबकि इससे जुड़ी हुई प्राप्ति अर्थात् साध्य उन्हें कभी भी प्राप्त नहीं हुआ होगा। *कर्मकाण्ड के साथ अविवेकशीलता बराबर जुड़ी हुई है। लेकिन यह क्रिया दूसरी और विश्वास से बंधी हुई है।*

दुर्खीम के विश्लेषण में कर्मकाण्ड साधन-साध्य की योजना से जुड़ा हुआ नहीं है। वे स्वयं अनेकानेक दृष्टान्तों द्वारा यह स्थापित करते हैं कि आस्ट्रेलिया की आदिम जाती द्वारा किये जाने वाले कर्मकाण्ड अपने उद्देश्य की पूर्ति नहीं करते। फिर भी आदिवासी इन कर्मकाण्डों को निरन्तर अपने व्यवहार में क्यों लाते हैं? इसके उत्तर में जो तथ्यपूर्ण

बात सामने आती है वह यह है कि ये *कर्मकाण्ड समुदाय के लोगों को एक सूत्र में बांधते हैं। उनमें एकता स्थापित करते हैं।* जब ये आदिवासी कर्मकाण्ड के नाम पर एक जुट होते हैं तो निश्चित रूप से उनमें एकता के भाव आते हैं। सही बात तो यह है कि ये कर्मकाण्ड लोगों को प्रत्यक्ष सम्पर्क में लाते हैं और इन कर्मकाण्डों को व्यवहार में लाने का कारण समाज में एकता लाना है। इसीलिये दुर्खीम *जब चर्च की व्याख्या करते हैं तो उनका कहना है कि चर्च में रविवार को धर्मावलम्बियों का प्रार्थना के लिये उपस्थित होना धर्मावलम्बियों को एकता के सूत्र में बांधना है। इसी कारण धर्म एक नैतिक समुदाय के निर्माण में अपना निश्चित योगदान करता है।* हमारे देश में किसी एक मठ या तीर्थ का उद्देश्य कर्मकाण्ड के माध्यम से एक विशेष सम्प्रदाय को एक सूत्र में बांधना होता है। विश्वास और कर्मकाण्ड कुल मिलाकर समाज की यर्थाथता और सम्बद्धता से जुड़े हुए हैं। एक समान धर्म और कर्मकाण्डों को अपनाने वाले लोग अन्ततोगत्वा समान अभिवृत्तियों को रखते हैं और ये अभिव्यक्तियाँ ही नैतिक समुदाय को बनाती हैं।

जब दुर्खीम विश्वास और कर्मकाण्ड की व्याख्या करते हैं तो कभी भी वे प्रत्यक्षवाद से हटते नहीं हैं। जिस किसी व्याख्या में हम अर्थशास्त्री को प्रत्यक्षवादी कहते हैं, उसी व्याख्या में दुर्खीम भी सौ प्रतिशत प्रत्यक्षवादी थे। दुर्खीम किसी भी एक धर्म के विश्वासों को उच्च स्थान देते हों, ऐसा नहीं है। धर्म में, चाहे कैसा भी हो, प्रतीकों को बहुत बड़ा महत्व है। लेकिन अन्तर्भूत विशेषताओं के आधार पर ये प्रतीक महत्वपूर्ण नही हैं। किसी भी एक कर्मकाण्ड पर यह तर्क लागू नहीं होता। कर्मकाण्ड प्रतीक नहीं होते। इनका स्वरूप आनुभविक होता है–इन्हें इन्दियों से जांचा और परखा जा सकता है। इसी कारण दुर्खीम धर्म के प्रारम्भिक तत्व के आधार पर कर्मकाण्डों को पहला अर्थात् बुनियादी लक्षण पाते हैं जबकि उनके विचारों में विश्वासों का स्थान दूसरा है। वास्तव में कर्मकाण्ड मूर्त होते हैं, इनकी व्याख्या की जा सकती है, इनका प्रमाणीकरण हो सकता है। धर्म की यह व्याख्या दुर्खीम को पहले दर्जे का *प्रत्यक्षवादी पद्धतिशास्त्री* (Positivistive Methodologist) बना देता है।

जीववाद और प्रकृतिवाद का खण्डन

(Rejection of Animism and Naturism)

दुर्खीम का पुस्तक लिखने का अपना एक विशेष तरीका है जैसा वे अपनी आत्महत्या की रचना और श्रम विभाजन में करते हैं, वैसा ही *धार्मिक जीवन के प्रारंभिक स्वरूपों* में भी सबसे पहले धर्म की व्याख्या करते हैं, इसके बाद वे अपना सैद्धान्तिक खण्डन देते हैं और अन्त में आनुभाविक सामग्री को प्रस्तुत करते हैं। हमने इस अध्याय के प्रारम्भ

में यह कहा कि दुर्खीम ने अपनी पुस्तक की विषय वस्तु को तीन भागों में रखा है: धर्म का सार, अन्य सिद्धान्तों का खण्डन और आनुभविक अध्ययन सामग्री। दुर्खीम के समय में दो सिद्धान्त ऐसे थे जो धर्म की व्याख्या मानवशास्त्रीय आधार पर करते थे। ये सिद्धान्त हैं *जीववाद* (Animism) और *प्रकृतिवाद* (Naturism)। बहुत संक्षिप्त रूप में जीववाद के अनुसार *धार्मिक विश्वास वे विश्वास हैं जो आत्मा (Spirit) से जुड़े हैं। ये आत्माएं और कुछ न होकर आदमी के अनुभवों का रूपान्तरण मात्र हैं।* अनुभव का यह रूपान्तरण जीववाद और प्रकृतिवाद दोनों पर लागू होता है। मनुष्य का विश्वास आत्मा से जुड़ा हुआ है, इस तरह का रूपान्तरण या कथन दुर्खीम को स्वीकार नहीं था। मूल रूप में चाहे आत्मा या जीव में विश्वास हो यह एक मनोवैज्ञानिक धारणा है, इसी कारण दुर्खीम को स्वीकार नहीं है। हम थोड़े विस्तार के साथ जीववाद और प्रकृतिवाद का अर्थ स्पष्ट करेंगे। और फिर दुर्खीम द्वारा दी गयी आलोचना या उनके द्वारा प्रस्तुत खण्डन।

जीववाद (Animism)

आज से लगभग सौ वर्ष पहले *एडवर्ड टाईलर* (Edward Tylor) ने धर्म की व्याख्या करते हुए जीववाद की अवधारणा को रखा था। टाईलर ने धर्म के विकास को क्रम में बांधने का प्रयास किया है। उनकी पीढ़ी की परम्परा उद्विकास की परम्परा थी और इसलिये उनके लिये आवश्यक था कि वे धर्म के क्रम विकास को व्यवस्थित रूप में रखें। टाईलर की अटकल थी कि आदिम समाज के व्यक्तियों ने अपने आपको घोर संकट में पाया होगा। उन्होंने देखा होगा कि जंगल की नीरव शांति में पेड़ के पते का मर्मर शब्द भी गुंजकर प्रतिध्वनि उत्पन्न करता है। शांत सरोवर की लहरों में उन्हें संगीत लहरी दिखायी दी होगी। रात को ओस के कण घरती पर गिरते हुए दिखायी दिये होंगे। यह सब देखकर उन्हें लगा होगा कि कोई ऐसी अलौकिक शक्ति है जो इन सब अचेतन वस्तुओं में, चेतन होकर बोलती है, मुखरित होकर गाती है। तब आदिम जाति समाज के मनुष्यों ने सोचा होगा कि प्रेतात्मा और जीवात्मा सभी ओर विद्यमान हैं। *ये प्रेतात्माएं और जीवात्माएं अलौकिक शक्तियाँ हैं, अनुपम सत्ता है, और इनके प्रति उसे झुकना चाहिये।*

टाईलर ने आदिम समाज के व्यक्ति की मनोदशा की कल्पना की। इस व्यक्ति ने देखा होगा कि उसके शरीर में कोई आत्मा है, जो उसे निद्रा में छोड़कर कहीं दूर-दूर विचरण के लिये जाती है। जंगलों और पहाड़ों को लाँघती है। समुद्रों को पार करती है और पुनः लौटकर उसके शरीर में आ जाती है। यह जीवात्मा है। दूसरी आत्मा वह है जो देवी-देवता के निकट है, उसके समकक्ष है, अंतरिक्ष में स्वतन्त्र विचरण करती है।

यह आत्मा प्रेतात्मा है। *अलौकिक के प्रति आदिम जाति के इस अनुभव की कल्पना करके टाईलर ने जीवात्मा और प्रेतात्मा का सिद्धान्त रखा। ये दोनों सिद्धान्त मिलकर जीववाद का सिद्धान्त कहलाते हैं।* जीवात्मा के सिद्धान्त के अनुसार यह माना जाता है कि मनुष्य की आत्मा उसकी मुत्यु के बाद जीवित रहती है और प्रेतात्मा के सिद्धान्त के अनुसार अंतरिक्ष में प्रेतात्माएं वैयक्तिक रूप से रहती हैं।

इस प्रकार *टाईलर का जीववाद वह है जिसमें अमूर्त, अलौकिक या जीवात्मा और प्रेतात्मा में तथा भूत, पूर्वज, पेड़-पौधों , पिशाच, सभी में आध्यात्मिक शक्ति का आरोप किया जाता है। यह माना जाता है कि इन वस्तुओं में भी अलौकिक शक्ति विद्यमान है।*

जीववाद की विशेषताएं

(1) जीववाद की अवधारणा, टाईलर के अनुसार, अपने आप में कोई धर्म नहीं है। यह तो एक आदर्श प्रारूप या मॉडल है जिसके द्वारा धर्म के उद्विकास का अध्ययन किया जाता है।

(2) जीववाद में जीवात्मा की अवधारणा है। जीवात्मा वह है जो जीवित व्यक्तियों के शरीर में निवास करती है। मुत्यु के बाद या शरीर नष्ट हो जाने के बाद यह जीवात्मा बनी रहती है। दूसरी और प्रेतात्मा देवी-देवताओं की तरह शक्तिशाली होती है। अतः जीववाद अपने पूर्ण विकसित रूप मे प्रेतात्मा और जीवात्मा के प्रति विश्वास प्रकट करता है और उन्हें नियंत्रित करने के लिये उपासना के उपागम को अपनाता है।

(3) प्रेतात्का और जीवात्मा दोनों ही अलौकिक शक्ति के रूप हैं और उन्हें पेड़, पौधा, पत्थर, पूर्वज आदि सभी पदार्थों में देखा जा सकता है।

(4) मनुष्य प्रकृति के साथ होने वाले अपने संघर्ष मे प्रेतात्मा और जीवात्मा की उपासना या जादू द्वारा वशीभूत करके सुरक्षित रहना चाहता है।

प्रकृतिवाद (Naturism)

जीववाद का एक और स्वरूप प्रकृतिवाद है। प्रकृतिवाद वस्तुतः जीववाद का विस्तार है। इस सिद्धान्त के अनुसार अलौकिक शक्ति का आरोप प्रकृति पर किया जाता है। प्रकृतिवादी मानते हैं कि बिजली की चमक, बादलों की गर्जना और भूकम्प के झटकों में अलौकिक शक्ति का रूप है। जब बाढ़ आती है तो यह अलौकिक शक्ति का प्रकोप है तथा इसे शान्त करने के लिये भेंट और बलि चढ़ानी चाहिये। प्रकृतिवाद अलौकिक शक्ति को इस तरह प्रकृति के विभिन्न तत्वों में देखता है।

प्रकृति में अलौकिक शक्ति निवास करती है, इस मान्यता के अनुसार लोग *प्रकृति को भय, श्रद्धा और सम्मान की दृष्टि से देखते हैं।* आदि मानव ने जब तूफान के तांडव को देखा होगा, उसे लगा होगा कि उसकी मुठ्ठी भर शक्ति अलौकिक शक्ति के सामने कुछ भी नहीं है। भय और श्रद्धा से उसका सिर प्रकृति के सामने झुक गया होगा। अतः प्राकृतिक वस्तुओं की उपासना है।

दुर्खीम से पहले कतिपय मानवशास्त्रियों ने जीववाद और प्रकृतिवाद की आलोचना की थी। लेकिन दुर्खीम की आलोचना का दृष्टिकोण कुछ दूसरा ही था।

जीववाद और प्रकृतिवाद का दुर्खीम द्वारा दिया गया खण्डन

दुर्खीम अव्वल दर्जे के प्रत्यक्षवादी और आनुभविकतावादी थे। उन्होंने जीववाद और प्रकृतिवाद का खण्डन *बहिष्करण या घटाने* (Elimination) के नियम द्वारा किया है। इन दोनों सिद्धान्तों का आधार *भ्रम* (Illusions) है। ये दोनों सिद्धान्त पूर्व वैज्ञानिक विश्लेषण हैं और विज्ञान की किसी कसौटी पर सही नहीं उतरते। इनका विश्लेषण न तो मनोविज्ञान कि कसौटी पर किया जा सकता है और न ही भौतिक विज्ञानों की। रोचक बात यह है कि आज के आदमी के लिये न तो बड़े तूफान और भूकम्प अलौकिक हैं और न अति प्राकृत की शक्तियाँ। दुर्खीम ने जीववाद और प्रकृतिवाद का खण्डन निम्नलिखित बिन्दुओं में किया है:

(1) दोनों ही सिद्धान्त आनुभविकता से परे हैं, पूर्ण रूप से भ्रमपूर्ण है। एरॉ इन दो सिद्धान्तों की आलोचना दुर्खीम के संदर्भ में करते हैं कि ये सामूहिक मायामोह हैं। किसने देखा कि मनुष्य की दो आत्माएँ हैं और इसका प्रमाणीकरण कैसे करें कि एक आत्मा ब्रह्माण्ड में धूमती रहती है।

(2) टाईलर ने इन दोनों धर्मो की उत्पत्ति के जो स्त्रोत बताये हैं और इनके जो लक्षण हैं वे किसी भी तरह पवित्रता के लक्षण नहीं है। पवित्रता की भावना को ये लक्षण गलत तरीकों से ग्रहण करते हैं।

(3) धर्म को समझने के लिये पवित्रता को समझना पड़ेगा और यह पवित्रता प्रकृति की भयानक वस्तुओं और आत्मा के साथ कभी भी जोड़ी नहीं रह सकती।

दुर्खीम *बहिष्करण या घटाने के नियम* (Law of Elimination) को यहाँ लगाते हैं। वे कहते हैं कि *जब विश्वास और कर्मकाण्ड मनोवैज्ञानिक नहीं हैं, वास्तविक नहीं हैं, आनुभविक नहीं हैं, तो निश्चित रूप से सामाजिक हैं।* विश्वासों की अवधारणा समाज से पैदा होती है और यह समाज ही है जो वस्तुओं को पवित्र और पार्थिक बना देता है। जिसे पवित्र कहते हैं वह वस्तुतः एक प्रतीक है और इस प्रतीक के माध्यम से

ही पवित्रता के लक्षण वस्तु पर थोपे जाते हैं। वस्तु में अन्तर्भूत रूप से ऐसी कोई विशेषता नहीं होती। *इसी कारण किसी भी प्रत्यक्षवादी की तरह दुर्खीम धार्मिक विचारों में अन्तर्निहित सामाजिक यथार्थता (Social Reality) की खोज करते हैं। ये धार्मिक विश्वास और विचार किसी भी हालत में न तो बाह्य पर्यावरण का प्रतिनिधित्व करते हैं और न व्यक्त की आनुवंशिकता का।* और यदि कोई कहे कि विचारों में बाह्य पर्यावरण या वैयक्तिक आनुवंशिकता का प्रभाव है तो यह भयंकर भूल होगी। भूल इसलिये कि इस तरह की मान्यता को वैज्ञानिक कसौटी पर नहीं कसा जा सकता। इससे आगे धार्मिक विचारों के जो विशिष्ट लक्षण हैं, वे पवित्र वस्तुओं के गुणों को नहीं दर्शाते। घटाने के नियमों को लगाते हुए दुर्खीम कहते हैं कि धार्मिक विचार केवल माया मोह न होकर अवलोकनीय यर्थाथता को बताते हैं।

दुर्खीम का यह तर्क है कि धार्मिक विश्वासों के प्रति हमारा जो सम्मान और आदर है, उसका सम्बन्ध नैतिक आधिपत्य के कारण है। केवल भौतिक वस्तु- भूकम्प या बाढ़- भय उत्पन्न कर सकती है, लेकिन आदर और सम्मान नहीं। समाज तो एक *नैतिक यर्थाथता* (Moral Reality) है। और एक ऐसी प्रघटना है जिसकी प्रकृति आनुभविक है और जिसका व्यक्ति पर नैतिक प्राधिकरण होता है। *यही वह रास्ता है जिसके द्वारा दुर्खीम अपना प्रसिद्ध प्रस्ताव रखते हैं : परमात्मा या अन्य कोई पवित्र वस्तु समाज का प्रतीकात्मक प्रतिनिधित्व है* (God or any other sacred object is a symbolic representation of Society)। वास्तव में, दुर्खीम ने धर्म के विश्वासों और कर्मकाण्डों को जो टाईलर द्वारा माया मोह में फंसा दिये गये थे, उन्हें उबार कर वास्तविकता और वैज्ञानिकता के आधार पर खड़ा कर दिया।

गोत्र और टोटेम

(Clan and Totem)

अपनी पुस्तक की केन्द्रीय विषय सामग्री प्रस्तुत करने के बाद दुर्खीम ने विस्तारपूर्वक गोत्र और टोटेम का विवरण दिया है। पुस्तक का बहुत बड़ा भाग इसी विवरण से अटा पड़ा है। यहाँ हम संक्षेप में आस्ट्रेलिया के आदिम समाज में पाये जाने वाले टोटेमवाद व गोत्र का वर्ण करेंगे। इस सम्बन्ध में किसी भी विवरण को देने से पहले अत्यन्त महत्वपूर्ण बात यह है कि दुर्खीम टोटेमवाद को धर्म का सबसे अधिक सरल रूप मानते हैं। *धर्म के उद्विकास में टोटेमवाद प्राथमिक है और इसी कारण यह सबसे अधिक सरल है। दुर्खीम के लिये, धर्म के उद्विकास की श्रृंखला में टोटेमवाद दुनिया में सबसे पहला और मौलिक धर्म है।*

उद्विकास की प्रक्रिया में टोटेमवाद के कई स्वरूप हो गये। इसकी उत्पत्ति तो एक

ही धर्म से है, और वह एक धर्म टोटेमवाद है। दुर्खीम का कहना है कि आस्ट्रेलिया ही नहीं दुनिया भर के धर्मों में टोटेमवाद का कोई न कोई स्वरूप अवश्य देखने मिलता है। इसी कारण धर्म के किसी भी अध्ययन में अगणित धर्मों की व्याख्या करने की अपेक्षा एक ही धर्म का अध्ययन करना पर्याप्त है। टोटेमवाद वस्तुतः सभी धर्मों का प्रतिनिधि रूप है।

इस सामान्य धर्म में क्या है? इसमें दुर्खीम गोत्र और टोटेम को सम्मिलित करते हैं।

गोत्र (Clan) एवं टोटेम (Totem)

गोत्र एक संवंशी (Kindred) समूह है। यह सामान्यतः बहिर्विवादी बन्धुओं (kins) का समरक्तीय समूह होता है। यह एक पक्षीय होता है और इसके सदस्य एक ही पूर्वज की संतान होते हैं। पूर्वज मानव,मानव सम प्राणी पशु, पेड़ पौधा या निर्जीव वस्तु कुछ भी हो सकता है। यह पूर्वज ही टोटम होता है। इस भांति टोटम गोत्र की उत्पत्ति का रूपान्तरण है। एक टोटेम के साथ अपनी पहचान करने वाले गोत्र अपने आप को समवंशी मानते हैं क्योंकि उनकी उत्पत्ति एक ही पौधे या जानवर से हुई है। टोटेम का गोत्र में यह रूपान्तरण सामान्यतया मां के माध्यम से होता है, लेकिन आस्ट्रेलिया की आदिम जातियों का मानना है कि अपवाद रूप में टोटेम का रूपान्तरण मां के अतिरिक्त किसी अन्य माध्यम से भी हो सकता है। *इस आदिम जाति में प्रत्येक गोत्र के अपने-अपने टोटेम होते हैं, लेकिन कभी-कभी वैयक्तिक टोटम भी होते हैं।*

सामाजिक मानवशास्त्र में गोत्र व्यवस्था पर बड़े उल्लेखनीय अध्ययन हुए हैं। *फर्थ टीकोपिया* और *फोर्टस* ने *टेलन्सी* पर अधिकृत रूप से अनुसंधान किया है। इन अध्ययनों में बबसे पहली बार हमें बंधुत्व, गोत्र और वंश पर सैद्धान्तिक साहित्य प्राप्त होता है। *फोक्स* (J.R. Fox) ने गोत्र की व्याख्या करते हुए कहा है कि एक गोत्र के सदस्य अपनी उत्पत्ति किसी पूर्वज से जो सामान्यतः पौराणिक होता है, जोड़ते हैं। वास्तव में, किसी भी समूह के वास्तविक पूर्वज का सही-सही पता लगाना कठिन है। जिन मानवशास्त्रियों ने, उनमें दुर्खीम भी सम्मिलित हैं, आस्ट्रेलिया के आदिम समाजों में अध्ययन किया है, उन्होंने गोत्र के अध्ययन के साथ टोटम को भी जोड़ा है।

टोटेम या टोटेमवाद उन प्रघटनाओं से सम्बन्धित है जिनमें गोत्र अपनी उत्पत्ति किसी पशु या पक्षी के साथ जोड़ते हैं। *ऐसे गोत्र अपने उद्‌गम के पशु या पक्षी के मांस को नहीं खाते या उसे चोट नही पहुंचाते। ये गोत्र अपने टोटेम पूर्वज के सम्मान में जादू-टोना या धार्मिक संस्कार करते हैं। वास्तव में टोटेम किसी भी समूह के बहुत सीमित लक्षणों को बताता है और इसलिये टोटेम और टोटेमवाद विशाल गोत्र संरचना*

के केवल अभूतपूर्व पहलु मात्र हैं। टोटेम गोत्र का एक अंग है, सम्पूर्ण गोत्र नहीं।

दुर्खीम द्वारा अध्ययन किये गये आस्ट्रलिया के आदिम समाजों में टोटेम को कई रूपों में रखा जाता है। प्रत्येक टोटेम का एक *प्रतीक* (Emblem) होता है। इन आदिवासियों के सभी गोत्रों में टोटेम कई प्रतीकों में देखने मिलता है, जैसे लकड़ी के टुकड़े या सुन्दरता से तराशे हुए पत्थर, जिनमें टोटम को एक प्रतीक के रूप में तस्वीर या आकृति बनाकर रखा जाता है। सामान्य वस्तुओं जिन्हें ये आदिवासी चुरिंग (Churinga) कहते हैं, एक बार जब इन्हें टोटेम स्वीकार कर लिया जाता है तो प्रतीकों में रखा जाता है। टोटेम कही जाने वाली वस्तुओं में वे सब पवित्र गुण होते हैं, जो टोटेम के साथ जुड़े होते हैं। आस्ट्रेलिया के आदिवासियों के ये टोटेम आदिवासी यथार्थता की प्रतीकात्मक अभिव्यक्ति हैं। उदाहरण के लिये जिस तरह किसी देश के झण्डे को हम एक प्रतीक रूप में देश की शान और आदर के साथ जोड़ते हैं वैसे ही एक तरह से चुरिंग एक झण्डे की तरह सम्पूर्ण आदिम समाज की प्रतिष्ठा का प्रतीक है। मानव जाति के इतिहास में टोटेम जैसे कई प्रतीक विभिन्न प्रतीकों में देखने को मिलते हैं। टोटेम-पौधा, पक्षी या जानवर होता है। यह पौधा या जानवर प्रतीक यानि मूर्त रूप में रखा जाता है जो टोटेम के साथ। इस भांति आस्ट्रेलिया के आदिम समाजों में पवित्र वस्तुओं का एक लम्बा-चौड़ा क्षेत्र बन जाता है। इस क्षेत्र में वे पौधे या जानवर होते हैं जो मूर्तरूप से टोटेम माने जाते हैं। इसके बाद वे प्रतीक होते हैं जिनमें टोटेम का प्रतिनिश्चित्व होता है और इन दोनों के माध्यम से पवित्र वस्तु के लक्षणों को व्यक्ति तक पहुँचाया जाता है। उदाहरण के लिये किसी गोत्र का टोटेम कबूतर है। यह कबूतर दो स्वरूपों में देखने को मिलता है। एक कबूतर तो वह जो जीवित है, पेड़-पौधों पर बैठता है और अपना चुग्गा लेता है। कबूतर का दूसरा स्वरूप प्रतीकात्मक होता है। यहाँ कबूबर की छवि या उसकी तस्वीर किसी दीवार, पत्थर, लकड़ी आदि पर बना दी जाती है। टोटेम के ये दोनों स्वरूप (जीवित या छवि रूप में) आदिवासियों के लिये सम्मान के पात्र होते हैं। इन्हीं को आदिवासी चुरिंग कहते हैं।

इस तरह का त्विरण जो दुर्खीम ने दिया है, बहुत सामान्य है। इस विवरण के बाद दुर्खीम टोटेमवाद की व्याख्या करते हैं। वे टोटेम को पूर्वजों की पूजा के साथ नहीं जोड़ते। वे टोटेम का सम्बन्ध किसी भी *पशु की पूजा (Animal worship) के साथ नहीं मिलाते और इसी तरह से वैयक्तिव टोटेमवाद को गोत्र के टोटेमवाद से नहीं जोड़ते। उनका यह भी कहना है कि किसी भी स्थानीय समूह के टोटेम बुनियादी टोटेम के साथ जुड़े नहीं होते व तो ऐतिहासिक और तार्किक रूप से गोत्र के टोटेमवाद को ही महत्व देते हैं। रेमण्ड एरॉ द्वारा दुर्खीम के टोटेमवाद की जो व्याख्या दी गयी है, इस प्रकार है:*

दुर्खीम के लिये सबसे पहली बात यह है कि ऐतिहासिक और तार्किक दृष्टि से गोत्र का टोटेमवाद सर्वप्रथम है।

रोचक बात यह है कि टोटेम के साथ जुड़े हुए विश्वास और कर्मकाण्ड लगभग वही हैं जो धर्म के साथ जुड़े होते हैं। आस्ट्रेलिया के आदिवासियों की यह मान्यता है कि पार्थिव वस्तुओं की तुलना में धार्मिक वस्तुएं अत्यधिक महत्वपूर्ण हैं। *एक ऐसी अज्ञात और अवैयक्तिक शक्ति है जो बिना किसी भेदभाव के किसी भी पौधे या पशु में पायी जाती है। यह इस अवैयक्तिक और अपरिचित शक्ति के प्रति है कि लोग अपने विश्वास और आराधना को सम्बोधित करते हैं।* टोटेम के प्रति आदिवासियों की जो आदर और सम्मान की अभिव्यक्ति है, इसे दुर्खीम कुछ इस प्रकार रखते हैं: किसी भी गोत्र में टोटेमवाद का स्थान सबसे पहला है। इस पवित्रता की भावना को किसी वस्तु के साथ जोड़ा जाता है, यह महत्वपूर्ण नहीं है। महत्वपूर्ण यह है कि लोगों में पवित्रता की कोई न कोई भावना अवश्य है। आदिवासी जनजीवन वस्तुओं को निश्चित रूप से पवित्र और पार्थिव स्वरूपों में देखते हैं। जब एक आदिवासी किसी धार्मिक उत्सव में अपनी भागीदारी करता है, तब उसके दिमाग में कहीं न कहीं यह भावना अवश्य रहती है कि इस उत्सव में सम्मिलित लोगों में जो शक्ति है वह निश्चित रूप से उसकी वैयक्तिक शक्ति से कई गुना अधिक है। यह उच्च स्तर की वास्तविकता ही किसी भी समाज की शक्ति है और इसी कारण प्रत्येक व्यक्ति इस शक्ति के प्रतीक की उपासना करता है।

कुल मिलाकर दुर्खीम का यह निष्कर्ष है कि आस्ट्रेलिया के आदिवासियों के टोटेम के प्रति जो पवित्रता के भाव हैं, विश्वास हैं और उनसे जुड़े हुए कर्मकाण्ड हैं, वे सब उस सामूहिक शक्ति के प्रतीक हैं जिन्हें सम्पूर्ण समाज मान्यता देता है। अकेले व्यक्ति में जो अटूट और अपार शक्ति होती है, वह टोटेम की उपासना के कारण ही होती है। इसी कारण जब किसी गोत्र का व्यक्ति प्राकृतिक आपदाओं से जुझता है तो वह जानता है कि इस संघर्ष में वह अकेला ही नहीं है। इसमें वे सब लोग है जिनकी उत्पत्ति किसी एक टोटेम से है। टोटेम के प्रति गोत्र के लोगों का विश्वास और उनके कर्मकाण्ड समाज की यथार्थता के प्रतीक हैं—किसी अति प्राकृत शक्ति के नहीं।

ज्ञान मिमांसा
(Epistemology)

धार्मिक जीवन के प्रारंभिक स्वरूप की इस रचना में वास्तव में दुर्खीम ने तीन तरह के अध्ययन प्रस्तुत किये हैं। एक अध्ययन आस्ट्रेलिया की कतिपय जनजातियों में पायी जाने वाली गोत्र एवं टोटेम व्यवस्था से जुड़ा है। दूसरा अध्ययन धर्म के सार रूप में

पाये जाने वाले सिद्धान्तों से सम्बन्धित है। तीसरे अध्ययन में दुर्खीम *मानव विचारों के स्वरूपों का समाजशास्त्रीय निर्वचन करते हैं।* यहां वे विचारों की कतिपय कोटियाँ बनाते हैं और यही विषय वस्तु ज्ञान मिमांसा है। वास्तव में ज्ञान मीमांसा *ज्ञान के समाजशास्त्र* (Sociology of Knowledge) का अध्ययन क्षेत्र है। ज्ञान के समाजशास्त्र की अवधारणा समाजशास्त्र की अपेक्षित रूप से नयी विद्या है। रोबर्ट मर्टन ने व्यवस्थित रूप से इस अवधारणा को अपनी रचना *सोशल थ्योरी एण्ड सोशल स्ट्रक्चर* (Social Theory and Social Structure, Revised, 1957) में पहली बार रखा था। दुर्खीम के रचना काल में समाजशास्त्र में ऐसी कोई विशिष्ट विद्या नहीं थी। जब मर्टन ज्ञान के समाजशास्त्र के विकास को देखते हैं तो वे दुर्खीम को इस विद्या का जनक मानते हैं। मानहीम ने इस परम्परा को आगे बढ़ाया।

दुर्खीम जब धर्म की व्याख्या करते हैं तो इससे वे *विचारों* (Ideas) की भूमिका को महत्वपूर्ण स्थान देते हैं। विचार स्वतः पैदा नहीं होते। इनके उद्‌गम का स्रोत आनुभविकता है। जब व्यक्ति सामाजिक तथ्यों को देखता है, उसकी बाह्यता और दबाव को समझाता है, तब उसमें विचार आते हैं। *सामाजिक यथार्थता के अभाव में विचारों का अस्तित्व नहीं है।* उन्होंने देखा की आस्ट्रेलिया के आदिवासी टोटेम की उपासना करते हैं, उसे शक्ति का स्रोत मानते हैं। टोटेम में यह शक्ति कहां से आयी ? टोटेम तो मात्र कोई पक्षी है, कोई पशु है या कोई पौधा है। इसका प्रतीक तो एकदम बेजान है। ऐसे टोटेम से शक्ति का उद्‌गम नहीं हो सकता। दुर्खीम टोटेम में शक्ति इस तरह मानते हैं कि यह सामूहिक विश्वासों और कर्मकाण्डों का प्रतीक है। जब व्यक्ति टोटेम की उपासना करता है तब उसे अनुभूति होती है कि जैसे आदिम समाज की सामूहिक शक्ति का संचार उसके शरीर में हो गया हो। इस कारण व्यक्ति के विचारों के जो विभिन्न स्रोत हैं, उनका उद्‌गम सामूहिक शक्ति से है।

जब कार्ल मार्क्स ज्ञान की मीमांसा करते हैं तो उनका सिद्धान्त है कि मनुष्य की जो भी चेतना है, वह अन्तत्वोगत्वा वर्ग चेतना है। वर्ग की दशाएं व्यक्ति की दशाएं बन जाती है। कुछ इसी तर्क पर दुर्खीम ने धार्मिक जीवन के प्रारंभिक स्वरूपों में यह स्थापित किया कि मनुष्य के ज्ञान का सम्बन्ध उसके समाज से ही है। मनुष्य की संस्कृति, धर्म, सहित्य और भौतिक वस्तुओं के सम्बन्ध में जो भी ज्ञान व जानकारी है वह उसका सैद्धान्तीकरण मात्र है, यद्यपि दुर्खीम श्रम विभाजन में ज्ञान की मीमांसा किसी स्पष्टता के साथ नहीं करते फिर भी अपने आगे की कृतियों में उन्होंने पूर्ण रूप से यह स्थापित किया है कि मनुष्य का किसी भी वस्तु के बारे में जो कुछ ज्ञान है, उसका उद्‌गम समाज है। आत्महत्या का ज्ञान समाज की सुदृढ़ता और यथार्थता से जुड़ा है। बहुत स्पष्ट हैः ढीली सुदृढ़ता में आत्महत्या नहीं है, सामूहिक है। टोटेम के प्रति आदर

और सम्मान वास्तव में किसी पशु-पक्षी या पौधे की अन्तर्भूत शक्ति के कारण नहीं हैं, वरन् समाज की शक्ति का सम्मान है। रेमण्ड एरॉ दुर्खीम के विश्वास और कर्मकाण्ड की व्याख्या के उपसंहार में कहते हैं कि दुर्खीम ने मानव विचारों की कोटियाँ बनाने में ज्ञान की मीमांसा पर्याप्त रूप से की है। आज जिसे हम ज्ञान का समाजशास्त्र कहते हैं, उसके जनक रूप में दुर्खिम को स्वीकार करना निर्विवाद है।

अध्याय 7

राजनीतिक विचारधारा : समाजवाद
(Political Ideology : Socialism)

दुर्खीम और उसकी पीढ़ी की विचारधाराओं का कोई भी अध्ययन अपर्याप्त है जब तक हम उनके तत्कालीन समाज के समाजवादी चिन्तन का अध्ययन नहीं करते। वास्तव में 1883 ई. से ही दुर्खीम ने समाजवाद से उत्पन्न समस्याओं का अध्ययन प्रारम्भ कर दिया था। जब उन्होंने श्रम विभाजन रचना की रूपरेखा बनायी थी तभी उन्होंने निश्चित कर लिया था कि वे समाजवाद पर खुलासे से लिखेंगे। जब उनकी श्रमविभाजन और आत्महत्या की रचनाएं पूरी होने लगी तब उन्होंने परिवार, धर्म आदि समस्याओं की ओर अपना ध्यान आकर्षित किया। वास्तव में यह उनके अकादमिक जीवन का बहुत बड़ा मोड़ था। मौलिक रूप से वे समाजवादी विचारधारा के चिन्तक थे। उनका समाजशास्त्र में आना एक संयोग मात्र है। *ईरविंग झेटलिन* (Irving M. Zeitlin, 1969) ने दुर्खीम की रचनाओं की आलोचना में एक जगह टिप्पणी की है कि वे समाजवाद से समाजशास्त्र में आये। 1895 ई. में जब उन्होंने समाजवाद के अध्ययन को पुनः दिलचस्पी के साथ उठाया, तब बोर्डियक्स विश्वविद्यालय में समाजवाद पर व्याख्यानों की एक कड़ी प्रस्तुत की। उन्होंने समाजवाद का विश्लेषण समाजशास्त्रीय और वस्तुगम उपागम द्वारा किया। उन्होंने प्रश्न रखेः समाजवादी विचारधारा के विभिन्न स्वरूपों का विश्लेषण किस प्रकार किया जाये? यूरोप के उस युग में ऐसी कौन सी सामाजिक दशाएं और ऐसे कौन से सामाजिक दबाव थे जिन्होंने सेन्ट साइमन, फोरियेर, ओवेन और मार्क्स को इस बात के लिये उत्साहित किया कि वे समाजवाद के अध्ययन को आगे बढ़ाएं। इस अर्थ में ईरविंग झेटलिन का यह कहना सही है कि दुर्खीम का *समाजवाद का अध्ययन वस्तुतः समाजवादी चिन्तन के पीछे जो कारण हैं, उनका*

विवेचन करना है।

दुर्खीम का समाजवादी साहित्य के प्रति प्रारम्भ से ही बहुत अधिक रूझान था। उन्होंने कार्ल मार्क्स की रचनाओं को बड़ी दिलचस्पी से पढ़ा था। यह भी कैसी विचित्र बात है कि दुर्खीम ने समाजवाद पर बहुत कुछ पढ़ा, कुछ लिखा भी, लेकिन अपने जीवन पर्यन्त वे समाजवाद के विरोधी रहे जबकि उनके बहुत निकटतम मित्र और विद्यार्थी मार्क्सवादी विचारधारा के प्रति प्रतिबद्ध थे। *मारसेल मॉस* (Marcel Mauss) कहते हैं कि *दुर्खीम को समाजवादी विचारधारा में नापंसद यह था कि इसमें हिंसात्मक वृत्तियाँ थी। दूसरी खराबी जो दुर्खीम को खटकती थी, वह वर्ग और वर्गसंघर्ष की थी।* समाजवादी विचारधारा के विपरीत दुर्खीम ने अपना वैकल्पिक सिद्धान्त सावयवी सुदृढ़ता का रखा। इस सिद्धान्त में वे विकसित समाजों की चर्चा करते हैं, नगरों और महानगरों की बात करते हैं, बढ़ते हुए औद्योगीकरण को देखते हैं पर इसमें कहीं भी वर्ग संघर्ष या वर्गों पर आधारित गुटों की चर्चा वे नहीं करते। दुर्खीम का तो बहुत सामान्य मुहावरा था: *कोई भी परिवर्तन तब तक अच्छा है जब तक वह समाज के लिये लाभदायक है।*

यद्यपि दुर्खीम अपने जीवन काल में अध्ययन को पूरा नही कर पाये जिसमें मार्क्स के सिद्धान्तों की आलोचनात्मक पड़ताल होनी थी, फिर भी जो कुछ उन्होंने किया है, उसे अनिवार्य रूप से कार्ल मार्क्स के समाजवाद का प्रतिवाद समझना चाहिये। दुर्खीम ने कॉम्ट की कटु आलोचना भी की है, फिर भी उनका सावयवी समाज का मॉडल कॉम्ट से बहुत कुछ उधारा लेता है। उन दिनों समाजवादी एक ऐसे सिद्धान्त के निर्माण में संलग्न थे जो केवल मात्र निषेधात्मक–आलोचनात्मक दर्शन था। इसी कारण दुर्खीम की रचनाओं में हमें कहीं भी सामाजिक संचरना, वर्ग, शक्ति से जुड़ी हुई समस्याएं और राजनीतिक संघर्ष की कोई भूमिका देखने नहीं मिलती। जब दुर्खीम सुदृढ़ता की चर्चा करते हैं तो स्पष्टतः वे अपने समय के सामाजिक और राजनैतिक संघर्षों से भयभीत थे। वास्तव में तत्कालीन यूरोप में दो विचारधाराएं अत्यधिक प्रभावशाली थी। एक विचारधारा कॉम्ट की थी। यह विचारधारा बहुत उदार थी। इसका आधार आम लोगों की सर्मसम्मत राय थी। दूसरी विचारधारा कार्ल मार्क्स की थी जो क्रान्ति का आव्हान करती थी। दुर्खीम ने इन दो विचारधाराओं में मध्यम विचारधारा को स्वीकार किया। वे सेन्ट साइमन से बहुत प्रभावित थे। 1896 ई. में उन्होंने समाजवाद और सेन्ट साइमन पर एक पुस्तक भी लिखी। सेन्ट साइमन में विचारधारा की दृष्टि से दो तत्व थे। एक तरफ वे क्रान्ति की बात करते हैं और दूसरी तरफ रूढ़िवादी प्रतिक्रिया की। दुर्खीम ने साइमन में जो रूढ़िवादी विचारधारा थी उसे उभारा, विकसित किया। यदि हम दुर्खीम की कृतियों को गहराई से देखें तो स्पष्ट हो जायेगा कि वे अपनी विचारधारा में

अनिवार्य रूप से रूढ़िवादी थे। वे सामाजिक परिवर्तन तो चाहते थे, लेकिन इसे लाने का उनका तरीका समाज का नैतिक बल था। *जहाँ मार्क्स कहते हैं कि किसी भी क्रान्ति को लाने के लिये वर्ग चेतना (Class consciousness) अनिवार्य है, वहाँ इसका प्रतिरोध करते हुए दुर्खीम कहते हैं कि मनुष्य का सामाजिक अस्तित्व सामाजिक चेतना (Social consciousness) को निर्धारित करता है।* सामाजिक चेतना की यह अवधारणा उनकी पुस्तक *धार्मिक जीवन के प्रारंभिक स्वरूपों* में बहुत स्पष्ट है। इस पुस्तक में वे यद्यपि मार्क्स का नाम लेकर कोई उल्लेख नहीं करते, फिर भी वे जो भी सिद्धान्त रखते हैं, वे मार्क्स की विचारधारा के विपरीत होते हैं।

दुर्खीम ने अपनी रचनाओं में बराबर यह स्थापित किया है कि वैज्ञानिक चिन्तन, सर्वोपरि चिन्तन है। औद्योगिक युग में विचारों का एक मात्र स्परूप चिन्तन ही है। कोई भी नैतिक या धार्मिक विचारधारा तब तक स्वीकार नहीं की जा सकती जब तक यह विज्ञान की कसौटी पर सही नहीं उतरती। *इस तरह किसी भी सामाजिक व्यवस्था का आधार वैज्ञानिक तरह के सोच में ही हो सकता है।* दुर्खीम प्रत्यक्षवादी भी थे। प्रत्यक्षवादी होते हुए भी उन्होंने अर्थशास्त्रियों की कटु आलोचनाएं की, विशेष रूप से वे उदार या सैद्धान्तिक अर्थशास्त्रियों की कटु आलोचनाएं की। विशेष रूप से वे उदार या सैद्धान्तिंक अर्थशास्त्रियों के विरोधी थे। उनकी आलोचनाएं मौलिक रूप से वैसी ही हैं जैसी कॉम्ट की। कॉम्ट और दुर्खीम दोनों ही इस तथ्य से सहमत हैं कि आधुनिक समाजो की विशेषता आर्थिक गतिविधि है–आधुनिक समाज औद्योगिक है और इसलिये आर्थिक संगठन की ऐसे समाज में महत्वपूर्ण भूमिका होती है। लेकिन अर्थशास्त्र की यह भूमिका कभी नहीं होनी चाहिये कि वह व्यक्तियों में उनके हितों के लिये तीव्रतम प्रतियोगिता पैदा करे। शायद इसी विचारधारा के कारण दुर्खीम अर्थशास्त्रियों से असहमत थे।

दुर्खीम की एक अन्य समस्या *सर्वसम्मति* (Concensus) की थी। उनका निष्कर्ष था कि समाज में जो भी संघर्ष और असहमति है, उसे सामान्य संवेगों द्वारा कम किया जा सकता है। मुख्य समस्या समाजीकरण की है। यदि व्यक्तियों का सही दिशा में समाजीकरण किया जाये, उन्हें समुदाय की गतिविधियों में सक्रिय भागीदार बनाया जाये तब समाज की सम्बद्धता अपने आप बढ़ जायेगी। इसी कारण दुर्खीम श्रम विभाजन की रचना में व्यक्तिवाद और समाजवाद के सम्बन्धों की समस्या को अपने ढंग से देखते हैं और वे खोज के बाद बताते हैं कि समाजशास्त्र को एक विज्ञान के रूप में विकसित होना चाहिये। समाज और समूह के सम्बन्धों को वे केवल लफ्फाजी या अटकलबाजी के आधार पर नहीं देखते। वे वैज्ञानिक विधि द्वारा व्यक्ति और समाज को देखते हैं। ऐसा क्यों? इसलिये कि विज्ञान हमें बताता है कि व्यक्ति और समूह के

बीच के सम्बन्ध केवल इस प्रकार के हों, ऐसा नहीं है। होता यह है कि इन दोनों के एकीकरण के विभिन्न प्रकार है और ये प्रकार समय और समाज के साथ बदलते रहते हैं।

इन विभिन्न प्रकार के सम्बन्धों को वे यांत्रिक सुदृढ़ता और सावयवी सुदृढ़ता में देखते हैं। सावयवी सुदृढ़ता ऐसे समाज में पायी जाती है जो विभेदीकृत होते हैं। यहाँ वे सावयवी समाजों की आनुभविकता को पूर्णरूप से वैज्ञानिक विधि द्वारा परखते हैं। उनकी दृढ़ मान्यता है कि व्यक्तिवाद और समाजवाद के सम्बन्धों की समस्या को वैज्ञानिक विधि द्वारा ही समझा जा सकता है। वास्तव में, श्रम विभाजन में दुर्खीम ने जिस चिन्तन को रखा है, उसका सम्बन्ध तत्कालीन फ्रान्सीसी समाज के समाजवादियों से है। यह दुर्खीम ही थे जिन्होंने यूरोप के तत्कालीन समाजवाद को प्रभावित किया। उन्होंने स्थापित किया कि समाजवाद में जो क्रान्ति के लक्षण हैं, वे केवल थोथे और दिखावे मात्र हैं।

दुर्खीम ने समाजवाद के प्रति जो अपनी प्रतिबद्धता बतायी है, वे उसे अपनी जीवन काल में पूरा नहीं कर पाये। वे चाहते तो यह थे कि समाजवादी विचारधारा में जो कुछ उपलब्ध है, उसका एक ऐतिहासिक अध्ययन करें। वे यह सब नहीं कर पाये, जो हुआ वह यह है कि वे केवल सेन्ट साइमन की विचारधारा की पड़ताल मात्र कर पाये। जो कुछ दुर्खीम का कृतित्व है उसके आधार पर यह कहा जा सकता है कि वे समाजवादी थे। रेमण्ड एरॉ तो उन्हें सही समाजवादी मानते हैं, बशर्ते हम उनके द्वारा दी गई समाजवाद की परिभाषा को स्वीकार करें। *लेकिन यह निश्चित रूप से कहा जा सकता है कि दुर्खीम मार्क्सवादी नहीं थे। वे मार्क्सवाद के विरोधी थे। यदि समाजवाद का मतलब व्यक्तियों में एकीकरण लाना हे, तो अनिवार्य रूप से दुर्खीम समाजवादी ही थे।*

दुर्खीम को समाजवादी कहने के कुछ अन्य कारण भी हैं। वे हमेशा सामाजिक यथार्थता का अध्ययन वस्तुनिष्ठा से करते थे। वेबर की तरह वे सामाजिक क्रिया की परिभाषा कर्ता पर नहीं छोड़ते। वे तो क्रिया का अर्थ समाज के संदर्भ में ही लेते हैं। यहाँ दुर्खीम द्वारा दी गयी समाजवाद की परिभाषा को उधृत करना अधिक उचित होगा:

> किसी भी ऐसी विचारधारा को हम समाजवादी कहते हैं जिसका उद्देश्य सभी आर्थिक कार्यों का एकीकरण करना होता है, या किन्हीं छितरी हुई आर्थिक क्रियाओं को जोड़ना होता है और ऐसा करने में समाज की चेतना और नियंत्रण करने की केन्द्रीयता को ध्यान में रखना होता है।

एक अन्य स्थान पर दुर्खीम कहते हैं कि समाजवाद को हम इतने घटिया स्तर पर नहीं ला सकते कि इसका सम्बन्ध केवल पगार या पेट के साथ जोड़ा जाये। इसका

बहुत उद्देश्य तो सम्पूर्ण समाज को नये ढंग से व्यवस्थित करना है। समाज आज जिस तरह किसी अंधेरी गली में ठोकरें खा रहा है उसे प्रकाश की ओर लाना है। इस समाज का नियंत्रण समाजिक चेतना द्वारा ही हो सकता है। यह चेतना निम्न वर्गों में ही आनी है, ऐसा नहीं है। इस चेतना को तो उच्च वर्गों और स्वयं राज्य में लाना है। ऐसा करने पर ही अर्थिक गतिविधियाँ सम्पूर्ण समाज के लिये अधिक महत्वपूर्ण बन सकेंगी।

दुर्खीम इस बात का प्रयत्न भी करते हैं कि साम्यवादी और समाजवादी विचारधाराओं में अन्तर किया जाये। उनके अनुसार इतिहास के सभी युगों में साम्यवादी विचारधारा किसी न किसी रूप में अवश्य रही है। इस विचारधारा का जन्म तब हुआ जब लोगों ने गैर-बराबरी और अन्याय के विरोध में अपनी आवाज बुलन्द की और गैर-बराबरी और अन्याय कब नहीं थे। इस अर्थ में साम्यवाद का उद्‌गम आदिकाल से है। यदि 19वीं शाताब्दी के समाजवाद की चर्चा की जाये तो निश्चित रूप से यह चर्चा कोई नयी नहीं थी। दुर्खीम ने समाजवादी विचारधारा को साम्यवाद से अलग करते हुए कहा है कि इस विचारधारा में समाजवादी न तो निजी सम्पत्ति का निषेध करते हैं और न इसमें कामगारों और उच्च वर्गों की आवश्यकताओं का उल्लेख होता है। *दुर्खीम के अनुसार निजी सम्पत्ति का विरोध करना किसी भी अर्थ में समाजवाद नहीं है।* जहाँ कहीं दुर्खीम समाजवाद की आलोचना करते हैं, उनके सामने एक बहुत बड़ी कसौटी है, और यह कसौटी सामाजिक यथार्थता की है, सामाजिक संवेगों की है। वे अपनी कृतियों में समाजशास्त्र, समाजवाद और धार्मिक आन्दोलनों को जोड़ते हैं। यह पूछा जा सकता है कि दुर्खीम का समाजवादी विचारधारा के विकास में क्या योगदान है? रेमण्ड एरॉं कहते हैं कि दुर्खीम का सबसे बड़ा योगदान जो समाजवादी आन्दोलन को है, *वह यह है कि उन्होंने इसका अध्ययन वैज्ञानिक ढंग से किया।* उन्होंने बताया कि तथाकथित समाजवादियों में किसी सीमा तक वैज्ञानिक अध्ययन की भावना नहीं थी। उन्होंने इस बात का संकेत भी दिया कि सामाजिक समस्याओं का निदान किस प्रकार वैज्ञानिक अध्ययन द्वारा सम्भव है। यही सब कुछ, संक्षेप में, दुर्खीम का समाजवाद के विकास में योगदान है।

सन्दर्भ
(References)

Works by Durkheim

1888, "Cours de science sociale: Lecon d'ouverture". *Revue Internationale de L'enseignement*, XV, 23-48.

1888, "Introduction a la sociologie de la famille". *Annales de la faculte des lettres de Bordeaux*, pp. 257-281.

1889, "Tonnies, F., Gemeinschaft and Gesellschaft". *Renue Philosophique*, XXVII, 416-422.

1890, "Les Principes de 1789 et la sociologie". *Revue Internationale de L'enseignement*, XIX, 450-456.

1890, "La Famille conjugale: Conclusion du cours sur la famile". *Revue Philosophique*, XCI (1921), 1-14.

(1893) 1947, *The Division of Labor in Society*, Glencoe, Ill.: Free Press. First published as De la division du travail Social. A paperback edition was published in 1964 by the Free Press.

(1895) 1958, *The Rules of Sociological Method*, 8th ed. Edited by George E.G., Catlin, Glencoe, Ill: Free Press, First published in French.

(1896) 1958, *Socialism and Saint-Simon*, Translated by Charlotte Sattler, edited and with an introduction by Alvin W. Gouldner. Yellow Springs, Ohio: Antioch Press. First published in 1928 as Le Socialisme: Sa definition, ses debuts, la doctrine Saint-Simonienne.

(1897) 1951, *Suicide: A Study in Sociology*, Glencoe, Ill: Free Press. First published in French. A paperback edition was published in

1966 by The Free Press.

1897, "La Prohibition de l'inceste et ses origines", *L'annee Sociologique*, I, 1-70.

(1898-1911) 1953, *Sociology and Philosophy*, Glencoe, Ill: Free Press, Written between 1898-1911, First published in French in 1924.

1898, "L'Individualisme et less intellectuels". *Revue Bleue*, Series 4, X, 7-13.

1898, "De la definition des phenomenes religieux". *L'annee Sociologique*, II, 1-28.

(1899) 1960, Prefaces to L'annee Sociologique: Preface to Volume 2. Pages 347-353 in Kurt H. Wolff (editor), Emile Durkheim, 1958-1917: *A Collection of Essays with Translations and a Bibliography*, Columbus: Ohio State University Press.

(1900) 1957, *Professional Ethics and Civic Morals*, Translated by Cornelia Brookfield. London: Routledge and Kegan Paul. First published in French in 1950 as Lecons de sociologie: Physique des moeurs et du droit.

1900, "Deux lois de l'evolution penale", *L'annee Sociologique*, IV, 65-95.

(1901) 1960, "Rousseau's Social Contract", in *Montesquieu and Rousseau: Forerunners of Sociology*, Translated by Ralph Manheim. Ann Arbor: University of Michigan Press. First published in French in 1918 as "Le Contract social de Rousseau".

(1902) 1956, "Pedagogy and Sociology", in *Education and Sociology*, Translated, with an introductin, by Sherwood D. Fox. Glencoe, Ill: Free Press. First published in French as "Pedagogie et sociologie".

(1902-1906) 1961, *Moral Education: A Study in the Theory and Application of the Sociology of Education*, New York: Free Press. Lectures first published in French, A paperback edition was published by The Free Press in 1973.

(1903) 1963, Durkheim, Emile: and Mauss, Marcel, *Primitive Classification*, Translated and edited by Rodney Needham, University of Chicago Press. First published as "De quelques formes primitives de classification" in L'annee Sociologique.

(1905) 1938, *L'Evolution pedagogique en France*, 2 vols. Paris: Felix Alcan.

(1906) 1953, The Determination of Moral Facts. Pages 35-62 in Emile Durkheim, *Sociology and Philosophy*, Glencoe, Ill: Free Press, First published in French.

1909, "Sociologie religieuse et theorie de la connaissance". *Revue de Metaphysique et de Morale*, XVII, 733-758.

1900, Discussion of "L'Efficacite des doctrines morales", *Seance du 20 mai, 1909, Bulletin de la societe francaise de philosophie*, IX, 193-231, passim.

(1911) 1953, Value Judgments and Judgments of Reality, Pages 80-97 in Emile Durkheim, *Sociology and Philosophy*, Glencoe, Ill: Free Press, First published in French.

(1912) 1954, The Elementary Forms of the Religious Life, London: Allen and Unwin; New York: Macmillan, First published as *Les formes elementaires de la vie religieuse, le systeme totemique en Australie*, A paperback edition was published in 1954 by The Free Press.

(1914) 1955, *Pragmatisme et sociologie*, Paris: J.Vrin.

(1914) 1560, "The Dualism of Human Nature and Its Social Conditions". Translated by Charles Blend. In *Emile Durkheim*, 1858-1917. Edited by Kurt H.Wolff. Columbus, Ohio: Ohio State University Press. First published in French as "Le Dualisme de la nature humaine et ses conditions socials".

1915, "La sociologie", *La Science francaise*, Vol. I. Paris: Librairie Larousse.

(1917) 1920, "Introduction a la morale", *Revue Philosophique*, LXXXIX, 79-97.

(1917 1919, "La 'Pedagogie' de Rousseau". *Revue de Metaphysique et de Morale*, XXVI, 153-180.

Works on Durkheim

Alfert, Harry (1939) 1961, *Emile Durkheim and His Sociology*, New York: Russell.

Aron, Raymond 1965, *Main Currents in Sociological Thought*, 2 Vols. New York: Basic Books.

Becker, Howard and Barnes, Harrye E., (1938) 1961, *Social Thought From Lore to Science*, 3rd ed., rev. and enl. New York: Dover. See Especially Volume 2, Chapter 12.

Bellah, Robert N., 1959, Durkheim and History, *American Sociological Review*, 24: 447-461.

Bellah, Robbert N., 1970, *Beyond Belief*, New York: Harper and Row.

Bellah, Robert N., 1973, *Emile Durkheim on Morality and Society*, Heritage of Sociology Series, Chicago, Ill: University of Chicago Press.

Berger, Peter L. and Luckmann, Thomas 1967, *The Social construction of Reality*, Garden City, N.Y.: Doubleday and Company, Inc.

Bergson, Henri, 1935, *The Two Sources of Morality*, Translated by R. Asnley Audra and Cloudesley Brereton. Garden City, N.Y.: Doubleday and Company, Inc.

Bierstedt, Robert, 1966 Emile Durkheim, London: *Weidenfeld and Nicolson.*

Black, Max, ed., 1961, *The Social Theories of Talcott Parsons*, Englewood Cliffs, N.J.: Prentice-Hall.

Dougle, Celestin 1938, *Bilan de la sociologie francaise Contempraine*, Paris: Felix Alcan.

Clark, Terry N., 1973, *Prophets and Patrons: The French University and the Emergence of the Social Sciences*., Cambridge, Mass: Harvard University Press.

Coser, Lewis, 1956, *The Functions of Social Conflict, New York*: Free Press, A paperback edition was published in 1964 by The Free Press.

Coulanges, Fustel de, 1955, *The Ancient City*, Garden City, N.Y.: Doubleday and Company, Inc.

Davy, Georges, 1960, Emile Durkheim, *Revue Francaise de Sociologie*, I: 3-24.

Davy, Georges, 1919 and 1920, Emile Durkheim, *Revue de Metaphysique et de Morale*, XXVI: 181-198 and XXVII: 71-112.

Davy, Georges, 1911, "La sociologie de M. Durkheim". *Revue* Philosophique LXXXII: 47-71, 160-185.

Dennes, William Ray 1924, *The Methods and Presuppositions of Group Psychology*, University of Californie Publications in Philosophy, No. 6, Berkeley and Los Angels: University of California Press.

Eisenstadt, S.N., ed., 1968, *The Protestant Ethic and Modernization*, New York: Basic Books, Inc.

Evans-Pritchard, E.E., 1962, *Social Anthropology and Other Essays*, Clence, Ill: Free Press, A paperback edition was published in 1964 by The Free Press.

Gehlke, Charles E. 1915, *Emile Durkheim's Contributions to Sociological Theory*, New York: Columbia University Press.

Giddens, Anthony, 1971, *Capitalism and Modern Social Theory: An Analysis of the Writings of Marx, Durkheim, and Max Weber*, Cambridge, England: Cambride University Press.

Goldenweiser, Alexandar A., 1958, Religion and Society: A Critique of Durkheim's Theory of the Origin and Nature of Religon, *In Reader in Comparative Religion*, 2nd ed. Edited by William A. Lessa and Evon Z. Vogt, New York: Harper and Row.

Gurvitch, George, 1937, La Science des faits moraux et la morale theoretique chez E. Durkheim, *Archives de philosophie du droit et de sociologie juridique* (1937), No. 1/2: 18-44.

Gurvitch, Georged (1950 1957-1963, *La vocation actuelle de la sociologie*, 2nd ed., 2 Vols. paris: press Universitaries de France. Volume I: Vers la socilogie differentielle. Volume 2: Antecedents et perspectives.

Halevy, Elie (1901-1904) 1952, *The Growth of Philosphic Radicalism*, New Ed., London: Faber. First published in French.

Hughes, Henry Stuart, 1958, *Consciousness and Society*, The *Reorientation of European Social Thought*, 1890-1903, New York: Knopf.

La Capra, Dominick, 1972, Emile Durkheim, Ithaca, N.Y.: Cornell University Press.

Levi-Strauss, Claude, 1945, *French Sociology*, Pages 503-537 In Georges Gurvitch and Wilbert E. Moore (editors), Twentieth Century Sociology, New York: Philosophical Library.

Lukes, Steven, 1972, Emile Durkheim, *His Life and Work: A Historical and Critical Study*, New Yorl: Harper and Row.

Malinowki, Bronislaw (1916-1941) 1948, *Magic, Science and Religion, and Other Essays*, Glencoe, Ill: Free Press, paper back edition was published in 1954 by Doubleday.

Mauss, Marcel, 1923, In Memoriam: l'oeuvre inedite de Durkheim et de ses collaborateurs, *Annee Sociologique*, New Series, I: 7-29.

Mauss, Marcel, 1950, *Sociologie et Anthropologie*, Paris: Presses Universitaires de Franch.

Merton, Robert K., 1934, Durkheim's Division of Labor in Society, *American Journal of Sociology*, 40: 319-328.

Merton, Robert K., (1938) 1957, *Social Structure and Anomie*, Pages 131-160 in Robert K. Merton, Social Theory and Social Structure, Rev and enl. ed. Glencoe Ill: Free Press.

Maegele, K.D., 1958, Attachment and Alienation: Complementary Aspects of the Work of Durkehim and Simmel, *American Journal of Sociology*, LXIII: 580-589.

Neyer, Joseph, 1960, Individualism and Socialism in Durkheim. Pages 32-67, in Kurt H. Wolff (editor), Emile Durkheim, 1858-1917: *A Collection of Essays With Translations and a Bibliography Columbus: Ohio State University Press.*

Nisbet, Robert A., 1965, Emile Durkheim, *Englewood cliffs*, N.J.: Prentice-Hall, Inc.

Nisbet, Robert A., 1974, *The Sociology of Emile Durkheim, New York: Oxford University Press.*

Parsons, Talcott, 1937, *The Structure of Social Action*, New York: McGraw-Hill.

Parsons, Talcott, 1965, *Unity and Diversity in the Modern Intellectual Disciplines*: The Role of the Social Sciences, Daedalus 94: 39-65.

Parsons, Talcott, 1973, Durkheim on Religion Revisited: Another Look at *The Elementary Forms of the Religious Life*. Pages 156-180 in Chalres Y. Glock and Phillip E. Hammond (editors), Essays in the Scientific Study of Religion, New York: Hapren and Row.

Parsons, Talcott, Shils, Edward; Naegeie, K.D., and Pitts Jesse R., 1961, *Theories of Society*, Vols. I and II, Glencoe, Ill: Free Press.

Peyre, Henri 1960, Durkheim: *The Man, His Time, and His Intellectual Background*, pages 3-31 in Kurt H. Wolff (editor), Emile Durkheim, 1959-1917: A Collection of Essays with Translations and a Bibliography. Cllumbus: Ohio State Univesity Press.

Poggi, G., 1972, *Images of Society: Essays on the Sociological Theories of Tocqueville*, Marx and Durkheim, Stanford, Calif: Stanford University press.

Simposon, George, 1933, Emile Durkheim's Social Realism, *Sociology and Social Research*, 18:2-II.

Sorokin, Pitirim A., 1928, *Contemporary Sociological Theories*, New York: Harper, A paperback edition was published in 1964, as Contemporary Sociologial Theories Through the First Quarter of the Twentieth Century.

Tiryakian, Edward A., 1962, *Sociologism and Existentialism: Two Perspectives on the Individual and Society*, Englewood Cliffs, N.J.: Prentice-Hall.

Wallwork, Ernest E., 1972, Durkheim: Morality and Milieu, Cambridge, mass: Harvard University Press.

Wolff, Kurt H., (editor), 1960, Emile Durkheim, 1858-1917: *A Collection of Essays With Translations and a* Bibliography, Columbus: Ohio State University press, A paperback edition was published in 1964 by Harper as Essays on Sociology and Philosophy, with Appraisals of Durkheim's Life and Thought.